性と生殖の近世

沢山美果子

keiso shobo

はしがき

近世社会における性と生殖を問う、これが本書のテーマである。前著『出産と身体の近世』で私は、これまでの日本の歴史研究のなかで、ほとんど取り上げられることのなかった近世社会に固有の女性の身体観を、出産という場に焦点をあてることによって明らかにしようと試みた。それは、出産が、女性の生物学的な普遍性と女性に与えられた文化的・歴史的・社会的意味との接点にあると考えたからにほかならない。

では、なぜ、「出産と身体の近世」から「性と生殖の近世」へなのか。

現在、女性の身体をめぐる研究は、生命や身体の危機を様々な側面で痛感せざるを得ない閉塞感に満ちた現代を反映して、じつに数多くみられる。だが、反省もこめていうなら、ジェンダーとセックスの接点に位置する身体というものを、歴史のなかに生きた、女性たち一人ひとりの生きられた具体的な経験として、また心と身体の交差する場としての身体に固有の相においてとらえることは、ことのほか難しい。そこには、史料のなかに埋め込まれ、そのままではなかなか聞こえてこない女性たちの声に、耳をすまし心をすまして聴き取る鋭敏な感覚、そして歴史のなかの生きられた具体的な経験としての女性の身体にせまるにはどのような視点と枠組みが求められるかをめぐっての、粘り強い模索と構想力が求められる。本書は、そのための道程に位置する。

性と生殖というテーマは、女性の身体とそれに関わる出産管理の制度、また、そこで起きた出産や堕胎・間引きという局面に焦点を当てた前著からさらにすすんで、出産や堕胎・間引きという局面がひきおこされる出発点となる性、そして、その意図的無意図的回避も含んだ生殖という広がりのなかで、女性の身体や生命の問題を考えるという意図のもとに選びとられたテーマである。

振り返ってみるなら、近世という社会は、当事者である産む女性にとっても、生まれてくる子どもにとっても、性関係から始まって、受胎、出産、そして産後にいたる過程は、きわめて危険な生と死の境界領域にあった。他方、性的関係に始まり、結婚、妊娠、出産、育児にいたる性と生殖の過程は、近代以降のようにイコールで結ばれた一連のプロセスとしてあったわけではなく、その節々での、避妊、堕胎・間引き、捨子といった様々な選択のもとにあった。また、出産や堕胎・間引きという局面は、一人ひとりの女性の具体的な歴史的経験として考えるなら、そのライフサイクルのなかでおきた出来事でもあった。その意味で、性と生殖という広がりのもとで考えることは、身体の問題を、人々の生の営みのなかで、より動的にとらえることにつながる。人々は、どのような状況のもとで、またどのように、性と生殖をめぐるひとつひとつのプロセスを乗り越えていったのか。そこからは、出産管理という側面からだけではなかなか見えてこない、人々の生をめぐる営みが、浮かびあがってくるだろう。

それだけではない。出産や身体の位置を、性と生殖という枠組みのなかに置きなおして考えることは、支配層、共同体、民衆三者の権力関係のなかに置くだけではみえてこない、一人ひとりの民衆や女性たちの生の一齣を新たに発見しなおすことが期待できるのみならず、性と生殖という私的領域にまで入り込んでの秩序化がはかられた近代以降のありようと近世のそれとの連続、不連続という、近世から近代への展開という問題をも視野に入れることを意味する。また、そのことは、女性の性を生殖のための性に限定し、初潮、妊娠、出産、閉経という、月経の始まりと終りを軸に、女性イコール「産む性」という観点から、性と生殖で女性のライフサイクルを一元化した近代のライフサイクル観を問い直す視点を与えてくれるものでもある。それは、女性の身体が〈産む〉機能を備えた〈産む〉身体であることを「母性」の語で表し、そのことを根拠に、女性のセクシュアリティや性役割、ライフサイクルをも規範化しようとした「母性」イデオロギーが現実に持っていた意味を、一人ひとりの女性たちの願いや生き方に即して、歴史的に明らかにするという、私が長い間こだわり、考えつづけてきた問いにもつながる。

「性と生殖」というテーマは、出産や堕胎・間引きという局面を、性と生殖というプロセスのなかに置きなおすことによって、女性の身体を、歴史的文脈のなかで、また、その生が具体的に実現される場、ライフサイクルが刻みつけられる場として明らかにすることが期待できる枠組みとなる。そのような展望のもとに設定した。

本書はⅢ部からなる。性・生殖統制のもとで、様々な権力関係のなかに組み込まれていく女性の〈産む〉身体の様相、そして民衆たちの性と生殖をめぐる願いや不安を性と生殖をめぐる民俗のなかに探るⅠ部、性と生殖の一連のプロセスの最終局面に位置する捨子に焦点を当て、捨子の背景としての性と生殖のありようを探るⅡ部、性、生殖統制の近世から近代への展開、そして近世から近代への転換期に生きた在村の女医の診察記録のなかに、近世から近代への身体観の変容を問うⅢ部を通して、「性と生殖の近世」を問う。

近代の女性たちの性や身体からの疎外の意味、そして女性の身体が生殖技術の介入の対象となっている現代社会の問題を歴史の主題として問うという、近代の相対化の視点は、本書にもつらぬかれている。またその視点は、現代社会の変容を見定めながら、心と身体を持ったまるごとの人間として、どのように生きることが豊かな生き方なのかという問いにつながる。この閉塞感にみちた社会にあって、そのことをあきらめることなくいかに考えつづけるか、そのための一つの試みとして、本書を受けとめてもらえたら幸せである。

性と生殖の近世／目　次

はしがき

序章　歴史のなかの性と生殖

1　本書の課題

現在、性と生殖をめぐる問題は、二つの視点から注目を集めている。一つは「生殖革命」と言われるほどの、人口生殖技術の急激な進展のもとで。もう一つは、フェミニズムのなかで生まれたリプロダクティヴ・ヘルス／ライツ（性と生殖の健康と権利）という概念の国際的広がりと関わる問題として。

これら「生殖革命」の進展やリプロダクティヴ・ヘルス／ライツという概念の広がりは、性と生殖や女性の自己決定の問題を、個人の選択の問題に矮小化せずに、また女性が権利主体として登場してくる道筋も含む近代化過程の長い時間軸において考えることを求めるものである(1)。

本書は、ジェンダーとセックスの接点に位置する身体という場で起きる、性と生殖という営みに焦点をあて、性と生殖をめぐる人々の歴史的経験と、その身体観を明らかにすることを意図している。ではなぜ、歴史のなかの性と生殖に焦点をあてるのか。それは、性と生殖に焦点をあてることによって、女性たちに即し、女性たちの側から、また近世から近代への展開のなかで、近代とは何であったかを、問い直すためである。

本書は『出産と身体の近世』の続編にあたる。その意図は、女性の身体や出産が、人口増加政策の観点から公権力による介入の対象となる近世を対象に、近世固有の身体観、出産観を明らかにすることにあった。そこで浮かび上がってきたことは、近世民衆にあっては、性的関係に始まり結婚、妊娠、出産にいたる過程は、直線的に結ばれていたわけではなく、それぞれの局面で堕胎や間引きといった産まないことも含めた選択が行なわれていたこと、また公権力による妊娠・出産管理政策は、人口増加政策にとどまらず、性・生殖統制という意味を持っていたということであった。では、公権力による性と生殖統制は、近世民衆の性と生殖にとって、どのような意味を持っていたのだろう。また、性と生殖をめぐる人々の歴史的経験や不安と希望とは、どのようなものだったのだろうか。

本書では、この問いに対する答えを、性と生殖に焦点をあてることによって探ってみたい。その際、性と生殖を、性関係、避妊、受胎に始まり出産にいたる一連のプロセスとしてとらえる。また産むこと産まないことを、出産や堕胎・間引きという局面においてだけでなく、人々が生きた場での性と生殖をめぐる営みという広がりのなかに位置づけ、近世から近代への展開をも視野にいれて、その具体的様相を探る。

そのことにより、性と生殖をめぐる人々の選択が、どのような動機や背景や権力関係のもとでなされたのか、重層的に描き出すことが可能となるだろう。のみならず、人々のライフサイクルや人々の地理的な移動という問題をも視野に収めることとなろう。

では、歴史のなかの性と生殖をめぐって、今までどのような成果が生まれ、どのような視点と方法で性と生殖への接近がはかられてきたのだろうか。性と生殖をめぐる研究史をふりかえってみると、おおよそ三つの段階に時期区分することができる。性と生殖への着目の必要が提起された一九八〇年代半ばから後半、ジェンダーの視点を取り入れた新しい女性史の展開のなかで性や身体が焦点として浮上した一九九〇年代、性と生殖という視点で、人々の生きる場から歴史学、民俗学を再考する動きが浮上した二〇〇〇年以降、この三つの段階である。一九八〇年代から一九九〇年代までの出産と身体をめぐる先行研究については前著でもふれたが、その後、性と生殖をめぐる研究は、近世を対象としたものだけでも相当な蓄積を重ねている。そこでここでは、性と生殖をめぐる研究の大きな流れと時期ごとの特徴を、まず代表的な論文や講座、歴史学関係の機関誌の特集号によって概観し、次に視点と方法、具体的な成果に即して何が課題となっているのかを探ることにしたい。

る。

性と生殖への着目

日本において、性と生殖の歴史が問題とされるようになったのは、一九八〇年代以降のことである。

ひとたび語られるならば、性と生殖の世界は、人間存在における根源的重要性の故に、男と女も含めて私たちの世界観そのものを揺るがせかねない。

こう述べて、歴史のなかの「性と生殖」に焦点をあてることの必要性を説いたのは、一九八八年の『思想』に発表された荻野美穂の「性差の歴史学――女性史の再生のために」である。荻野は、「生殖は産育・母性という視点からのみ扱われ、生殖の反面である産むことの拒否（避妊・堕胎・子殺し）、あるいは性や月経や病気などを含む女のからだ全体への着目は、若干の民俗学的研究を除いてなきに等しい」と、それまでの女性史研究を批判した（荻野［1998］→［2002：35］）。

確かに荻野が述べるように、それまでの女性史研究では、たとえ性や身体の問題が取り上げられたとしても、「産育・母性」や「売買春、廃娼運動」の問題に限定されていた。しかも、性と身体は、女性を二分した形で問題にされ、「家庭」のなかの女性については身体、つまり「産育・母性」が、「家庭」の外の女性については性、つまり「売買春、廃娼運動」が語られ、一人ひとりの女性の性と身体が問われることはなかった。しかし、荻野の「性差の歴史学」が登場した一九八〇年代後半以降一九九〇年代には、女性史研究のなかでも、出産や堕胎・間引きなど「生殖の反面である産むことの拒否」、衛生、女の病気などの女の身体、そして性と生殖への権力の介入の問題が取り上げられるようになる。

一九八〇年代後半の第一段階から九〇年代の第二段階への研究を、荻野の「性差の歴史学」、そして荻野の提起に先立つ一九八四年に書かれた長谷川博子の「女・男・子供の関係史に向けて―女性史研究の発展的解消」［1984］の議論と関わらせて整理をしたのは、倉地克直である。倉地は、女性史の新しい展開は生殖・出産や堕胎・避妊など、性と身体の問題を一つの焦点として行なわれようとしていると指摘した（倉地［1997］）。「『女と男の関係史』への発展的解消」を説き、「出産における男や共同体の関与を重視する」長谷川。それに対し「堕胎・避妊における女性自身による『産むことの拒否、もしくはからだの自主管理の努力』を強調し」、「女性史固有のテーマを先鋭化することによって『女性史の再生』を図ろうとする」荻野。両者は、「全くの対極にあるように感じられる」。しかし「出産にだけ男や共同体が関与し、堕胎や避妊にそれらが全く関与しないとは考えにくく」、だとしたら、出産と避妊・堕胎の場とではその介在のあり方がどのように異なるのか、そしてそれはどのように変化するかを具体的に明らかにする必要がある。そう倉地は提起したのである。この提起は「女のからだ全体」に着目すべきとの荻野の提起をさらに発展させるためには、産むことと産まないことへの男や共同体の介在のありようを、歴史的文脈のなかで明らかにする必要を提起するものでもあった。

一九九〇年代の第二段階の研究では、まず出産の問題が、ついで堕胎の問題が取り上げられたという意味でも、また、「男と共同体の関与」という女の身体への介入の問題と、他方、女の主体性の問題と関わって堕胎や女の身体観が論じられたという意味でも、性と身体という問題を焦点とするようになったといえよう。ただ、第二段階の研究では、「性」と「身体」は、どのような関係にあるのか、ジェンダーとセックスの関係性が意識的に追究されたわけではなかった。女という「性」差、とりわけ女が「産む」性として意味づけられていくことと、女の「身体」がどう関わっていったのか、「性」と「身体」の結びつけられ方の歴史性を問う研究の登場は、近世を対象とした研究についていうなら、第三段階、二〇〇〇年以後のこととなる。

女の身体は、「介在のあり方」、言い換えれば女の身体の支配や管理のありようを抜きには語れない。そうした視点は、一九九三年の『日本史研究』に「女性史ないし女性論に関しての」初めての特集として登場した「〈身体論〉から見た女性」にもみることができる（日本史研究会編［1993］)。「身体論」に期待されたのは、「分野史としての女性史からの脱却」であった。女性の身体論は、「女性についての法的、政治的な制度とその変革に関わるもの」を取り上げてきた従来の女性史ではすくいあげられなかった「圧倒的に多数の女性の意識をすくい上げる」「新たな可能性を切り開くもの」として、また「女性に対する支配や管理のあり方を解明する鍵」としての期待がよせられたのである。それだけではない。それまでの女性史研究では充分に取り上げられなかった「性、エロス」の解明にも寄与するものとされた。ただし、この特集号には、中世、そして近代の女性の身体観をめぐる論稿はあるが、近世の女性の身体観をめぐる論稿は含まれていない。

一九八〇年代後半の第一段階での問題提起を受け、一九九〇年代以降の第二段階において蓄積されてきたこれらの研究の背後には、女性の問題を、ひらかれた歴史性のもとで、言い換えれば男と女の関係はもちろんのこと、もっと多様な社会関係のなかで考えていこうとする女性史の側からの女性史再生の動きと、ジェンダー研究の深まりとの「共振」（石月・藪田編［1999：164］）があった。その「共振」を象徴的に示すのは『ジェンダーの日本史』（脇田・ハンレー編［1994］）である。「各時代社会の固有のあり方の中での文化的・社会的性差」としての「ジェンダーの究明」を課題とする『ジェンダーの日本史』が、女性史研究者のみならず、ジェンダー研究に取り組む社会学、言語学など多様な分野の研究者との共同で取り組まれたことは、女性史再生の動きとジェンダー研究の深まりの「共振」を象徴的に示すものである。

『ジェンダーの日本史』では、「ジェンダーの根幹は男女の身体と性愛にある」という観点から「身体と性愛」の問題が取り上げられている。この「身体と性愛」では、従来の女性史研究でも取り上げられてきた公娼制度と廃娼運動、売買春労働者といった問題のみならず、前近代の生殖観、間引きと出産、セクシュアリティ、現代の子捨て・子殺し、女性の中年期・更年期、医療のなかの女の身体など、性と身体をめぐる問題が取り上げられている。「文化的、社会的に作られる性差という意味でのジェンダーの視点」（脇田・ハンレー編［1994］）が女性史に取り入れられたことによって、ジェンダーの基盤となる身体や性と生殖の歴史的考察は避けて通れない重要なテーマとなったのである。
しかし、ここで明らかにされたのは、「女のからだ全体」というよりは、「ジェンダー」の視点で明らかにされた「ジェンダーとしての身体」、荻野の言葉で言うなら「〈女〉という性差を組み込んだ身体がどのように構築されてきたか」という「ジェンダー化された身体」の側面であった。その意味で「セックスとしての身体」、つまり、一人ひとりの生身の女性たちの生きられた経験や身体感覚に刻み込まれた「〈女〉という性差そのもの」を、明らかにする点では、まだ課題を残していた(2)。

次なる課題は、ジェンダー論が陥った、ジェンダー＝社会的・文化的性差、セックス＝自然的・生物学的性差と区別することで、生物学的性差を動かないものとみてしまうセックス／ジェンダー二元論の克服であった。「自然的・生理的性差が、時代的条件の中でどう動き、社会的・文化的な営みの中で競争の優劣となり、支配・差別の道具となったか」(脇田・長［2002：164］)、その究明をぬきにしては問題が解決しない。そうした認識のもとに、性と生殖やセクシュアリティなど、ジェンダーとセックスの複雑な関係性と深く関わる問題が問われていくこととなる(3)。

こうした課題が、その後自覚的に追究されるようになったことは、二〇〇〇年以降の第三段階に性と生殖をめぐる特集が、歴史学の機関誌に、相次いで登場し始めたことからもうかがえる。二〇〇〇年四月には『歴史評論』が「生殖と女性史」という特集を、二〇〇二年七月には『歴史学研究』が「性と権力関係の歴史」という特集を組んでいる。

前者は、生殖は人類存続のための根源的な営みであるにもかかわらず、出産の実態や堕胎等の個別の問題を扱ってきた女性史を除けば、歴史学研究の対象となることはほとんどなかったこと、また従来の女性史で取り扱われた生殖の研究は、生殖を女性の領域のみに閉じ込めてしまい、社会や国家との相互関係のなかでの考察が不十分であったという反省をふまえ、生殖と社会や国家との相互関係の検討を、歴史学にとっての不可欠の課題として提起する。

後者は、「ジェンダーについての歴史分析を蓄積しつつも、性的なるものをめぐる社会諸関係を剔抉する視角は未だ不充分」な日本の歴史学の「現状に風穴を開け、性・セクシュアリティの歴史に新たな光を当てるべく」企画されたという。この特集は、その後、『シリーズ歴史学の現在9 性と権力関係の歴史』(歴史学研究会編［2004］)として刊行されるが、そのことは、生殖や性というテーマが「歴史学の現在」を形づくる要素として認識されるに至ったことを示す。と同時に、私たちが「あたり前と思い込んでいる認識や社会の仕組みをとらえ直そうとする」(歴史学研究会編［2004：xi］)うえで、性と生殖という局面からのアプローチの有効性が歴史学のなかで認知されてきたことを意味する。

これら二つの特集は、企図に述べられていることからも明らかなように、ジェンダーの視点を取り入れた女性史研究の新たな展開のなかで登場してきた性や生殖をめぐる研究が、生殖を女性のみの領域に閉じ込め、社会的諸関係のなかでの考察が不十分であることへの反省にもとづくものでもあった。しかし、これらの特集に収められた論稿が、果たしてこうした特集の意図に沿うものであったかといえば、残念ながらそうではない。この点については、後に論じる。

民俗学における再考

性と生殖への着目によって、それまでの学問のあり方を再考しようという動きは、歴史学のみにとどまらない。性と生殖や女の身体をめぐる問題に早くから着目し、おもに聞き書きという方法で研究を蓄積してきた民俗学においても、二〇〇〇年以降、従来の民俗学の方法論の再考がなされつつある。二〇〇二年一一月『日本民俗学』は、特集「出産と生命」を組み、また二〇〇三年には民俗学者の赤坂憲雄編による『女の領域・男の領域　いくつもの日本Ⅵ』（赤坂他編［2003］）が刊行されている。

前者の特集「出産と生命」では、近代医学の進歩と社会の変化のなかで、従来の民俗学が蓄積してきた「人の一生を時の経過に沿って描き出す視線の中で、妊娠にともなう儀礼や霊魂観あるいは産の忌といった問題に関わる」民俗資料は、その再整理と再解釈が要請されていると指摘する。この特集号では、間引きの背後にあった生命観や生殖技術と生命観の問題など、とりわけ性と生殖という問題に焦点をあて、ジェンダーの視点から民俗学を再考する論稿が収録されている。

性や生殖をめぐる問題は、今まで、民俗学がおもに扱ってきた。しかし「柳田国男の見えない呪縛のなかにある民俗学の周辺では、性や婚姻にかかわるテーマの群れは停滞を強いられている、そんな印象が拭いがたい」。そうした認識のもとに編まれた『女の領域・男の領域　いくつもの日本

Ⅵ』では、柳田國男を中心として近代になって「産み落とされた」民俗学そのものが、男と女の領域を「越境する」性を「猥褻」とみなす、近代の性／セクシュアリティ観のもとで産み出された学であったことが指摘される(4)。このように、性と生殖をめぐる成果を蓄積してきた民俗学においても、そこで蓄積されてきた産育習俗は、女性を「産む性」として規定し、「産む」という観点から女性のライフサイクルを規定していく近代のライフサイクルモデルにそって、集積されてきたものであることへの見直しがなされている。

これまで見てきたことから明らかなように、ジェンダーの視点を取り入れた新しい女性史の展開は、ジェンダーの根幹にあるものとして、身体という場で起きる性と生殖への着目を促した。また歴史学のなかでも、性と生殖の問題は、人類の存続にとって不可欠の営みとして、人々が生きる場から社会や国家をとらえ返す上での切り口としての位置を与えられつつある。他方、性と生殖をめぐる成果を蓄積してきた民俗学においても、近代という時代が深く刻印された学問として民俗学を再考する動きのなかで、民俗学が蓄積してきた性と生殖をめぐる民俗資料を見直す動きが生まれている。このように、近年のジェンダー史、歴史学、民俗学は、人間の身体を焦点に、性と生殖をめぐる人々の歴史的経験を明らかにすることを課題としつつある。

では、近世の性・身体・生殖について、どのような成果が生まれてきたのか、また、そこでの問題点や課題は何か、具体的な成果に即して考えてみよう。言うまでもなく歴史研究は、課題や方法の提示にとどまるのではなく、個別具体的な史料を用いた、実証に裏打ちされた具体的な歴史像として描き出されねばならない。とするなら、性と生殖をめぐる問題にどのように迫るか、「性と生殖の近世」の射程を考える上で具体的成果に即して考えることは不可欠の作業である。

2 「性と生殖の近世」の射程

出産の社会史から女の身体史へ

一九八〇年代から一九九〇年代の西洋史、日本史における近代女性史研究の成果と課題を整理した姫岡とし子は、この二〇年間の近代女性史研究の展開を、三つの時期に区分する。欧米の社会史、女性学を学んだ人々からの問題提起がなされた一九八〇年代後半、「新しい女性史」が登場した一九八〇年代後半から一九九〇年代、「ジェンダーの歴史学」への呼称の変化や国民国家研究が引き金となって、また新しい時代に入っていく一九九〇年代以降である。そのうえで姫岡は、一九八〇年代後半からは、八〇年代にその端緒が開かれた性・身体・出産という新たな研究領域が登場してきたこと、これら性や身体に関する考察は、主に、⑴衛生、性病、出産と中絶など身体領域への医療・社会・国家介入にかかわる問題、⑵身体観の歴史的変遷、という二つの観点から行なわれていること、その背景には、近代社会システムの構築に当たって身体領域の制度化が不可欠だったことと、身体は「自然」ではなく社会的・文化的構築物だという認識があったことを指摘している（姫岡［2002］）。

姫岡の指摘は、時期区分については多少のずれがあるものの、近世を対象とした研究についても、性や身体に関する研究の視点や内容については、ほぼあてはまる。近世を対象とした研究においても、一九九〇年代の第二段階には、出産や堕胎・間引きといった身体領域への医療、共同体、藩の介入にかかわる問題、そして身体観の歴史的変遷が問題とされている。ただ、近世を対象とした研究では、直接「近代社会システムの構築」を問題としているわけではなく、「近世社会の構造に規定されたジェンダーのあり方、時代に固有な女性の姿」（大口［1995：18］）を明らかにすること、また近代的身体観を相対化するものとして近世の身体観を明らかにすることが意図される。その意味では、近世社会固有の性と身体を浮き彫りにしつつ、近代社会へどう架橋するかが課題となっているといえよう。

ところで、近世の出産研究の端緒となったのは、一九八七年に書かれた落合恵美子の「江戸時代の出産革命」である（落合［1987］→［1989］）。この論文が、欧米の社会史と女性学に学んで書かれたものであることは、「日本版『性の歴史』のために」という副題からも明らかである。落合は、「江戸時代の出産革命」が存在したのではないかと考える根拠として「間引き・堕胎批判の言説の増殖」と「産科学の革新」の二つをあげたが、その後の研究がまず注目したのは、「産科学の革新」のほうであった。

第二段階にあたる一九九〇年代の前半には、落合の提起を受けて、賀川流産科学を対象とした研究が噴出する。首藤美香子、スーザン・バーンズ、本田和子らの研究がそれである。それまでの医学史では賀川流産科学の登場を、近代産科学の黎明ととらえていた。しかし首藤らの研究は、女性身体への医療の介入、母体と胎児の分離の契機となった点で、女性身体の客体化、管理化、つまり出産の「近代」の始まりとしてとらえなおす（首藤［1990］［1991］バーンズ［1991］本田［1993］）。これら一九九〇年代前半に登場した日本の近世を対象とする出産の社会史研究は、狭義の産科学の歴史、つまり「近代医学〈産科学〉への道程を語る発展史的記述」（金津［2003：152］）から脱したのみならず、実践としての医療や女性の身体へと、その焦点を移すことによって、女性の身体を焦点に、それをとりまき、作用する場として出産の場を位置づける身体史研究へと展開していったと特徴づけることができよう。

これらジェンダーの視点を取り入れた身体史研究は、女性の身体を、出産の場面で、また女性の身体が医者によって客体化される場面に焦点化し、男の産科医による女の身体の管理を問題にする点で、女性の身体に働く様々な要因のうち、とりわけジェンダーの視点を重視するものであった。そのため、ともするとジェンダー関係一元論的な評価におちいってしまい、男性の利害と女性の身体の客体化というステレオタイプ化された説明にとどまり、女性は抑圧、客体化されていく存在としてのみ描き出されるという問題をかかえこむこととなった。

生殖や出産に関わるテーマは「産む」性としての女に固有のものであるにしても、女固有の問いに特化してしまったのでは、事柄の本質をつかみ損ねてしまう。というのも、長谷川が指摘するように、出産の場を構成しているのは、医者や産婆、女性のみではなく、そこには、男性や共同体、支配層も関与しているからである。また荻野が提起した、主体としての女性に着目するなら、出産の対極にある堕胎・間引きをも視野に収め、出産や堕胎・間引きの背後にある、男と女の権力関係だけには還元されない様々な権力関係や、女性の身体観、生命観の考察が求められる。では、生殖や出産、堕胎・間引きを女性固有のテーマに特化することなく、また社会や歴史との有機的連関を失わずに追究するためには、どのような視点と方法、枠組みが求められるのか。第二期のとくに一九九〇年代後半の研究では、そうした観点から、性と身体にせまるための視点と枠組みの模索が行なわれていく。

女性たちが生きた現場へ

第二段階の一九九〇年代後半に登場した女性の性と身体をめぐる研究は、ジェンダーの視点からなされた一九九〇年代前半の女性身体史の問題点の克服、そして性や身体の問題を女性の問題に閉じ込めることなく社会的諸関係のなかで問題とするには、どのような枠組みが求められるかを模索するものであった。近世を対象とした一九九〇年代後半の議論や研究の特徴を、そのように総括したのは大門正克の「日本史研究における一九九〇年代」である（大門［2001］）。この論文は、九〇年代における日本近代史研究の動向を、研究方法と研究者の問題関心に留意して振り返ったものであるが、国民国家論とも関わるものとして、九〇年代における女性史研究の総括がなされている。「単一の物語に還元されない多様で複雑な『過去の過程』」を対象とするためには、歴史の「現場」を拠点にすることが求められている(5)。そうした視点から大門は、次の二つの議論に注目する。一つは、「男と女の関係を両者の権力関係のみに還元して把握する傾向」があるジェンダー史を全体史へとリンクさせるためには「男女関係を政治的・経済的・文化的な背景をふまえた社会構造として分析」する必要があるとする倉地の議論、そして「女性たちが生きた現場を拠点」に定める重要性と「人々の身体観や生命観をめぐる葛藤の過程」を描き出す必要を説く沢山の議論である。大門は、両者に共通する方法は、「女性たちの生きた現場を拠点に」「男と女をめぐる問題を社会諸関係の葛藤の過程のなかで考察」することであったと指摘する。歴史の現場に拠点を定め、複雑性の層においてとらえるための方法と枠組みの模索。それが一九九〇年代後半の研究を特徴づける方法の一つであった。

一九九八年に刊行された倉地の『性《せい》と身体《からだ》の近世史』は、近代社会への展開も見すえつつ、性《せい》と身体《からだ》をテーマに、日本の近世における性《せい》と身体《からだ》をめぐる民衆意識についての見取り図を描く(倉地[1998])。ここで取り上げられたテーマは多岐にわたるが、「婚姻や堕胎・間引きをめぐる問題は、実は当時の日本人たちの性愛についての意識と深く関わっていた」ことの指摘(倉地[1998:45])、あるいは避妊や堕胎を、性と生殖の一連の過程のなかにおき、しかも、それぞれの局面に分節化して人々の意識をとらえる試み(47)、性と身体に迫るための性格の異なる多様な史料の読み解きなど、性と生殖に接近するための手がかりが散見できる。なかでも注目したいのは、性と生殖の問題を、歴史的文脈のなかで立体的にとらえるための枠組みと視点が提示されている点である。その視点とは、次の三点である。一つは、性を「場に係わって階層的にとらえ」る「場と性」、二つには「その場の作法が身体（主に女の）に刻み込まれたものとして表現される」「性と身体」、三つには「性をめぐる意識」を「位相」においてとらえる視点（135-136）。

性と生殖の「場」に着目することは、支配層と民衆を基本的な対抗軸としながらも、共同体をはじめ、女の身体をめぐる様々な権力関係や、それら相互の葛藤の過程に着目することにもなる。また「生きた現場」に即して考えることは同時に、その場が女の身体に刻み込む身体観を追究することにもつながる。同じく一九九八年に刊行された沢山の『出産と身体の近世』では、女の身体に関わる史料を、史料が成立した場である地域社会の構造のもとで、民衆、共同体、支配層の緊張関係のなかで読み解く試みがなされた。そこに浮かび上がってきたのは、女の身体をとりまく、女と男の関係に還元されない様々な権力関係、そして「他律化される」存在としてだけではとらえられない民衆と女性たちの姿であった。

第二段階の一九九〇年代後半に切り拓かれた歴史の現場を拠点に考える方法は二〇〇〇年以降の第三段階の研究にも引き継がれ、具体的なフィールドを設定し、一次史料を用いて、史的事実を明らかにする個別のモノグラフが積み重ねられつつある。懐胎・出産取締りの地域的広がりや、民衆の生命観・身体観を、福岡藩の村方文書を手がかりに探ったのは井上隆明である。井上は、堕胎・間引きを正当化する論理として定説となっていた「七歳までは神のうち」という観念は、そこにはほとんど見られないことや、「農村では間引き、都市では堕胎」という通説を覆す村での堕胎の事実を、史料に即して明らかにする（井上［2003］）。

　また高村恵美は、近世の人々が生きた場での出産に焦点を当て、医者と産婆の棲み分けの様相を明らかにする。出産に関わる医療者を一次史料のなかに探る高村は、医者と産婆の境界に位置する賀川流産科学を体得した産婆と、その産婆が共同体から受け入れを拒否された事実を浮き彫りにする。この研究は、男性の医者による女性の産婆の抑圧、あるいは堕胎・間引きに関与しない医者とそれを請け負う産婆といった二項対立の構図の克服を意図したものだが、現実の出産の場をとらえるには、医者と産婆、あるいは医者＝男、産婆＝女というジェンダーの枠組みだけでは不十分であることを改めて認識させる（高村［2002］）。今後は、医療者相互の境界の曖昧さから生じる様々なせめぎあいや、医療者と医療を受ける人々の複雑な構図を、地域に即して陰影豊かに描くことが課題となるだろう。

　これら第三段階に登場してきた研究は、地域に即して、また女性たちの身体に起きた具体的で歴史的な経験に焦点をあてて分析するとき、そこには単純な二項対立図式や女性身体の客体化、あるいは単線的な近代化や近世と近代の単純な断絶の図式では語れない、複雑な歴史的事実が浮かび上がることを示す。

歴史人口学・産育史・民俗学の架橋

第二段階のとくに一九九〇年代後半に展開した、方法論をめぐるもう一つの動きは、堕胎・間引きをめぐり、それぞれの分野で蓄積されてきた研究成果の架橋への試みである。それは、専門分化してきた蓄積を架橋する貴重な試みでもある。というのも、専門分化が進むにしたがい、それぞれの分野の研究蓄積が反映されず、むしろ通説が再生産される傾向が二〇〇〇年以降の研究にはみられるからである。二〇〇三年に刊行された荻野美穂と岩田重則の研究は、近世から近代、さらに現代をも射程に入れた長い時間軸のなかで生命の問題を扱おうとする、意欲的な研究である。しかしその反面、昔の人々は堕胎・間引きをかなり行なっていたという根強い偏見が垣間みえる。そこでは、近世には「堕胎や間引きによる人為的出産制限が常時にもかなりの規模で行われていた」（荻野 [2003：228]）、「近世から近代はじめの日本列島において、嬰児殺しは全国的かつ常習的であった」（岩田 [2003：111]）といった具合に旧来の説が展開される(6)。しかし歴史人口学のなかではすでに、近世社会を近代社会と対比させ、自然に任せた生殖の結果、堕胎・間引きが行なわれていた社会として描く単純な図式は問い直され、堕胎・間引きへの新しい切り口ときめ細かなアプローチが模索されつつある(7)。

歴史人口学が、近世の宗門改帳や懐妊書上帳の分析から導き出したのは、近世社会における子ども数の少なさのみならず、出生間隔が長く、かつ均等な傾向にあるという、自然にまかせた生殖の結果としての堕胎・間引きという「通説」を覆す結果であった（鬼頭 [2000]）。そのことによって、従来「間引き」と一括りにして言われてきた出生制限の方法には、実は、「余分」な子どもを残さないために、万一妊娠した場合も、それが出生につながらないよう堕胎をし、ついには嬰児殺しに及ぶstoppingという方法と、出生間隔を出生順位の低いときから長期化することにより、最終的に出生児数を少なくしようとするspacingという二つの方法があることが浮かびあがってきたのである。

出生制限の方法が二つあるという発見は、近世の出生制限について考える場合に、たんに何人の子どもを持つかだけでなく、いつ、どのくらいの出生間隔で、何歳までに産むかというありかたを考慮しなければならないこと、また、夫婦の性と生殖をめぐる行動を含んだ分析を求めるものでもあった（友部［2002］）。なぜなら、近世の出生制限のなかで、出生間隔をあける後者の方法が重視されていたとすると、出生間隔をあけながら、しかも長期にわたる妊娠を可能にするために、母体にできるだけダメージを与えない堕胎の方法が求められていたと考えられるからである。だとしたら、どのような方法がとられたのかが明らかにされねばならない。このように、近世の出生制限をめぐって、夫婦の性と生殖をめぐる行動や出生制限の方法のきめ細かな検討が課題となりつつある。

それだけではない。近世後半期の低出生力をめぐっては、近世女性の出生力そのものが低かった可能性も指摘されている。堕胎・間引きだけでなく、避妊、性行為に関わる禁忌や慣習などの夫婦の性行動、あるいは栄養水準、労働の強度と時間、母親の疾病、母乳哺育の習慣といった女性の妊娠をめぐる歴史的環境と関わる諸要因など、近世女性のリプロダクティヴ・ヘルスに関わる様々な要因も含めて近世後期の低出生力の問題を分析する必要性が提起されている（鬼頭［1995］友部［2002］）。

他方、産育史の側からも、「間引き」の語彙をめぐる検討がなされた。太田素子は、歴史学では「間引き」と一括りにして言われてきた「間引き」の語の検討を行なった結果、「間引き」は実は幕府に近い知識人や大都市に住む人々の語彙であり、実際に、堕胎・間引きを見分していた在郷知識人の場合は、多くの場合「間引き」よりも「コガエシ」の語を用いていたことを明らかにした（太田［1999b］）。そのことは「コガエシ」の語にこめられた民衆の生命観の分析を課題として浮かび上がらせる。また近世前期の嬰児殺しの当事者の記録を、歴史人口学の川口洋、産育史の太田素子が双方の視点で読み解くことによって、「子返し」は、近世民衆の性と生殖をめぐる占いをはじめ、多様な要因にもとづくものであったことが明らかになった（川口［1994］［2002］太田［1998］［1999a］）。起きた出来事としては「嬰児殺し」であったとしても、動機や背景をも視野に入れて「間引き」の問題を考えるなら、「嬰児殺し」という一言では片づけられない多様な具体像があることが明らかにされつつある。

また歴史学のなかで一九九〇年代後半以降すすめられた身体観、生命観の研究は、民俗学の言う「七歳までは神のうち」という生命観の再検討を求めるものでもあったが、それに応える研究が、民俗学のなかで取り組まれつつある。先にあげた『日本民俗学』の特集号で鈴木由利子は、民俗学が扱ってきたのは、実は「育てようとする子ども」と認識された実在の子どもに関するものであったことを指摘する。鈴木は、子どもの命は「育てようとする子ども」と「育てる意思のない子ども」では、全く違った認識を持たれていたのではないかという観点から、再生を信じる「七歳までは神のうち」という子ども観、生命観の検討を行なっている、その結果、堕胎・間引きの対象となった「育てる意思のない子ども」については、「魂の再生」を阻止するための呪術的手段をとる場合があったことを明らかにする。

このように第二段階の一九九〇年代後半には、数量的データ、文献史料、民俗資料という、それぞれ、性質の異なる史料群を扱ってきた歴史人口学、産育史、民俗学の成果を付き合わせ、架橋する試みがなされつつある。そのなかで、おもに宗門改帳など人々のライフサイクルをも明らかにしうる史料群の数量的分析によって人々の出生行動に接近してきた歴史人口学、家や家族の問題と子どもの位置との関係を探ってきた産育史、そして民衆たちの不安や願望をも反映している性と生殖をめぐる民俗資料を蓄積してきた民俗学の成果を架橋するなかで、近世民衆の性と生殖をめぐる世界の再考が課題となってきている。

歴史的経験としての性と生殖へ

これら一九九〇年代後半になされた、ジェンダーの視点からの女性身体をめぐる研究動向や堕胎・間引きをめぐる研究をふまえつつ、「近世の家と村に生きた男女のライフサイクルをたどりながら、彼らの生と死をめぐる諸問題」についての考察を深めることを意図したのが大藤修の『近世村人のライフサイクル』（大藤［2003］）である。ここではライフサイクル論は、人々の生と死に関わる多様な問題を相互に関連づける際の有効な基軸の一つとして位置づけられる。では「近世の家と村に生きた男女それぞれの描いた基本的なライフサイクルの軌跡」、そして「家、村、およびこの時代の国家公権を担っていた幕藩領主は、個々人の人生に、いかなる関心から、どのような形で関与していたの」か。ここに主題として掲げられた、人々のライフサイクルの軌跡とそれに対する支配層の関与という枠組みは、ジェンダーの視点での身体史研究がゲットー化に陥らないための枠組みとしても示唆的である(8)。

振り返ってみると、ジェンダーの視点での近世女性史研究が噴出する契機となった大口勇次郎の『女性のいる近世』(大口[1995])ではすでに、ライフサイクルを描くことが、女性と社会構造の接点を探る手がかりになるとの指摘がなされていた。大口は、近世という「時代に生きた個々の女性の生涯を描くことは、女性と社会との接点を知る一つの手がかりになるだろう」と述べている(9)。大藤は、近年のジェンダーの視点からの近世女性史研究が、「ジェンダー関係一元論的な評価に陥ってしまう危惧」を表明しているが、そのライフサイクルへの着目は、男と女の生を、ジェンダー関係に還元しないという視点を含むものといえよう(10)。

人々のライフサイクルを問題にするとき、性と生殖は、その重要な主題となる。『近世村人のライフサイクル』では、「子どもの誕生と育児」の問題が取り上げられ、家族計画意識の芽生えとしての堕胎や間引き、生命観を形づくる「子宝」意識、公権力の堕胎・間引き禁圧と産育管理、出産への医師の関与、また「婚姻関係にない性交渉」や都市下層民の生活とも関わるものとして捨子と私生児の問題が取り上げられる。男女それぞれのライフサイクルを問題とするとき、階層の問題や、都市と農村の関係も、視野に入れることとなる。ライフサイクルを基軸とする大藤の研究は、一人ひとりの女たちに即して性と生殖の問題を考えていくためには、性と生殖の問題をライフサイクルの問題と密接に交差させながら、またある局面のみを取り上げるのではなく、一連のプロセスとして位置づけていく必要をも示唆する。

最後に、先にも触れたが、第三段階の二〇〇〇年以降に登場した二つの特集に掲載された近世を対象とする論稿にふれておこう。「生殖と女性史」には、桜井由幾の「近世の妊娠出産言説」が、また「性と権力関係の歴史」には、金津日出美の「一八世紀日本の身体図にみる女と男」が収められている（桜井［2000］金津［2002］→［2004］）。金津は、この論稿と関連した「江戸期産術書に見る生殖論——〈産む身体〉とはだれの身体か」（金津［2003］）も著している。

桜井は、産科書、女訓書、養生書にみられる「近世の妊娠出産言説」を分析する。その結果、「妊娠出産言説」には「無知で愚かで嫉妬深く、身体も軟弱な女性に家の存続に不可欠な跡継ぎを安全に産ませなければならないという、近世産育の二律背反」が「溢れていること」、また「産科学の発展とともに女性身体の仕組みが、妊娠出産に関わる器官以外は男性と同じであることが明白になっても」、女性身体の男性との違いが女性の特殊性としてとらえられたと結論づける。

これに対し「セックスとジェンダーの二元論的把握、いいかえれば、ジェンダーをセックスの先験的予見として把握する考え方は、逆にセックスを宿命的な性差として固定化することにつながってしまうのではないか」という視点から「『予見としての生物学的性差』を歴史化する試み」を行なったのが、金津の二つの論文である。金津の論稿は西洋近代医学が登場して〈女性／男性〉という「ツーセックスモデル」が支配的になる以前は、男女の生殖器官は相同とする「ワンセックスモデル」が支配的であったとするトマス・ラカーらの「西洋近代医学知のジェンダー構築を問題化する視座に大いに刺激され」て書かれたという。その意味では、まだラカーらの分析枠組みと視点の日本への応用という段階にあるものの、女／男の分割線がどのように引かれていくか、「セックスとしての身体」を分析する上で歴史研究が重要な分析枠組みと視点を提示できることを示そうとした問題提起的な論稿である。

こうした金津の視点からは、当然のことながら、生殖器をめぐる差異が、女性の特殊性として語られるとする桜井の議論は、〈産む性・身体＝女性〉〈産めない性・身体＝男性〉とする、生物学的性差観に裏打ちされる二項分類的図式を抱え込んでしまうものであり、生殖に関わる女／男の「宿命」論的性差を、消えることのない性差として、その差異を強調することにしかならないのではないかと厳しく批判される。このように、性差をめぐる議論が、生物学的性差の問題にまで入り込んだことの意味は認めなければならない。しかしそれが、社会との有機的関連を欠落させた議論になる危険性が付きまとうことも確かである。桜井や金津の言説分析では、女性は、言説によって意味を付与される存在、客体化の対象としてのみとらえられる傾向にある。性差が発する場としての生殖に焦点をあてながら、しかし言説や生殖器官の問題のみに自足してしまわないためにも、生殖の問題を社会的、歴史的文脈のなかに置きなおして考える必要があるだろう。またそのことと女性を主体にして語るということとは、密接不可分の関係にある。その意味で、一九八〇年代後半以降に蓄積されてきた研究成果とその問題点から、今、あらためて学ぶことが課題となる。

これまで、日本近世を対象とする性、身体、産など性と生殖をめぐる研究の流れを三つの段階に分けてみてきた。それらをもう一度振り返ってみよう。その出発点は、一九八〇年代後半にある。この第一段階は、いわば日本における性と生殖をめぐる研究の成立期であった。この時期には、人間存在に関わる問題として性と生殖を歴史の課題とすべきとする荻野の問題提起がなされ、また近世を対象とした出産の社会史の出発点となった落合恵美子の「江戸時代の出産革命」が登場している。第二段階は、性、身体、出産研究の展開期と位置づけることができよう。第二段階は、細かくみるならば、出産の社会史からジェンダーの視点での女性の身体史へと展開した一九九〇年代前半、そしてこれら九〇年代前半の研究のなかにあったジェンダー関係一元論的な傾向の克服を試みた一九九〇年代後半にわけることができる。一九九〇年代後半には、男女関係を社会構造と関わらせて、また女性たちが生きた場に拠点を定め社会的諸関係のなかで分析することでジェンダー史を全体史にリンクさせる試みや、歴史人口学、産育史、民俗学を架橋する試みなど、性と身体を問題にする方法と枠組みの模索がなされた。

第三段階の二〇〇〇年以降は、性や生殖というテーマ、あるいはジェンダーの視点での歴史研究が市民権を得てくる、いわばジェンダー研究の確立期といえよう。性と生殖の問題は、「人類存続のための根源的な営み」（『歴史評論』「生殖と女性史」）として、また現代社会の「仕組みをとらえ直す」（『歴史学の現在』）うえで重要な主題としての位置を与えられつつある。しかし、セックスの次元から男と女の差異の構築過程を追究する試みへと進みつつあるジェンダー研究には、「女性身体のゲットー化」という問題も見え始めている。他方第二段階の一九九〇年代後半の模索を受ける形での具体的な場をフィールドとした実証研究やライフサイクルを基軸に歴史人口学、産育史、民俗学の成果を統合する試みもなされつつある。その意味で現在は、ジェンダーの視点を抜きには、問題を明らかにできない段階にきていると同時に、ジェンダーの問題のみに一元化せずに、ジェンダーの問題と様々な諸関係とを交差させながら問題を考えていく、いわばセカンド・ステージに踏み出す時期にきている。また確かに、歴史のなかに生きた個々の人間の経験の側から考えるなら、その生はジェンダー関係だけに特化し得るものではないだろう。その意味では本書もまた、セカンド・ステージに踏み出すための道程に位置する。性や生殖という問題を社会全体の諸関係や「家」と密接に関わるものとして、また性と生殖がなされる場としての女性の身体とそれらの諸関係とがどう関わるのかを視野に入れながら、女性たちが生きた場を拠点に考えていきたい。そのことは、身体を通して自らの内側に入り込んでいるジェンダー規範を見つめなおし、生活者としての主体のあり方を問うことにもつながる。

本書の構成

本書の意図は、性と生殖をめぐる問題を、人々の生きた場を拠点に、歴史的文脈のなかで、明らかにすることにある。そのために、避妊から捨子までを、性と生殖をめぐる一連のプロセスとして、また人々のライフサイクルにおける出来事として位置づける。扱われる内容は、近世社会固有の性と生殖の問題を、支配層の側の懐胎・出産取締りと民衆の側の性と生殖の民俗の双方から照射するⅠ部（第一章〜第三章）、性、生殖の一連のプロセスの最終局面に位置する捨子に焦点をあてたⅡ部（第四章〜第五章）、近世から近代への展開を視野に入れ、支配層の側の性、生殖統制の意味と、女の身体観のパラダイム転換を取り上げたⅢ部（第六〜第七章）の三つの主題群からなる。

第一章と第二章では、懐胎・出産取締りの展開過程からみた〈産む〉身体をめぐる問題を扱う。第一章では、従来取り上げられることのなかった武士層に対する懐胎・出産取締りの意味と、〈産む〉身体をめぐる、藩、家族、医療者、産婆相互のせめぎあいの諸相を、東北日本に位置する仙台藩の支藩、一関藩をフィールドに明らかにする。第二章では、西南日本に位置する津山城下で起きた子殺し事件を出発点に、支配層による堕胎・間引き批判の論理と性、生殖統制の展開を追う。

続く第三章では、東北日本、西南日本のどちらにも広く流布し、近代以降も伝承された性と生殖をめぐる民俗を手がかりに、性と生殖をめぐる人々の願望や不安と生活との関わり、また性と生殖をコントロールするために、人々はどのような方法を用いようとしたのか、その具体的諸相を探る。

Ⅱ部の第四章から第五章では、性、生殖の一連のプロセスの最終局面に位置する捨子が問題とされる。東北日本と西南日本をあつかったⅠ部に対し、Ⅱ部では、岡山と津山の城下という、より狭い地域をフィールドに、ミクロな視点から、捨子の背景、捨子の実像、捨子の運命を探る。また、そのことを通して、捨子の背景としての性と生殖のありようや子どもの生命観、捨子をめぐる家族、共同体、公権力の関係を問う。

Ⅰ部、Ⅱ部が、近世固有の性と生殖を問題としているのに対し、Ⅲ部は近世から近代への展開を問題とする。第六章では、近世後期の支配層による懐胎・出産取締りが家族と女性、子どもにとって持った意味を、性、生殖統制という側面から、また近代以降の展開との関わりも視野に入れて明らかにする。さらに第七章では、近世から近代への転換期に生きた在村女医の診察記録、処方集、そして患者から女医への手紙を手がかりに、地域医療の現場に焦点を当て、医者と患者の関係、処方の意味など、さまざまな角度から光をあてることで、近世から近代への身体観のパラダイム転換の内実を問う。

終章では、もともとは、それぞれ独立した論稿として書かれた各章相互の関係を「性と生殖の近世」という視点から構造化し、さらに「性と生殖の近代」への展望を示す。

注

(1) リプロダクティヴ・ヘルス／ライツという概念は、子どもを産む、産まないの自己決定を主張する「北」の先進資本主義諸国のフェミニストたちの運動から生まれた。その後、人口抑制のために危険な方法での避妊や中絶手術を強いられている「南」のアジア、アフリカといった低開発国の女性を支援する八〇年代のフェミニズムの国際的運動のなかで広まった。こうしたリプロダクティヴ・ヘルス／ライツの広がりの経緯は、近代とは異質な文化、近代以前の問題も含めて考える必要を示唆するものである。

(2) 現在、「昔」の女性は高い身体能力を持っており、月経血をコントロールできたと説く三砂ちづる著『オニババ化する女たち―女性の身体を取りもどす』（光文社、二〇〇四年）が一七万部のベストセラーとなっているという。またその読者は、自らの身体能力を自覚する機会も暇もなく、キャリアを積み上げつつある若い女性、あるいは自己実現できていないのではないかと悩む中高年の主婦たちだという。近代の女性の身体観を相対化してきた女性史研究の蓄積からすると、実証という点でも様々な疑問があり、説得的で斬新な分析がなされているとも思えないこの本が、女性たちに広く読まれ受け入れられている背景に「現実を生身で生きる者」（朝日「ベストセラー快読」二〇〇五年一月三〇日）としての女性の身体感覚や身体経験のリアリティと切り結ぶ面があるとすれば、それは何なのか。この点は考える必要があるだろう。

(3) こうしたジェンダー史をめぐる問題については、石月・藪田編［1999］所収の〝歴史学・フェミニズム・女性史〟座談会での「女性史からジェンダー史」をめぐる議論が示唆的である。また脇田晴子・長志珠絵［2002］にも、「ジェンダーを入れた研究の変化」に関する指摘がある。

(4) たとえば、ここに収められた川村邦光による「性の民俗」は、男と女の領域を「越境する」性であった「性の民俗」が、近代以降「猥褻」の名のもとに禁圧の対象となり遺棄されるなかで、それゆえ逆説的に「性の民俗」が発掘されていくプロセスを描いてみせる。

(5) 大門はキャロル・グラックが「単一の物語に還元されない多様で複雑な『過去の過程（processes of the past）』」にこそ歴史研究の対象があるとして、それを検証する方法を「ミクロ・過程的展開（micro-processual turn）」と呼び、それは『近代を国民国家の中にではなく、現場（on the ground）に置く』視点だと述べた」ことを引きながら、「現場」に拠点を置いて思考を始めることの重要性を指摘している（大門［2001：49］）。

（6）近世から近代、さらに現代をも射程に入れた長い時間軸のなかで生命の問題を扱った最近の研究が、荻野［2003］と、岩田［2003］の研究である。「江戸時代から現代に至るまでの日本における間引きや堕胎／中絶をめぐる状況と人々の心性とがどのように変遷してきたか」をたどる荻野の論稿では、「近年の歴史人口学の研究」によって明らかにされた「近世農村では一八世紀半ばまでには小家族化が進み、平均世帯規模は、四、五人に収斂していたこと」や「晩婚や出稼ぎ、出稼ぎ先の都市での死亡率の高さなどの出生率を引き下げる要因」にふれてはいるものの「やはり通説どおり、前近代の日本社会では堕胎や間引きによる人為的出産制限が常時にもかなりの規模で行われていたと考えてよいだろう」とする（荻野［2003：228］）。また、「用語の点でも『間引く』『子返し』などの表現は、堕胎と生後の子殺しのどちらにも使用され」、これら堕胎・間引き、そして「捨殺」としての捨子は、「当時の人々にとってこの三つの行為がいわば渾然一体のものとして位置づけられていた」と指摘する（231）。

他方、岩田は、「近世から近代はじめの日本列島において、嬰児殺しは全国的かつ常習的で」、この「近世の嬰児殺しは、絶対的貧困か家族計画化といった二者択一的な状況のもとで行われたのではなく、双方が微妙に関係しあいながら、限られた生産力の範囲内で小農家族が選択した家再生方法であった」と思われること、またこの嬰児殺しは、「日本の近代社会のシステムのなかで存続した民俗」であるとし、その根拠を一九三四年（昭和九年）に行なわれた産育習俗調査にもとづく『日本産育習俗資料集成』に求めている。ここに収められた「数多くの堕胎・間引き事例」は「すでに明治維新から約七〇年を経過した時期の調査であり、それらを近世社会のものとみなすには無理がある」と岩田は述べているが、ここにおさめられた産育習俗が、近世末から明治初期になされていたことの伝承である（Hara/Minagawa［1996］）ことは、すでに堕胎・間引き研究では周知の事実である。荻野は近世と近代の断絶を、岩田は近世と近代の連続を重視する点で、その視点は異なるものの、近世を、岩田の表現を借りれば「夜明け前」として描く点では共通している。
(7) この点について詳しくは、沢山［2003a］を参照されたい。
(8) 三成美保は、「書評『身体と医療の教育社会史』」［2004］において、ジェンダー研究は、「産」と「性」に関わる身体への注目を促したこと、しかし他方で、もっぱら女性「身体」は、「産科学」の客体となる場面に限られ、「医療」にさらされる女性「身体」が語られるという、女性「身体」研究の一種のゲットー化を生んだことを指摘している。三成は、「こうした女性『身体』研究の一種のゲットー化を克服し、『身体』史研究を成熟させることは今後の歴史学一般の課題となろう」と述べているが、この指摘は重要である。
(9) 近世女性のライフサイクルへの着目はすでに、森安彦、藪田貫らの研究にも見られる。森［1984］は、「今までの村落史研究では把握できなかった側面にもメスを入れ、女性の立場から見た近世村落の構造に迫る」という視角から女性のライフ・コースの解明を試み、「出産した子供たちの存在、役割から」類型化を行なっている。他方、藪田［1990］は、「女大学」の描く理念としてのライフサイクルと、幾人かの女性たちの現実のライフサイクルを照らし合わせて検討した結果、近世後期の女性のライフサイクルは、身分、階層、「家」や「奉公」の形との関係で、四つに類型化できると結論づけている。このように、女性のライフサイクルへの着目はまず、ライフサイクルの類型化の試みから始まり、さらに、一人ひとりの、それぞれに個性的な一回的なライフサイクルへ、またそのライフサイクルと社会との関係への着目へとその視点を移動しつつある。一例をあげるなら、大口勇次郎の「農村日記に見る女性像」(大口［1995］)は、一人の女性のライフサイクルを、親の子どもへのまなざしや、家のタテとヨコのつながりという多様な関係のなかでライフコースの決定因を探るという複眼的視点で分析する。
(10) 大藤修は、「小経営・家・共同体」［2005］のなかで、「ジェンダーの観点から近世社会像の根本的な再構築を試みるようになった近年の」動向を代表する仕事として長野ひろ子の『日本近世ジェンダー論』[2003]を取り上げ、「インパクトの強い論稿であるが、ただその論調には、かつての階級関係一元論的な評価と同様、ジェンダー関係一元論的な評価におちいってしまう危惧を、いささか禁じえない」とし、「家が男性優位の体質を有していることは事実であるものの、究極においてジェンダー原理が貫徹しえないところに日本の家の特質が存在する」のであり、「家と女性の関係についての理解が一筋縄ではいかないのは、まさにこの点に起因する」(大藤[2005:15])と指摘している。

I

第一章　懐胎・出産取締りからみた〈産む〉身体

はじめに

身体や出産、医療をめぐる研究は、一九九〇年代以降、急速な進展をみせてきた。そのなかで、近代産科学や男性医師によって抑圧される産婆や女性患者といった男女の権力関係に還元する二項対立的図式への批判がなされ、具体的なフィールドという実証的基盤と一次資料をもとにした個別のモノグラフが積み上げられつつある。また女性の身体を焦点に、そこに働く、男女の関係に還元されないさまざまな権力関係の究明がすすめられ（沢山［1998］大門［2001］）、出産と堕胎・避妊の場とでは、国家・社会・共同体や家・男といった権力関係の介在のあり方は、どのように異なるのか、そしてそれはどのように変化するのかを具体的に明らかにする必要が指摘されてきている（倉地［1998：10］）。

近世後期の出産をめぐっても、近世後期の懐胎・出産取締りの地域的広がりや女の身体に働くさまざまな権力関係（横田［1996］井上［2003］）、あるいは二項対立的図式では解けない女性の身体と産をめぐる諸相や出産に関わる医療者の重層性の解明（高村［2002］）が進みつつある。しかし、懐胎・出産取締りに関する研究の中心は、在方、町方に置かれ、武士の出産や出生コントロールに言及した研究は皆無に近い(1)。また、女性の身体と産の諸相をめぐる研究では、産科の知識によって異常産を扱い、堕胎・間引きは行なわない男性産科医と、経験的な知によって平常産を扱い、堕胎・間引きも請け負う産婆という二項対立的図式では、現実の産や堕胎・間引きをめぐる諸相はとらえられないことが明らかにされつつあるものの、当事者である女性と、これら医療者の関係、あるいは医療者相互のせめぎあいについては、解明の端緒が開かれた段階にとどまっている。

こうした研究状況の一因は、日常的生活世界のなかでの出産や堕胎・間引きに関わる文字史料の少なさにある。その点についていては、ヨーロッパと比較しても、「性と生殖を一致させ、生命管理を掌握するキリスト教会のような拘束力を持つ機関が定着しなかった日本では人為的中絶である堕胎や出生以後の間引きの実態を把握する史料は少ないとされてきた」（岡野［2004］）。しかし、近世後期に各藩が堕胎・間引き禁止政策として取り組んだ懐胎・出産取締り政策は、性と生殖の一致や生命管理をはかり、女性の身体を〈産む〉身体として管理する、生殖に介入する政策でもあった。そのため、そこには、堕胎・間引きの実態に迫り得る手がかりを見出すことができる（沢山［2001］）。そこで本章では、仙台藩の支藩である一関藩という具体的フィールドを設定し、今までの研究では空白であった武士の出産と出生コントロールに焦点をあて、懐胎・出産取締りという〈産む〉身体の管理の側面からみえてくる〈産む〉身体の位相について考えてみたい。

ところで、武士層の出産や出生コントロールについては、そもそも武士の人口と家族の研究も「まさに緒に就いたばかり」（磯田［2003：133］）の状況にあっては、皆無とはいえないまでも、数えるほどしかないというのが現状である。そのなかで歴史人口学の立場から「武士身分内部の階層による違い」にも留意して数量的分析を試みた磯田道史は、知行取と少録の切米取では、初婚年齢においても、出生数においても階層差があり、下級武士層の場合は、晩婚で出生数も少ないことを明らかにした。ただし磯田の研究では、下級武士層の出生数の少なさは晩婚の故と説明されており、出生コントロールの可能性には触れていない。

他方、武士の日記という質的史料を手がかりに、武士層の出生コントロールに言及したのは、太田素子と横田武子である。太田は、一九世紀前半の土佐藩の武士の日記をもとに、土佐藩では、下級武士による間引きが行なわれていたが、これらは単純に貧困が原因というより二、三男の将来を考えた家族計画の萌芽とも言える性格を持っていたこと、宝暦九（一七五九）年に書かれた谷真潮の『言上秘記　全』では、これら下級武士の間引きを解消するには、二、三男が士分を離れて奉公に生活の糧を得ることが恥じでなくなるようにしなければ、根本的な解決にはなりえない、と身分制の打破とまではいかなくとも、階層移動を弾力化する必要があると述べていたことを指摘している（太田［1994］）。他方、一八世紀後半から一九世紀前半の時期の三代にわたる福岡藩士の日記を分析した横田は、日記のなかに、流産、あるいは「出産」と記されているものの「出生無し」と記された事例が、とくに妻が三〇代後半になって以降の出産にみられることに注目し、そこに「家の安定的な継続のための制限」「意図的に、子供の数を制限しようとした意志」を読み取っている（横田［1996］）。

これらの研究は、武士層に対する懐胎・出産取締りの問題を扱ったものではない。しかし、武士層といっても、その出産のありようは単一ではなく、階層による違いを視野に入れる必要があること、また武士層が出生コントロールをしていた可能性や、出生コントロールの可能性は、下級武士の二、三男、あるいは年齢的に高齢になってからの出産に高いこと、また武士層の出生コントロールの背景として「家の安定的な継続」や「身分制」の問題を考える必要があることを指摘する点で、武士層に対する出産管理の意味を考える上での示唆を与えてくれる。

本章では、これらの研究にも学びつつ、一関藩が、「育子之儀」に基づいて行なった「育子仕法」を対象に、懐胎・出産取締りという側面から〈産む〉身体の位相を明らかにしたい。一関藩の育子仕法をめぐっては、一関藩家老の沼田家に、一九世紀前半の文化八（一八一一）年から嘉永七（一八五四）年まで、約四〇年間の文書が残っている。それらは、大別すると①「育子御仕法取行方」などの育子仕法をめぐる法令、あるいは「育子方御用留」など勤役関係の記録、②妊娠、流産、死産の記録、③出生や育子御手当に関する記録、④藩の医学校、慎済館の医師から藩に対してなされた提言などである。

これら育子仕法に関わって作成された記録は、支配層の手によって記されている点で注意深い読み取りが求められる。が、そこに生きた人々の行動や心性を探る上で重要な手がかりとなることも確かである。また政治権力が作用する出産の場を問題にするに当たっては質的なアプローチ、数的なアプローチの両方を相互補完的に用いながら、藩の側が生殖の場に介入するプロセスを明らかにする必要があるが、育子仕法に関わる記録には、数的、質的両方の記録が含まれている。本章では、近世末の一関藩における〈産む〉身体の位相を、育子仕法という政治権力が作用する出産の場、そして生殖への藩の側の介入のプロセスを通して、また出産をめぐる藩・社会・家族そして医者、産婆といった緒関係のなかで考えてみたい。

1　一関藩の「育子仕法」と武士の出産

「育子仕法」の意図

一関藩の育子仕法は、本格的には、七代めの藩主、田村宗顕が文化八（一八一一）年、赤子手当てなどを入念にするよう藩のなかに育子方の役職を置き、出生、懐妊、死亡といった懐妊、出産調べや、養育料の支給を行なったことに始まる。「民間」のみならず「御家中末々迄風俗」を改め、

「御家御繁栄」はもちろん「子孫永続孝道」を立てるという武士層の倫理の教化を目指した「育子仕法」の経緯や内容については、文化九（一八一二）年から文政一三（一八三〇）年までの「育子方御用留」に詳しい。さらに九代邦行は、嘉永五（一八五二）年、赤子養育についての直書を出し、多年の弊風を打破するには、手ぬるい施策を排して、厳しい措置をとるべきだと述べた。また、藩の医学校である慎済館の医師に赤子養育の指導に当たらせることとし、赤子生育係頭取、赤子生育制導向係、赤子生育係を定め、嘉永六（一八五三）年からは、村々の医師から二月、八月の二回、産婦取扱高、死胎、流産について届け出させている（岩手県文化財愛護協会編［1992］）。

一関藩の育子仕法では、妊娠、出産の節目での届出が求められていた。その最初の届出が、着帯届である。着帯届のめやすは、月経が停止してから五ヵ月（「経閉五ヶ月」）の月経停止に求められた。この場合の「経閉」とは、最終月経の月をさすが、着帯届は臨月届もかねていた。これらの届が妊娠、出産管理の意味を持っていたことは、嘉永五（一八五二）年閏二月二七日の覚に記された、着帯届に関する慎済館学頭添役、田野崎三徹の「妊娠五ヶ月に相成候はば、屹度御届申上候様仕度……此節臨産に差懸り或は産後に取り繕候者も御座候由相聞得」（一関市［1977：609］）という文面からも明らかである。

ここには、妊娠五ヵ月には必ず届けねばならないにもかかわらず、出産前あるいは産後に「取り繕」う者がいると記されている。「臨産に差懸り」とは、出生前に流産させる堕胎を、「産後に取り繕候」とは出生後に赤子を殺す間引きをさしているのだろう。その意味で着帯届は、妊娠の確認の意味と同時に、妊娠から産後に至る過程での堕胎・間引きを取り締まるためのものでもあった。

さらに出産の際には、出産届を出すことが求められたが、その際、武士層については嫡子以外の子どもについても、子どもの名前と何人目の男か女か、また双子、三つ子かを届け出ることとされた。藩の側が、嫡男以外の男女すべての子どもについても把握しようとしていたことは、藩の側の関心が単なる「家」の把握ではなく、実態としての家族の把握にあったことを示す。また妻、妾の出産に際し夫は、産穢の届を出さねばならなかった。産穢の届は、「頭々御目付江産穢を届候茂、穢を忌候而已ニ無之、不埒をさせましき為之埒ニ而候間」という文面が示すように、「穢を忌」むためだけでなく、「不埒」をさせないためのものでもあった。「不埒」というのが、堕胎と間引きのどちらをさすのか、ここからだけでは判断できない。が、いずれにしても産穢の届は、武士たちに「不埒」をさせないことを意図するものであった。また、医者、鍼医たちは、自らが治療している産婦が流産・死胎になった場合は、その容体を詳しく書面で係御目付に申し出ること、「御家中女医者」「凡下洗母」は「壱ヶ月切」で係下役へ、誰の妻、妾の出産、あるいは流産・死胎を取り扱ったかを届け出ること、また取扱高に応じ「御賞美」を与えるとされた。

さらに家中のなかでも、養育困難な人々、「小給ニ而、勤向も繁」く、「多人数生育尤難儀之事ニ候」「士凡軽キ御扶持人」達には養育料が貸与された。しかし養育料は、どの子どもにも与えられたわけではない。というのも、二人めまでは自力で育てるべきとされたからである。養育料が貸与されたのは三人めからであり、その際は、実際に困窮しているか否かが吟味された。

この一関藩の養育料支給で注目したいのは、乳が出ない場合には、確かに乳が出ないかどうか吟味したうえで、出生の子が三歳になるまで、乳母を頼む手当てを与えるとされた点である。そのことは次のように述べられている。

士凡共ニ小給難渋之上、産婦ニ乳無之も可有之、……出生之子三歳迄ハ乳母相頼候手当、多少御手当可被成下候、尤右様行届兼候者者、申出ニむかい係り下役并医師中・乳母差出、□与遂吟味、其品可申出候（「育子御仕法取行方縣披仰付一件綴」年未詳）

人工栄養などないこの時代、乳は赤子の生存に必要不可欠なものであった。養育料のみならず、乳母を頼む「手当」が多少であれ与えられる、この養育料支給の制度は、武士層、なかでも下層の武士たちの育児負担の軽減を意図していた。藩の側はそれだけ、下層の武士層の育児負担の軽減が、堕胎・間引きを取り締まるには不可欠と意識していたのだろう。

このように、一関藩の育子仕法は、一方では堕胎・間引きを取り締まるための届出を求めつつ、他方では赤子の成育に必要な乳や養育料を与え貸与するという、産まないことの禁止と産むことの奨励の両面を併せ持つ制度であった。

産に関わる人々の重層性

産むこと、産まないことに関わっていたのは、どのような人々だったのだろう。そこには、さまざまな人々が関わっていた。育子仕法に関する御用留からもそのことは明らかである。まず城下には、「産術修業仕候者」としての「御医師」、あるいは「御家中女医者」が存在していた。「女医者」とは、近世においては一般に産科を専門とする医師をさすが、一関藩では、職業化した産婆も含む名称であったらしい。後に取り上げる産婆、平田徳太郎養母は、「女医者」の名でも登場する。他方、「凡下」と呼ばれた足軽、扶持取り職人の妻、母である「凡下洗母」がいた。一関藩では産婆は「洗母」と称されている。赤子を母の胎内からこの世に取り上げて産湯を使わせ、赤子の世話をする産婆は、文字通り、洗う女であると同時に母でもある「洗母」であった。また、一関藩領では、間引きは「洗児《あらいご》」とも称されていたが（渡辺編五巻［1983：242］）、産婆に与えられた「洗母」という名称は、産婆が出産に関わると同時に、堕胎・間引きにも関わる存在であったことを象徴的に示す。

医師や産婆は、城下を離れた村々にも存在していた。しかし村々の産婆は、「御教化ニ遠き民間洗母」という言葉で表現されているように、「育子」の教諭から遠い存在、言い換えれば、堕胎・間引きに手をかす恐れのある存在とみなされていた。この他、村々には「在方誠の素人産婆」と表されるような「素人」の産婆、あるいは「老婆共自技に臍帯続候者」（一関市［1977：610］）と表される、自己流の「自技」で出産介助をする「老婆」などがいた。これらの人々は、「産術修業」によって産科の知識を身に付けた医師とは異なり、出産に関わるうちに経験的に出産介助の術を身につけた人々であったのだろう。

もっとも安産の場合は、城下にあっても、下層の人々（「軽き人々」）の場合は、医師を頼まないことがままあり、「辺鄙之村方等」では「尚更之事」であった。村々では安産の場合は、医師を頼むものなどとは心得ておらず、「洗母」すら頼むものはごく稀というのが実情であったのである。

このように、出産に関わる人々のあいだには、出産介助の術を身につけた方法や、出産介助を職業とするか「素人」か、「家中」か「凡下」か、藩の「教化」から遠いか近いか、また城下町か村々かといった、さまざまな差異が存在していた。こうした差異は、それら社会集団間の葛藤をもたらすものであったろうし、その葛藤の背後には、身体観や生命観、産をめぐる文化のせめぎあいがあったものと思われる。育子仕法は、これら出産に関わる人々を序列化し、藩の医者の教諭によって秩序化することを意図するものであった。しかし、それは容易なことではなかった。育子仕法の展開の過程でおきた様々な緊張関係は、そのことを物語る。

「洗母」の管理

「洗母」と呼ばれたのは、どのような人々だったのだろう。「洗母」たちは医者以上に、女性たちの妊娠、出産に深く関わり、それゆえ人々の求めに応じて堕胎に手を貸す恐れのある存在であった。そのため育子仕法は、「洗母」達を、教諭、処罰、褒章などによって、管理の網の目に組み入れることを意図した。育子仕法をめぐる御用留のなかにはそのため、「洗母」の固有名詞まで知ること

表1—1　洗母の赤子取扱高と褒賞

	産婆名	取扱高（御賞）						
		文化8年 (1811)	文化9年 (1812)	文化11年 (1814)	文化12年 (1815)	文化13年 (1816)	文化14年 (1817)	嘉永7年 (1854)
1	平田徳太郎養母	38人 (鼻紙50帖)	26人 (35帖)		19人 (25帖)	10人 (13帖)	9人 (12帖)	
2	小頭八重柏儀太夫妻	47人 (鳥目1貫500文)	89人 (2貫800文)	80人 (2貫500文)	85人 (2貫500文)	86人 (2貫700文)	65人 (2貫文)	
3	百人町組足軽嘉十郎母	9人 (鳥目200文)	21人 (鳥目700文)					
4	足軽分右衛門母				21人 (700文)	26人 (800文)	23人 (700文)	
5	御組小頭西尾豊助組利左衛門母由ふ							産婆広く取扱候者，頭取仰付
6	御組小頭遠藤快右衛門組西尾幸之助母ゑん							取り計らいぶりもよく，赤子多く育て御賞詞
7	一関町御百姓浜吉約介金助妻，ゑん							〃
8	若生文弥屋敷守丈之助妻，ち代							〃

出典：「文化九甲年育子御用留」，「文化十三丙子年育子方留」，「文化十四巳年同十五年寅年育子御用留」。

のできる史料が残存している。表1ー1に示したものがそれである。ここからは、足軽の「小頭」（足軽小頭八重柏儀太夫妻）、足軽（百人町組足軽嘉十郎母、足軽分右衛門母、御組小頭西尾豊助組利左衛門母、由ふ、御組小頭遠藤快右衛門組西尾幸之助母、ゑん）、百姓の「約介」（一関町御百姓浜吉約介金助妻、ゑん）、「屋敷守」（若生文弥屋敷守丈之助妻、ち代）の妻や母が一関藩領の人々の出産に関わっていたことがわかる。こうした出産を通しての身分を越えた交流は、出産管理に身分秩序の維持という意味を求めるものであったと思われる。

　これら「洗母」達の一人に平田徳太郎養母がいる。平田徳太郎の養母は、文化八（一八一一）年から一四年にかけて御賞をもらっている。この文化八年から一四年に一関城下で何人の赤子が出生したかは不明である。しかし、平田徳太郎養母が、一関城下のなかでも多くの赤子を取り上げた産婆の一人であることは間違いない。それだけ人々に信頼された産婆であったのだろう。しかも、人々に信頼されたということは、人々の産まないことの依頼にも応じていた可能性がある。年代は明らかでないが、三月と記された「覚」の中に「女医師　平田徳太郎養母」の「悪評」に関する次のような記述がある。

右同人事虚実ハ相知不申候得共、右業不宜風唱相聞得申候ニ付、下役江差図仕、横目共江茂申含聞抜キ吟味仕候処、実事相訳り兼申候、弥以実事ニ御座候得ハ、兼而稠敷御沙汰御座候御趣意取失ひ不届至極之儀ニ御座候、乍去色々吟味相尽申候得共、相知兼申候上者、外ニ糺方無御座候処、右風聞虚説ニ仕候所歟、兼日取扱向キ不宜筋茂在之、右様之悪説相請候哉ニ茂（抹消）「難計儀ニ」御座候間、当分右女医師取揚ケ之方（抹消）「被相留、一両年者相立候而兼而手馴候業故、願等ニ而茂申上候様罷成候者、其節者御吟味次第是迄通りニ被相任候ハ、可然先以」無何也、当分被相留候方可然哉ニ奉存候、此段為御吟味申上候（覚〔女医師　平田徳太郎養母〕年未詳）

平田徳太郎の養母については、その真偽のほどは（虚実ハ）わからないが、よくないうわさ（不宜風唱）がささやかれていた。しかし、色々吟味を尽くしたが、このうわさ（風聞）は根拠のないもの（虚説）なのか、それとも徳太郎養母の「取扱向キ不宜筋」もあって悪いうわさ（悪説）があるのか測りがたいという。この場合はよくないうわさであるが、比較的多くの産婆がいた一関城下では、豊かな経験や良い評判などが、産婆の位置を決めたことが推測できる。

他方、たとえ疑わしいうわさや悪い評判（悪評）があったとしても、産まないことを望む人々と産婆の共謀のもとになされる堕胎や間引きを暴くのは、容易なことではなかったのだろう。平田徳太郎養母の場合も、堕胎の事実を確認するにはいたっていない。しかし平田徳太郎養母は、多くの赤子の出産に関わっていただけに、そのままにしておくわけにはいかなかったものと思われる。「一両年」の「取揚ケ之方」停止の検討が提言されている。そこには「兼而手馴候業」なので、再び願いを出せば吟味をして「是迄通」にまかせるとある。藩の役人の側には、経験のなかで身体に刻み込まれた産婆としての技は、一年や二年で剝落するものではないので、「一両年」その業を停止させたとしても、あまり害はないだろうとの認識があったことがわかる。

藩では、この平田徳太郎養母の一件を機に、教諭を徹底するために、産婆たちに対する「月誓調」も検討している。しかし、洗母たちは「軽キ身分」で、家中の医者とは「品」が違い、「銘々之器用ニ而取請候業」であること、また男子とは違い婦人でもあり、あまり取締りを窮屈にすると、この業を嫌うようになるかもしれず、そうなると不自由が生じる恐れもあるというので、洗母たちに月々教諭をすることとしたのである。洗母たちは、平田徳太郎養母のように「女医師」と称されるような職業化した産婆と、明確なかたちで職業化しているわけではなく、その力量（器用）に応じて出産介助をする産婆と、いくつかの階層に分かれていたらしい。懐胎・出産取締りのねらいが、身分秩序の維持にあったことは、藩の医学校、慎済館の藩医たちによる、洗母たちの倫理的教化と序列化が意図されたことからもうかがえる。慎済館総裁の佐々木仙庵、学頭の笠原耨庵は嘉永五（一八五二）年三月三日、「赤子方仕法立」を藩に提出し、「産婆広取扱居候者」として、御組小頭西尾豊助組利左衛門母、由布を産婆たちの「頭取」に仰せ付け、近村の産婆たちが、心得違等をしないよう教諭させることを提言している。

2　言説から見た堕胎

堕胎の動機

藩の育子仕法が、命の誕生の管理を意図するものであったことは、今まで見てきた通りである。他方「命の誕生を阻む行為、即ち避妊、堕胎、流産・死産、間引きは、出産の歴史に影のように付きまとう現象」（岡野［2004］）でもある。では、このような「命の誕生を阻む行為」は、一関藩では、どのように解釈され、糾弾され、あるいは暗黙裡に容認されてきたのだろうか。藩や医者の側の堕胎・間引き批判の言説を通して何が見えてくるのか。果たして、そこには、命の誕生や産む身体をめぐるどのような葛藤がみえてくるのだろうか。

育子仕法の意図を述べた「育子之儀」に関する「申渡」（年未詳）には、「卑賤之輩妊娠候得者腹内より死生を定メ、此度者育て、此度者育ぬと家内申合」と記されている。すでに胎内にあるときから、育てるか育てないかの決定を、一家の意思決定として行なっているというのである。また「他よりも困窮之者江者不育様ニ及添心人情ニ戻り、強忍之欲を逞ふし候事」と、「困窮之者」へ育てないよう助言する者がいることが指摘されている。「不育様ニ及添心」者とは、地域共同体のなかにあって、その一家の「困窮」のさまを知る者をさすと思われるが、こうした「不育」の意思は、「人情ニ戻」ると批判されている。こうした人々に対し、「心あるもの」、つまり「一役も相勤候者者勿論、末々頭立候者迄も勉而力を尽し令教導」事とされた。一関藩の育子仕法の重要な意図の一つに、農民たちの堕胎・間引きにも影響を与えるものとしての武士たちの倫理の管理があったことがうかがえる。

また産む身体を持つ女性については、「多産之婦人も子を育候而自分之乳汁を為呑、壊抱候得者よき程ニ出生有之を、慾情を遂候為薬餌之力をかり、灸治等ニ而令夭死、又者一年ニ弐度妊娠も有之、終ニ害を成し候」と批判される。「慾情」を遂げるために、薬の力を借り、あるいは灸治等で「夭死」さすというのは、堕胎薬や、灸などによって流産させる堕胎をさしているのだろう。注目したいのは、たとえ「多産之婦人」であっても、「自分之乳汁」を与えていれば「よき程ニ出生有之」という記述である。「よき程ニ出生有之」とは、授乳が出生間隔を空けるのに効果があることを意味しているらしい[2]。

授乳の避妊効果は、近世の子育て書の説くところでもあった。香月牛山は『小児《しように》必要《ひつよう》養育草《そだてぐさ》』

（元禄一六〔一七〇三〕年）のなかで「乳母を召つかい、その乳を飲ましめて強いて母の乳を断つときは、血脈盛んにして、大方毎年懐妊をなし、その身も計らざるの苦しみを受け、多産の上には、終に死するに至るもの多し」（一巻の八）と、自ら母乳を与えないことが、絶え間のない妊娠、頻産に結びつくと述べ、「また按ずるに、世間実母の乳にて子を育つる人を見るに、必ず三年目四年目に、その次々の子を懐妊するなり」（二巻の四）と、実母が授乳するなら、出生間隔を三年から四年あけることができると述べている（山住・中江編［1976］）。

「育子之儀」に示された「自分之乳汁」を呑ませるなら「よき程ニ出生有之」という文面の背後には、香月牛山が述べるような、授乳が避妊に結びつくという認識があったのだろう。また香月牛山は授乳をすれば三年から四年めに次の子を懐妊すると述べているが、一関藩が乳母を頼む手当ての補助を与えるのも三歳までであった。ここで藩の側が問題としたのは、乳母を雇うことができるような武士層の妻の堕胎であった。

問題となったのは、堕胎のみではない。赤子を「戻す」間引きも問題とされた。慎済館の医者たちの藩への提言には、どのような赤子が「戻す」対象となり、あるいはならないかが詳しく記されている（一関市［1977：607］）。「戻す」対象となったのは、双子であった。双子の場合は、「禽獣に類候様心得」、双子のうちの一人を戻すという。双子は育児の負担を増すうえに、弱く死にやすい存在であった。畜生腹としての双子の忌避は、こうした現実の育児負担の反映であると同時に、人々が間引きという行為を周囲に向かって正当化し、また自らに納得させる根拠でもあったのだろう。

仙台藩の儒者、遊佐好生が元禄一五（一七〇二）年に書いた「孿生抄」では、双子の実例を古今の和漢書から列挙し、双子は恥ずべきでなく、むしろ幸福なことであると論じている。しかし、人々の生活の現実は、双子を吉兆として迎えるよりは忌避させるものであった。間引き教諭書では双子を殺す風習がたびたび戒められている。

「戻す」対象となったのは、双子だけではない。「生児に頸項《くびうなじ》を纏《まと》い」出生した赤子は「胞衣《えな》かゝり」と称され、「成長の上縄目の刑に及候」といって、その家の者も、産婆も「戻す」という。胞衣は、胎児を包んでいる膜や胎盤などの総称であるが、「生児に頸項を纏い」という文面からすると、「胞衣かゝり」とは、胎児の臍と胎盤をつなぐ細長い帯状の臍帯が、首に巻きついて生まれる状態を指していたらしい。現代の産科学の知見によれば、子宮内胎児死亡は母体や胎児が原因で起きるのみならず、胎盤あるいは臍帯の異常により起こることもあるという。なかでも、臍帯が胎児の体に巻きつく「臍帯巻絡」はしばしば見られ、とりわけ頸部に巻きつく割合は、全巻絡の約九六％に及ぶという（荒木［2002：329］）。双子の場合も一卵性双胎の場合はそれぞれの臍帯が絡み合ってしまう危険度が高い。一関藩領に隣接する仙台藩領には、胞衣がからまって死産しないよう祈禱する「エナバライ」という習俗があるが（渡辺編七巻［1983：148］）、人々が死産の原因として恐れたのが、「胞衣かゝり」であった。その意味では「戻す」対象となった双子、「胞衣かゝり」とも、母親の胎内で死ぬ確率の高い赤子であり、赤子は無制限に間引かれたわけではなかった。

他方、「戻す」対象とならなかったのは、初産の場合である。初産の場合は、「たとへ貧家たり共、戻候様の不埒致中間敷」(一関市［1977：606］)とされる。また「一旦襤褸におさめ候上は如何なれ不慈の行有之間敷」(一関市［1977：623］)と記される。ここでの「襤褸」とは、香月牛山の『小児必要養育草』に「生まれ子取り上げて後、古き衣類または古き綿を襁褓として包み巻くべし」(一巻の七)とあるところからすると、産湯をつかわせた後に赤子をくるむぼろ布と理解してよいだろう。一九世紀前半には、「襤褸におさめ」ることが、赤子の生存の確認を意味していたことがうかがえる。

ところで、一関藩の武士層の流産・死胎事例は、文化九(一八一二)年から文政一三(一八三〇)年までの間に七〇件、年未詳だが、この期間の事例と考えられるものまで含めれば七五件を数える。その中に、一件だけ、「胞衣かゝり」という点では「戻す」対象であり、「初産」という点では「戻す」対象とならない死胎出産の事例がある。文政二(一八一九)年八月二六日、一〇月臨月のところ、妊娠八ヵ月で男子を死胎出産した吉川特輔妻の場合である。

届によれば、吉川特輔の妻は、八月二五日の夜から産気づき、二六日の朝、男子を死胎出産している。「療治係り」の医師、相田寿安は「口上扣」のなかで、この妻は「疝利之如ク相煩、時々腰痛」もあり「薬用」をしていたが、その後も「兎角不快勝」であったため死胎出産となったと思われること、また「児胎」を改めたところ「臍帯委く首ヲ巻、惣身紫色を相顕シ」ていると述べている。のみならず、「尤初産ニ御座候」と書き添えている。この事例は「臍帯委く首ヲ巻」く「胞衣かゝり」である点で、疑いの目で見られやすい事例だったのだろう。また「初産」であることは、堕胎の結果ではないことを証明する事柄でもあった。初産であることを書き添えた事例は他にもある。文政三（一八二〇）年八月二三日、妊娠六ヵ月で流産した佐藤理穂倅理緩妻の場合も、「尤初産之趣も申来、依而者流産ニ疑有之間敷」と記されている。

吉川特輔の妻の事例では「臍帯委く首ヲ巻」というのだから、巻絡の回数が二回以上に及んでいたのだろう。「惣身紫色」というのは、そのために臍帯血管および頸部血管が循環障害を来し、胎児が窒息した状態を示している。「口上扣」の記述は、すでに赤子が母親の胎内で死亡しており、出生後の死亡ではないことを証明するためのものであった。

この事例の場合、医者である相田寿安は、「胞衣かゝり」という言葉ではなく「臍帯委く首ヲ巻」という言葉で表現している。また、文化一三年五月二八日、栗原元徳妻が妊娠七、八ヵ月で死胎出生した事例では、医者笠原棠庵は、「胞胎」のため男女の区別はつかないと申し立てている。民衆たちは、胞衣、つまり胎盤や卵膜、臍帯などが絡みついて胎児が死に瀕する事態を一括して「胞衣かゝり」と称していた。その意味では、卵膜をかぶって生まれる「胞胎」も「胞衣かゝり」にあたる。が、医者たちは、「臍帯委く首ヲ巻」、「胞胎」など、細かく弁別している。これに対し、民間の産科医は、より民衆に近い認識を持っていた。民衆の生活や女性の身体感覚と密接に結びつきながら民衆の啓蒙を意図した産科養生論の一つ、嘉永四（一八五一）年に武州・品川の産医、山田久尾女が産婆や妊婦のために書

胞衣首《くび》江《へ》からむ説《わけ》

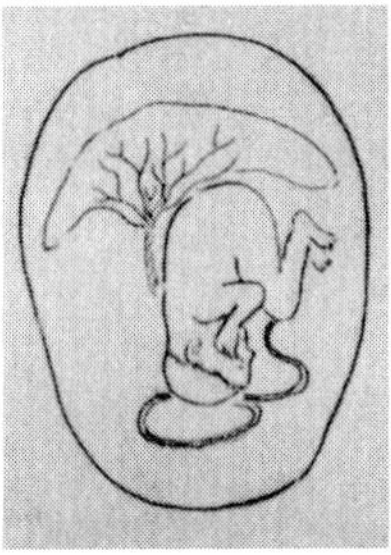

『孕家発蒙図解』より

いた『孕家発蒙図解』では「胞衣首江《くびへ》からむ説《わけ》」が説かれ、転んだときに、「えなのつる」の「わになりたる処江首をさし込み生まれる」と、臍帯ではなく胞衣という語で説明している（日本医学史学会編［1987：263］）。

ところで、これら死胎出産の境界は曖昧であった。いったい、その赤子の死が、早産の故か、間引きによるものか、また母親の胎内での死であったとしても、その死が堕胎によるものか否か。その判定は困難であった。流産、死胎事例七五件のうち、妊娠月数が明らかな事例は五〇件。そのなかで妊娠六〜九ヵ月での早産による死胎は三七件と、その七四％を占める。『小児必要養育草』の「非常の生まれ子の説」（二巻の六）には「七箇月八箇月にて生まれ、その形もはなはだ弱く小さくて、育つべきとも見えぬ生まれ子を、月足らずの児子として殺す類多し」とあるが、早産の赤子は間引きの対象となった可能性もある。

図1―1は、流産、死胎事例を月別、男女別に比較したものだが、胎児の性別がわかる事例は四五件。そのうち女子は三一件、男子は一四件と、女子が男子の二倍強の不自然な比率となっている。また、流産、死胎がおきた月も、月ごとのばらつきが大きい。この男女比のアンバランス、また月ごとのばらつきから見て、これら流産、死胎事例の背後に何らかの人為的操作があったことは、まず間違いない。それゆえ、死胎出生の曖昧さをめぐって、藩と人々の間には、さまざまな緊張関係が生じてくることとなる。

図1-1　流産・死胎数の男女による比較（文化9年～文政13年〔1812-1816〕）

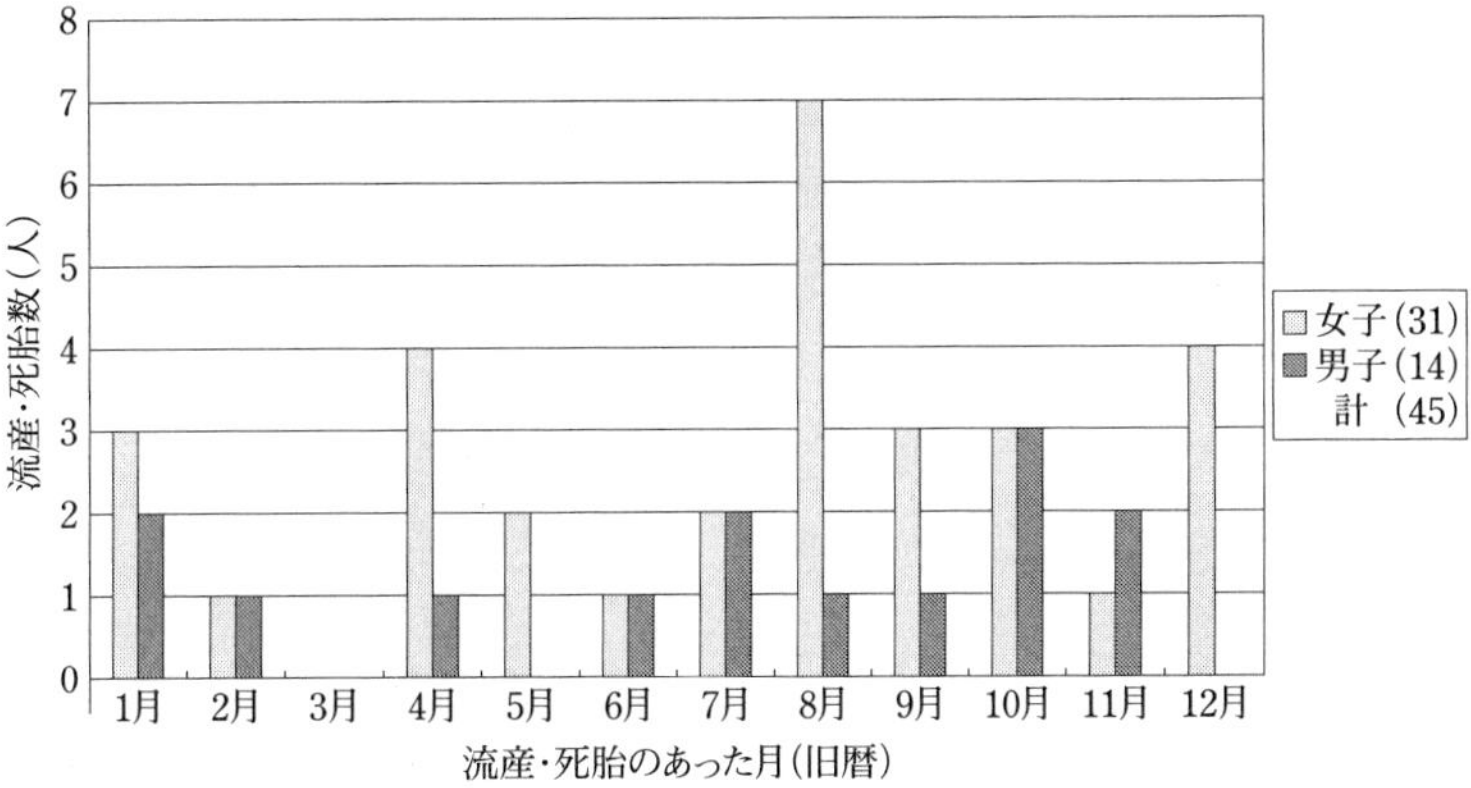

堕胎の疑い

藩の側が、妊娠、出産の節目で提出を求めた届の類は堕胎・間引き防止の意味を含んでいたが、届の文面のなかで、とくに藩の側が注意を払ったのが、流産や死胎の理由である。流産や死胎の理由のなかでも、転倒や食あたりは、堕胎の疑いのあるものとみなされていた。嘉永七（一八五四）年の「赤子養育方御用留」には、妊婦が密かに「堕薬」を用い、あるいは臨月に死胎となった場合に「転倒」や「食傷」（食あたり）といった紛らわしい理由があげられること（「医師相頼候節転倒候とか食滞致候とか可申紛事も有之者に御座候」）、しかし、それが本当に死胎の原因か否かの「弁別」は、産婦の取扱に熟練した医者でなければ困難であることが指摘されている（関市［1977：605-606］）。

確かに、流産や死胎の理由には、「転倒」や「食滞」が多くあげられている。流産、死胎の原因として転倒を上げているのは、文化九（一八一二）年七月、妊娠八ヵ月で男子を死胎出生した大門久三郎の妻の場合、文政二（一八一九）年一〇月、一一月臨産予定のところ、妊娠八ヵ月に当たる九月頃に歩いていて転倒したことが原因で死胎出生した高嶋胖蔵の妻の場合である。もっとも仙台藩の農民たちの死胎披露書に記された転倒の理由からは、農村女性たちの労働のあり様がうかがえるが（沢山［1998：110］）、武士の妻たちの転倒の理由から、武士の妻たちの生活のあり様をうかがうことはできない。

他方「食滞」とは、食もたれ、食あたりをさすが、流産の理由に、食あたりをさす「食傷」を上げているのは、文化一一（一八一四）年一一月、妊娠四ヵ月で「食傷」のため流産となった増子達之進の妻、文化一三（一八一六）年七月、妊娠三ヵ月で「食傷」のため「血荒」（形を成さない胎児が降りること、妊娠初期の流産）となった三村利兵衛の妻、年未詳であるが一一月に「傷食」のため妊娠九ヵ月で死胎となった長岡専左衛門の妻の場合である。

堕胎の疑いがあるとされたのは、「転倒」や「食滞」という理由だけではない。「遠出」や「遠方遊覧」も、その裏には堕胎の意思があるとされ、妊娠中は「一切宿り歩行」は禁じるとされた（一関市［1977：609］）。ここからは、「湯治」や「遠方遊覧」という名目で出かけ堕胎を試みる者たちの存在と、堕胎の要求の強さがうかがえる。もっとも武士の妻たちの場合は「遠出」や、あるいは農民層にみられる、親元に帰っての流産、死胎の事例は見られない。しかし夫が留守の間に流産、死胎となった事例が三件ある。

文化九（一八一二）年一月一二日、夫が留守で「女小共斗」だったため、懐胎と決まっても着帯届、臨月届とも出さずにいるうち、妊娠七ヵ月で流産した八嶋俊平の妻、文化一三（一八一六）年六月五日、夫が朝から「釣魚」に遠方に出かけて留守の昼、洗母も来ないうちに「急ニ出産」し、女子を死胎出生した千葉大右衛門の妻、同じく夫が留守をした文化一三年六月晦日の朝、三月頃から妊娠の様子ではあったが、まだ届出もしていなかった沼田覚左衛門の妻が「急ニ流産」となった事例がそれである。

これら夫が留守の間に流産、死胎となった三件の事例は、届けも出さず、洗母も来ないうちに流産、死胎となっている点で、堕胎の疑いが色濃い。しかしそこに、「男の意向と協力とは無関係に、女が独自に行いうる方法」としての堕胎の可能性、あるいは、「女と男の意向がつねに一致するわけではない」（荻野［2002：58-59］）状況を読み取ることができるかというと、そこまではわからない。ただ、「遠出」や「遠方遊覧」、あるいは夫が留守という状況は、女性自身の堕胎の意思が実行されやすい状況ではあった。しかし夫婦で共謀の上、夫にお咎めがないよう夫が留守をした可能性も否定できない。

ここまで堕胎や間引きの直接の当事者である家族や産む女に関する言説を見てきた。では、堕胎や間引きに手を貸す医療者、つまり堕胎の担い手について、藩の側の言説からは、どのようなことが読みとれるだろうか。

堕胎の担い手

この時期領内には、堕胎を行なう人々が広範に存在していた。堕胎の術を身に付けていたのは、医者や産婆のみではない。「民間」には、農工商を問わず、「聞取学問を以」て「医家の贋術」を行なうものが存在していた。また村むらの「自技に臍帯続候」「老婆共」には、出産に関わるうちに、「不慈の行亦自然に鍛錬仕」、堕胎の術をほどこすものもいた。

文化七（一八一〇）年五月朔日に藩から出された「仕法書」には「洗母等申合死胎流産者申紛《もうしまぎら》し候儀間々之有之事ニ相聞得候処」とある。「洗母」たちが、死胎流産を「申紛」すことが「間々之有」とは、何を意味しているのだろう。二つのことが考えられる。一つは、藩の側からは、死産、流産は堕胎・間引きの疑いが持たれていたこと、二つには堕胎・間引きの隠蔽は「洗母」一人の意思ではなく、「申合」の結果とみなされていたことである。おそらく「申合」とは、産婦やその家族と「洗母」との間でなされたのだろう。

また堕胎・間引きには、修験者も関わっていた。修験者は、自らの檀家（霞之家々）を廻り、「家内繁栄之祈念」を行なう存在であった。しかし、修験者が、「赤子不育之儀」も祈念して回っているか、吟味の必要があることが「育子御仕法取行方縣披仰付一件綴」（年未詳）には記されている。修験者が「家内繁栄」と「赤子不育」をともに祈念して廻っているという記述が興味深い。なぜなら「家」の存続と「赤子不育」、つまり堕胎・間引きの共存を示すからである。このことは、堕胎・間引きが単に貧困のためではなく、家の存続のためにも行なわれていたことを示す。しかも、修験者たちは堕胎の術も身に付けていた可能性が高い。修験者たちの呪術を記した書物のなかには「子返《へんする》乃大事《だいじ》」の名で、堕胎の術が記されている(3)。

これら堕胎の担い手のなかでも、特に藩の側が危険視したのが、民間の医者たち、とくに借家住まいなどの他藩から出張してきた医者たちである。というのも、「当座借家等にて他所より出張の者」達が取扱ったなかには「死胎等も多く相見得」、他方「御家中御領分之者」には見られないからであった(一関市[1977:627])。藩の側は、他藩から来た借家住まいの医者たちが堕胎を死胎として届けている可能性を指摘している。その根拠となったのは、藩の側が嘉永五(一八五二)年、六(一八五三)年に行なった「三ヶ郡村々死胎流産の者共取扱候御医師中面付調書上」(表1―2)である。

図1―2は「御医師中面付調書上」に登場する医師たちの居村と扱った流産、死胎数を示したものである。これらの医師のなかで「当座借家等にて他所より出張の者」にあたるのは、笠原英安(狐禅寺村)、芳賀良温(達古袋村)、佐藤良安(金沢村)、小畑友伯(下油田村)、千葉元京(蝦島村)、吉田元碩(涌津町)、菊地元禎(下奥玉村)、高階三瑛(藤渡戸村)、小野寺元□、門間清安、千葉良達の一一名。このなかで、「他所より出張の者」、仙台藩の家臣に当たる「下中」(家中)と記されているのは、小野寺元□、千葉良達、千葉元京、吉田元碩の五名である。これら「当座借家等にて他所より出張の者」が扱った死胎の数は二四件と死胎件数全体(四三件)の五五%、流産は四件と流産全体(一〇件)の四〇%を占める。

表1—2　死胎・流産を取り扱った医者たち（「御医師中面付調書上」より）

西岩井村々死胎流産

	住所，肩書きなど	医師名	死　胎	流産
1	慎済館講師	大内竜安	1	0
2		森　惇　尊	1	0
3	三ヶ郡村切生育方取扱御医師揚生村出張	白石篤安	1	0
4		相田秀仙	1	0
5	赤子成育係〔産科〕	相田秀策	4	2
6	狐禅寺村当座借家＊	笠原英安	1	0
7	藤渡戸住居（栗原郡）	高階三瑛	7	0
8	菊池純良門人達古袋村当座借家＊	芳賀良温	2	1
9	三迫金成住居＊	高階休甫	1	0

流村々死胎流産

	住所，肩書きなど	医師名	死　胎	流産
1	金沢村当座借家＊	佐藤良安	2	0
2	佐藤多利五郎亡父理綏門人	佐藤大治郎	2	0
3	藤渡戸住居（栗原郡）	高階三瑛	1	0
4	菅原久米吉門人別下油田村当座借家＊	小畑友伯	1	0
5	芦名佐渡下中蝦島村借家＊	千葉元京	1	0
6	泉田志摩下中涌津町借家＊	吉田元碩	1	0
7	三ヶ郡村切生育方取扱御医師日形村出張	小ノ寺三省	1	1

東山村々死胎

	住所，肩書きなど	医師名	死　胎	流産
1	千厩村住居無足＊	熊谷理讃	1	0
2	黄海村住居無足＊	小山隆敬	1	0
3	菊池族家門人別下奥玉村当座借家＊	菊池元禎	1	0
4	仏坂住居無足＊	松川三折	1	0

三ヶ郡村々死胎流産の者共取扱候御医師中面付調書上（嘉永6年1月～3月）
西岩井村々

	住所，肩書きなど	医師名	死　胎	流産
1	慎済館講師	大内竜安	1	0
2	赤子成育係〔産科〕	相田秀策	2	0
3	佐々木仙庵門人	成田佐守	1（但し，男子双子）	0
4	赤子成育係〔産科〕	相田秀策	0	1
5	中村左吉衛門下中	門間清安	0	1

流村々

	住所，肩書きなど	医師名	死　胎	流産
1	坂英力下中	小野寺元□	0	2
2	伊藤藤三郎下中	千葉良達	1	0
3	三ヶ郡村切生育方取扱御医師	小ノ寺三省	1	0
4	蝦島村当座借家＊	千葉元亨	1	0
5	下油田村当座借家＊	小畑友伯	1	0
6	泉田志摩下中桶津当座借家＊	吉田元碩	2	0
7	金沢町当座借家＊	伊藤良安	1	0
8	下油田村当座借家＊	小畑友伯	0	2

東山村々

	住所，肩書きなど	医師名	死　胎	流産
1	佐藤茂左衛門家内	佐藤鐸□	1	0

注：無足：所領を持たない，収入が無く貧しいこと，＊同じ代官区居住の医者
西磐井（一関村・二関村・三関村・鬼死骸村・牧沢村・滝沢村・狐禅寺村・上黒沢村・下黒沢村・達古袋村・市野々村）（栗原郡三迫の有壁村・片馬合村）
流（金沢村・清水村・金森村・中村・上油田村・下油田村・蝦島村・涌津村・男沢村・峠村・日形村・富沢村・楊生村）
東山（徳田村・北小梨村・南小梨村・清水馬場村・金田村・熊田倉村・上奥玉村・中奥玉村・下奥玉村・寺沢村・摺沢村）

図1-2　医者の分布（『御医師中面付調書上』嘉永５年、６年〔1852, 1853〕より）

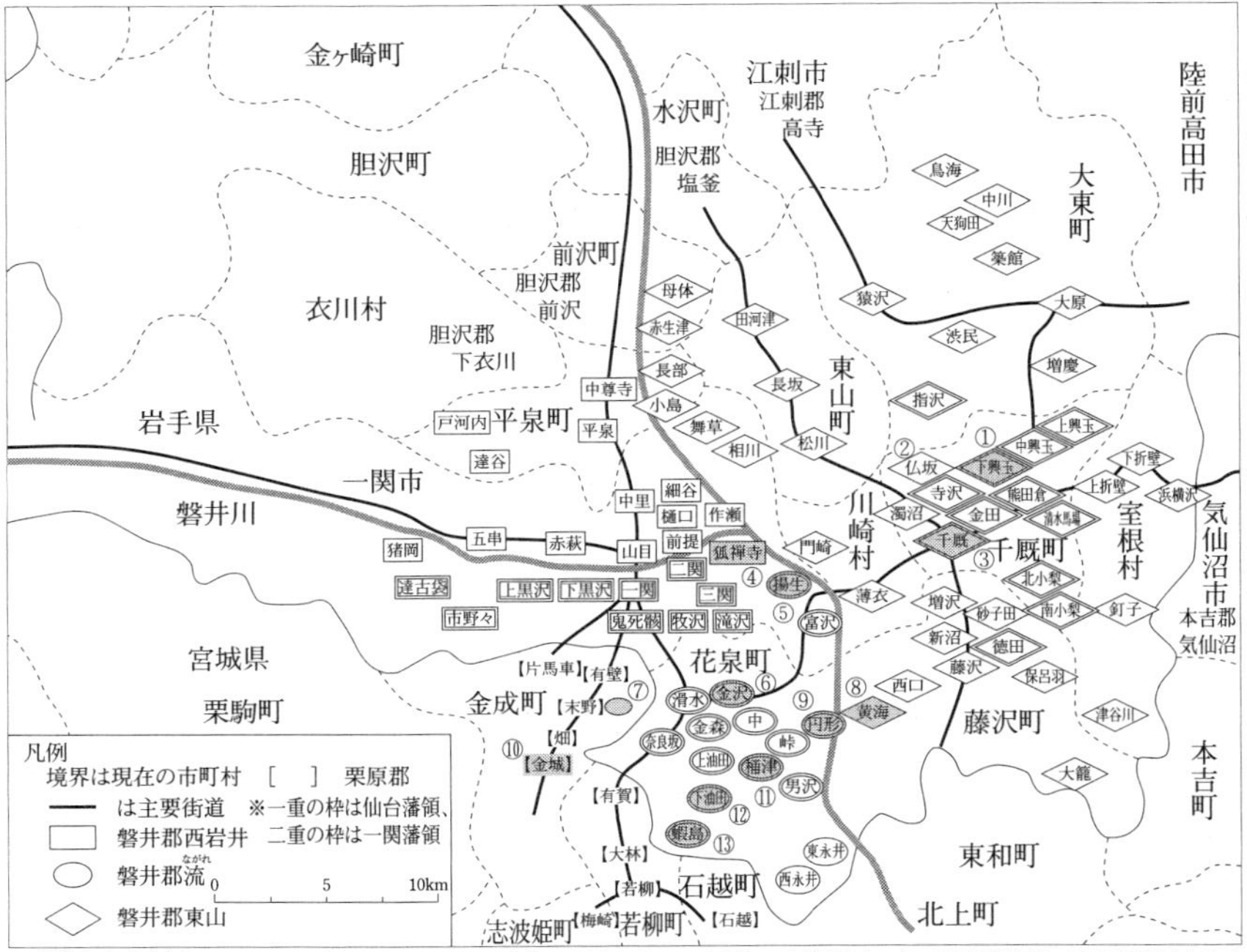

①菊池元禎：下奥玉村（死胎１）
②松川三折：仏坂村（死胎１）
③熊谷理讃：千厩村（死胎１）
④笠原英安：狐禅寺村（死胎１）
⑤白石篤安：揚生村（死胎１）
⑥伊藤良安：金沢村（死胎３）
⑦高階三瑛：藤渡戸村（死胎８）
⑧小山隆敬：黄海村（死胎１）
⑨小ノ寺三省：日形村（死胎１流産１）
⑩高階休甫：金城村（死胎１）
⑪吉田元碩：涌津村（死胎３）
⑫小畑友伯：下油田村（死胎１流産２）
⑬千葉元京：蝦島村（死胎２流産２）

一関地方の村々　『古文書にみる江戸時代の庶民のくらし—市民とつくる展覧会—』一関市博物館　2004年7月より作成

この「御医師中面付調書上」では、「無足」（藩の扶持をもらっていない）の医者たちも目につく。熊谷理讃（千厩村）、松川三折（仏坂村）、小山隆教（黄海村）の三人が「無足」である。これら、「当座借家等にて他所より出張の者」や「無足」の医者とは、患者の需要に応じて生活を成り立たせる医者たちであった。それらの医者が扱ったなかに「死胎等も多く相見得」るというのは、民衆の要求に応じて生活を成り立たせていた医者たちは、民衆の要求に応じて堕胎をする医者たちでもあったことを意味しているのではないだろうか。こうした事情は、人々の要求に応えて堕胎術を行ない、薬を売って生活する医者の存在を浮き彫りにすると同時に、当時の現実の医療の重層性を示す。

なかでも目を惹くのは、高階三瑛という医者である。高階が扱った死胎の数は、全部で八件と目だって多い。それだけではない。高階の住む藤渡戸村は一関藩領内ではない。にもかかわらず、高階が扱った死胎出産は、西岩井で七件、流で一件を数える。他の医者は、その大半が同じ地域内の死胎、流産を取り扱っているのと比較するとき、高階の位置の特異性が際立つ。藩にとって高階三瑛は、人々の堕胎に手を貸す危険な存在であった。高階をめぐる藩の対応からは、高階と藩や藩の医学校の医者たちとの間のせめぎあい、そして、その狭間に組み込まれる、女たちの〈産む〉身体の様相が浮かび上がる。

3　藩と在村医のせめぎあい

在村医・高階三瑛

高階三瑛の名は、慎済館の総裁、佐々木仙庵らが、嘉永七（一八五四）年三月三日に藩に提出した「育子存念」のなかに初めて登場する。注目したいのは、次の部分である。

片間合隣村藤渡戸村住居高階三瑛と申者産術相応に相熟候て　近年御領内御郡村の婦人取扱　殊に難産等有レ之節は多分取扱候者に御座候処　産術事馴候方より堕胎術も相行候者にて　前々より同所へ罷越止宿治療申受候者も粗相聞得候事に御座候処（後略）（一関市［1977：618］）

高階は村々の女性たちの難産に多く関わる中で産術に「馴れ」、さらに「堕胎術も」行なうようになったと記されているが、この文からは二つのことを読み取ることができる。一つは、医者は、産婆や老婆の手の施しようのない難産の際に呼ばれることが多く、難産は扱わない産婆と難産を扱う医者という棲み分けがなされていたことである。村々における医者と産婆の関係は、男性である医者による女性の産婆の「抑圧」といった関係ではなかった。二つには、難産の際に用いる術は、堕胎の際にも用いられる術であったことである。難産とは、胎児がなかなか生まれてこず時間がかかる出産をさすとともに、母体のなかで胎児が死んで生まれないことを意味していた。そのため、難産に際しての医者の仕事は、母体を救うために、胎児を体外に排出することであり、その術は、堕胎にも用いられる術であった。

「堕胎」の文字を、現在の「堕胎」の意味に使用したのは、文化一三（一八一六）年「女医博士」の称号を宮中から与えられた賀川蘭斎からとされるが、彼は子宮内での胎児の死、死胎例を「死胎八則」として定め、胎児の死を確認してから母親を救う、回生術を試みた人物でもある。賀川流は、「堕胎術を禁ず」の一項を家憲にまで入れて、堕胎を行なう医者たちとは一線を画する革新的存在としてみずからを位置づけ、賀川流の名を世に知らしめていったとされる（落合［1987］）が、そのことはとりもなおさず、母体を救う術が堕胎の術でもあることを意味していた。

さらに「同所へ罷越止宿治療中受候者」という記述からは、日帰り圏以外の遠方から遠出をしてきて高階の元に宿泊し、堕胎を受ける者がいたことがうかがえる。ちなみに、西岩井、流の村々は、一〇キロメートルの日帰り圏内だから、高階の治療を受ける者は、この地域以外にもいたのだろう。藩の側が妊娠中の遠出を禁じたのは、こうした事態に対処するためであった。「育子存念」のなかでは、懐胎の者が以後高階の治療を受ける場合は、「係り御医師中立合の上」「薬用」を受けるよう、厳しくお触れを出してほしいという要望が藩に対して出されている。

しかし、堕胎に手を貸す医者は高階だけではなかったらしい。高階一人の「堕胎術」「不仁の術」を厳しく取り締まっても、「悪弊に染居者」は、他領の医師と相談の上、心得違いのことをするかもしれない。そのため、着帯調べの前であっても、高階に限らず他領の医療を受けた者については、「係り御医師」に断り、立会いの上、治療を受けることが求められた。また藩の領域を超えて堕胎の術を受けるというのは、堕胎に対する人々の要求がそれだけ切実であったことを物語る。そこには、堕胎を求める人々と、その需要に答える医師たち、そしてそれを取り締まろうとする藩と係り医師たちとの間の攻防の様を読みとることができる。しかし、当座借家や、他領から出張してきた医者たちが取り扱う産婦に「死胎」が多く見られるからといって、他領から出張してきた者については吟味もできず、かといってそのままにはしておけないというジレンマがあった。

高階の名が初めて登場してから六ヵ月後の嘉永七（一八五四）年九月一二日には「御家中御医師門弟等」に出張を仰せ付けるという案が提出される。図1―2には、これら出張の医者たちの名も見ることができる。三ヶ郡村切生育方取扱御医師で揚生村出張の白石篤安、日形村出張の小ノ寺三省の二人がそれに当たる。しかしこれも「村々信不信用」という問題があり、無理に出張させても効果がないという問題があった。というのも、診療という活動は、患者と医者双方の同意があってこそ成り立つものであり、患者たちは、医者の知識や技術を「信用」しなければ診療を受けようとはしないからである。そこに、村々の「信用」に支えられた在村医の医療活動と堕胎の術を取り締まる困難があった。

高階の堕胎の術

高階三瑛の名は、嘉永七年九月二一日に再び登場する。高階三瑛の産婦治療については、嘉永七年三月に「御沙汰」が出されたが、産婦以外の「男女治療」については問題としなかったため、高階は藩のなかに「深ク出入」するようになったらしいこと、しかし多くの患者が高階の治療を受けているからといって、高階が「心得違」いがない者とも決め難いことが述べられる。高階が堕胎を行なっているかどうかを調べることが困難な様は「尤妊婦取扱方格別手ニ入居堕胎薬不相用、案服様之事致し、自然堕胎相成候様之義等致候茂俱有之事粗相聞得」と記されている。

高階の堕胎の術は、「堕胎薬」を用いるものではなく、「案服」(案腹か?)、つまり手技を用いて、あたかも自然に流産したかのようにするものであった。「案腹」とは、賀川満卿の『産科秘要』「付録列伝」に「妊娠中総テ用ユル術ナリ……按腹ヲ時々行フハ難産ノ患ナシト知ルベシ」とあるように、胎児の位置の異常を妊婦の腹を揉んで治し、難産を防ぐ施術であった(緒方編[1980：242])。村々の女性の難産に関わるなかで産術を、さらに堕胎の術も身につけた高階の堕胎の術が、堕胎薬を用いるものではなく、難産にも用いられる「案腹」という方法を用いて子宮に物理的刺激を与え流産させる方法であったというのは、仙台藩領内で問題となった蛭田東翁の堕胎の術を思い起こさせる(沢山[2004])。

文化一三(一八一六)年三月一五日、仙台藩では、大肝入に対し、水戸藩領からきた蛭田東翁が、仙台藩領内の村々を廻り、「子癇其外難産堕胎之術」を密かに「媼婆之類」に「指南」しているらしいが、もし、この術を伝授された「媼婆」などがいれば、その名前を届け出るよう求めている。この触れからは、人々にとって、分娩時に多く起こり、産婦を死に至らしめる子癇や難産を救うこととともに、「堕胎之術」が求められていたこと、またそうした術の伝授を藩の側が厳しく取締っていたことがうかがえる。

蛭田が寛政ないし文化年間の頃にあらわしたとされる「堕胎之術」（蛭田〔年未詳〕）には、堕胎の方法が詳しく書かれているが、それも「午膝根」を用い、子宮に物理的刺激を与えて流産させる方法であった。農民出身である蛭田の堕胎の術は、在地の堕胎の術と密接な関連を持ち、また多くの産婦たちの難産に関わることで得たものとされているが、それは修験者たちの「子返《へんする》乃大事《だいじ》」の術とも、その方法を同じくする。

これら高階や蛭田の堕胎の術に対し、藩の側が推奨した医者たちが産に際して用いたのは、「薬用」という方法である。「薬用」、そして「薬用」同様の意味を持つ「療治」を行なったと記された事例は、流産、死胎事例七五件中二一件、全体の二八％である（「薬用」「服薬」五件、「療治」一六件）。「療治」は、「不快」、「血積」、「腹痛」「腫気」「腹中不和」、「血塊」あるいは「腰痛胎動」など、女性自身が自らの身体に感じる兆候に対してなされている。これら女性自身が自らの身体に感じる異常についての記述に比べ医者の側の措置は、「薬用」、「療治」といたって簡単な記述にとどまる。それは高階のように実践的に学ぶのではなく、文献的な知識に基づいて「産術修業仕候者」としての医者たちの診療のありかたと関係していた。彼らの診療は問診が基本であり、医者たちは、外見から判断できる女性たちの様子や女性たちが自らの身体について語る語りから、病気の原因を判断し、処方をしたのである。

ただ、出産の場合は、触診をすることもあったらしい。そのことを示すのは文政六（一八二三）年四月一一日の佐藤勘五郎の妻の事例である。佐藤勘五郎の妻は、四月一一日暁に妊娠一〇ヵ月で死胎出産している。「係り御医師」の森臨庵は「証状」のなかで「出産前下り物不少在之、子宮口浸無之出生故、兼而内息絶候様子ニ相見受」られると記している。「子宮口浸無之出生」したことが原因で胎児が「息絶」るということは通常では考えられない(4)。ただ、「子宮口浸無之」とあるところからすると、触診をしたのであろう。

もっとも、触診の可能性が指摘できるのは、この事例のみであり、大半は、「薬用」と「療治」である。いわば正規の医者である「係り御医師」と非正規の医者である「当座借家等ニ而他所より出張之者」との争いとは、堕胎をする医者としない医者の対立であると同時に、産や堕胎に際して手技を用いる医者と、手技は用いず薬用を行なう医者という医療行為の内容をめぐる対立でもあったのではないだろうか(5)。

高階三瑛の名は、嘉永七年九月二一日、「御用人中」に対して出された、高階の治療を受けることは、以後、産婦に限らず、武士も、足軽、職人も、男女すべてに禁じ、心得違いのものは吟味するという伝達を最後に藩の文書からは消える。

さて堕胎の疑いがかけられた場合には、どのような取調べがなされたのだろうか。次に、そのことを示す事例を手がかりに考えてみることにしよう。

4　堕胎・間引きをめぐる事件

山中伴右衛門の場合

ここに一つの事件がある。山中伴右衛門妻死胎出生一件と記された事件である。この一件は、「至而疑も在之」と堕胎・間引きへの疑いが色濃いとされ、さまざまな取り調べがなされている。まず、事件の経過について述べておこう。

事件の発端は、文政三（一八二〇）年四月一五日暁、山中伴右衛門の妻が死胎出産したことに始まる。伴右衛門の妻は、かねて病身であり、たびたび「黄水を吐き腹痛」もあったため、藩医、建部亮策の治療を受けていた。ところが、四月一四日夜九つ時頃から腹痛となり、翌日の暁、妊娠七ヵ月で、死胎出産したのである。ではこの一件が「至而疑も在之」とされた理由は、どのような点にあったのだろう。

育子仕法によれば、死胎出産（出生死胎）は、通常の出産（一ト通之出産）とは異なるので、とりわけ入念にすべきとされていた。ところが伴右衛門は、「係り御医師」の「見届」も請けず、そのうえ藩の指図も待たずに、自分で死胎の子を始末したのであった。こうした「自分として死胎之子取仕廻候次第」が「皆以私之取計育子方御取行相破候之姿」、つまり伴右衛門の私的な処置が育子仕法を破る行為として問題とされたのである。しかも、伴右衛門自身が他ならぬ育子仕法の係りも勤めていたため「甚不都合」とされたのであった。伴右衛門は、この一件についての取調べの結果、閉門となっている。しかし、自分の居宅である長屋にそのまま住まうというのでは穏便の取計らいになってしまい、取締りが不十分との声があったため、再度取調べがなされたのであった。

この山中伴右衛門の事件は、堕胎・間引きの疑いがある場合、いったい、どのような取調べがなされたのか、その具体的な情報を提供してくれる。取調べは、伴右衛門の証言を、出産に関わった者たちの証言とつき合わせ、その信憑性を確かめる形で進められた。問題となったのは、伴右衛門の証言と洗母の証言の食い違いである。伴右衛門は、前もって洗母として「御組義兵衛母」を頼んだと証言しているが、果たしてこの伴右衛門の証言が真実かどうかが調べられた。洗母に対し、伴右衛門から前もって出産の介助を頼まれていて「出産の節取扱」ったのか、それとも、出産になってから「其節斗」頼まれたのか申し上げるようにとの指図がなされている。

育子方係横目から四月一七日に出された書類によれば、洗母は次のように証言している。それは四月一四日の「夜過」のことであった。

伴右衛門様より同夜急ニ御頼ニ付罷出候処、御同人様被仰候ニ者、前以相頼置度候得共、相頼不申候間何分相頼候、尤御当番ニ而被成御出勤候得ハ、私斗ニ付兼而、御出入仕候地主町久之助妻方へ呼ニ被遣候処、御出産後無間茂参り、彼是御世話仕居候、右御出生ハ死胎ニ相違無御座候、

尤兼而御不快ニ付、建部良（亮）策様御療治之由ニ御座候得共、御出産之節ハ不被成御出

洗母は、伴右衛門が一四日の夜半に急に頼みに来たこと、しかし伴右衛門は「御当番」のため出勤してしまったので、出入りの地主町《じしゅうまち》久之助の妻を呼びに行かせたところ、出産後間もなくやってきてかれこれ世話をしてくれたこと、出生は死胎に相違なく、またかねて不快のため建部亮策が療治をしていたというが、出産の際には来なかったと証言している。

「御組義兵衛母」とも、「死亡八重柏義太夫妻」とも記されているこの洗母は、表1—1にみるように、褒賞を受けた洗母の一人であり、一関城下では最も多い、およそ年間八〇人ほどの赤子を取り上げている。伴右衛門が頼んだのは、人々の信頼の厚い洗母であった。取調べでは、洗母を前もって頼んでいたという伴右衛門の証言と、その夜半に急に頼まれたという洗母の証言の食い違いが問題となり、伴右衛門が書面をとりつくろった疑いが浮上したのである。

死胎の理由

もう一つ問題となったのが伴右衛門の証言の曖昧さである。取調べのなかで伴右衛門の証言が変化したことが問題となったのである。というのも、伴右衛門は当初、一〇ヵ月に満たない妊娠七ヵ月で出産したため「半産」（胎児が月の満たないうちに死んで生まれること）になった（「十ヶ月ニ不相満出産仕候故半産」）と届け出ていた。しかし追ってお尋ねがあった際には「一体胎気保兼死胎逆産

逆産の図

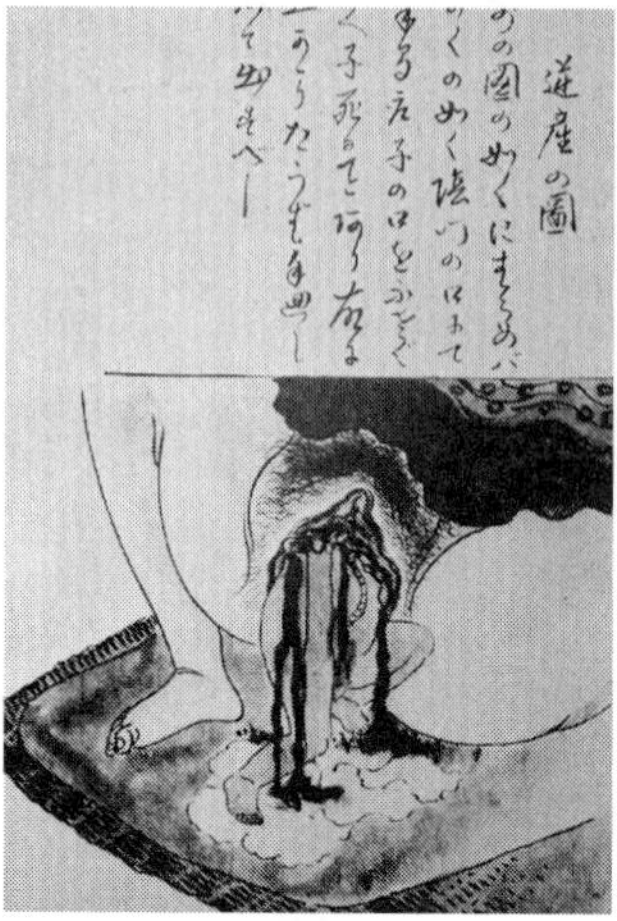

『孕家発蒙図解』より

ニ出生仕候儀故、逆産」と、「胎気」を保ちかね胎児が死んでしまったために「逆産」（胎児が頭から生まれないで足から生まれること）で出生したと証言内容を変えたからである。

この再度の取調べの際の伴右衛門の証言に対しては、「何レニ妊婦不快ニ付胎内ニ相保兼、臨月ニ不相満内死胎逆産出生仕候病体ニ者相見得不申、勿論赤子不快之上死胎逆ニ出生仕候訳合等も聊相見得不申」との判断が下されている。妊婦は、不快のため胎内に胎児を保つことができず、臨月に満たないうちに逆産で出生したような病身には見えず、また赤子も胎内で死んだため逆産で出生したようにも見えないというのである。その結果、伴右衛門の「妊婦不快ニ付胎保兼臨月不満死胎逆産」という申し立ては「至而疑も在之」とされたのであった。

死胎となった赤子は、何番目の子どもだったのだろう。「育子御用留」からは、文化八（一八一一）年の冬に伴右衛門の三男が出生していることがわかる。しかし、伴右衛門の暮らし向きは苦しかったらしい。伴右衛門の知行高は、十五石切米金二両三分（八巻［1995］）。一関藩の支給方法によれば、実際に支給されたのは玄米六石、切米金は現金で二両三分である。この時期、足軽層に支給されたのは、三人扶持、玄米にして五石四升、切米金は二分であったから、その生活は足軽とも

図1-3　一関城下

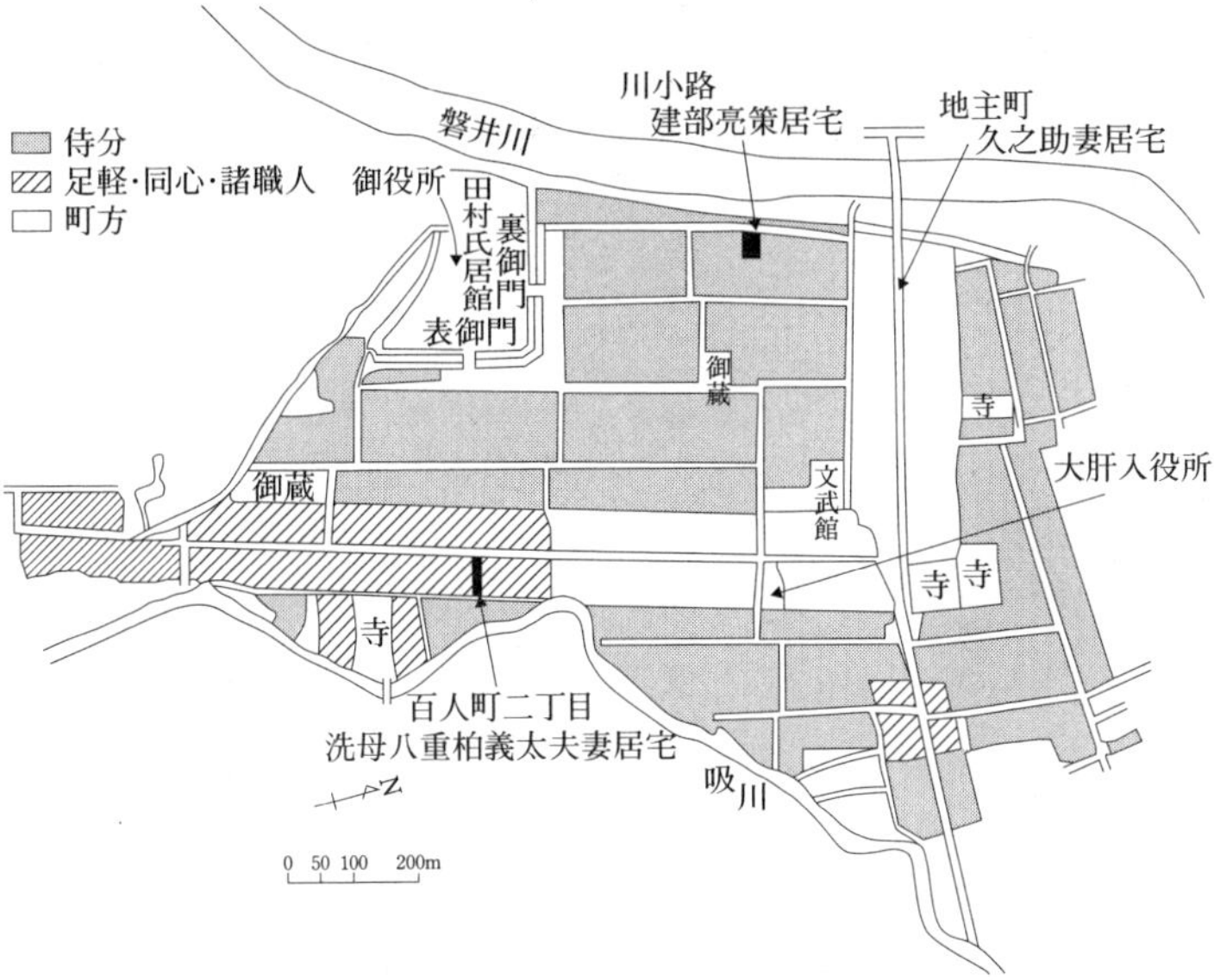

出典：大島［2003］をもとに作成

あまり差がない。伴右衛門は最下層の武士であった(6)。伴右衛門は、三男出生の翌年、文化九年二月三日には、申出通り難渋であるというので、養育手当金一両が貸下されている。死胎となったのは、四番目の女子であり、この年、三男は九歳になっている。また、この一件の二年前の文政元（一八一八）年一一月二日には、伴右衛門の倅、弾治に四女が出生している。伴右衛門の妻は、すでに孫が四人もいる年齢で妊娠し、死胎出産したのであった。

この一件の舞台となったのは、一関城下である。残念ながら、伴右衛門の居宅は確定できないが、長屋住まいとあることからすると、一関城下の中心部にある石高の多い武士の屋敷内の長屋に住んでいたものと思われる(7)。取調べの中に、その名が登場する医者、建部亮策、洗母、八重柏義太夫妻、そして地主町久之助の妻の居宅は図1―3に示した通りである(8)。地主町の久之助の妻宅から百人町の洗母、八重柏義太夫妻宅までは、直線にしておよそ七六〇メートル、通りを通れば、およそ一〇四〇メートルの距離にある。

洗母の証言によれば、伴右衛門は洗母を迎えに行った後、役所（田村氏居館）に出向いている。この役所の表門から建部亮策の居宅（大島［2001］）までの距離は直線にしておよそ四〇〇メートル、洗母の居宅までは三六〇メートルとほぼ変わらない。しかし、通りを通ると役所の表門からは建部亮策の居宅までがはるかに近い。このことも、なぜ医者を迎えにいかず、洗母を頼んだのかという疑いをかけられる一因であったのだろう。伴右衛門の事件は、半径六〇〇メートル以内に納まってしまうような一関城下を舞台におきた事件であった。

おわりに

これまで一関藩の育子仕法という懐胎・出産取締りのなかで焦点として浮かび上がってきた〈産む〉身体の位相について、武士層の出産に焦点をあてて探ってきた。そのなかでまず明らかになったことは、懐胎・出産取締りの場である出産と堕胎・間引きには、実にさまざまな人々が関わっていたこと、またそこには、産む当事者である女、家族、在村医、産婆、藩それぞれの思惑が交差していたということである。城下には、産術の修業を受けた医師たち、そして家中や凡下の妻、母を出自とする、洗母と呼ばれる産婆たちが、また村々には、借家住まいや他藩からやってきた在村医、そして出産に関わるなかで経験的に出産介助の術を身に付けた素人の産婆や老婆たちがいた。これらの人々のなかで、堕胎にも手を貸す存在として藩によって危険視されたのが、借家住まいや他藩からやってきた在村医、そして洗母、素人の産婆、老婆であった。が、堕胎の周辺にはこの他にも、農工商を問わず、耳学問で堕胎の術を身に付けた人々が存在していた。

出産と堕胎・間引きの場に、このように多くの人々が関わっていたということは、二つのことを意味している。

一つは、近世末のこの時期、一関藩領内の人々にとって、出産、そして堕胎・間引きが重要な関心事であったということである。それは、出産がきわめて危険な生と死の境界領域にあるものとして意識され、また出産が女だけの仕事や役割ではなかったと同時に、産むか産まないかが人々にとって切実な問題であったことを意味している。

もう一つは、藩の側の懐胎・出産取締りは、現実に起きた流産や死産が、果たして堕胎・間引きの結果か否かの検証が困難ななかにあって、人々の産む、産まないの意思と対峙しなければならなかったことを意味している。懐胎・出産取締りはそのために、人々を道徳的秩序のなかに取り込むという困難な課題を抱え込まねばならなかった。堕胎の術を持つ高階三瑛のような医者や産婆は、人々の堕胎への願望や意思を現実のものとするだけでなく、人々の堕胎への願望や意思を喚起し、逸脱の方向へと向かわせる危険な存在として取締りの対象とされたのであった。

このように、懐胎・出産取締り政策においては、産まないことを禁じるだけでなく、人々の産まないことへの意思を藩の側の道徳的規範の内部に取り込むことが意図された。産むことと産まないことへの藩の側の介在のありかたの違いは、洗母に対する対応のなかに典型的に見ることができる。洗母たちは、出産、育児の介助に対しては藩から褒賞を与えられ、他方、堕胎・間引きにも手を貸す存在として教諭の対象とされた。

注目すべきことは、産むことへの褒賞は、赤子の「取扱人高ニ応し御賞美」というきわめて具体的なものであったのに対し、堕胎・間引きの禁止は洗母たちへの教諭という倫理的な問題として取り組まれた点である。堕胎・間引きが生み出される背景には、倫理的な問題だけでなく、経済的な問題や武士たちの階層間格差の問題があった。藩の側が懐胎・出産取締りの一方で、養育料支給を行なったのはそのためである。しかし、武士の階層間格差の問題を突き詰めていけば、支配の構造を揺るがすことにもなりかねない。これら堕胎・間引きの背後にある現実の問題を倫理的な問題に変換し、個々人の倫理の問題として説き、人々を規範の内部に取り込んでいくことは、社会や政治、経済の問題を隠蔽し、身分的秩序を維持していく意味を持っていたと言えよう。

懐胎・出産取締りが、身分秩序の維持を意図するものであったことは、武士たちに対する出産管理が厳しく行なわれていたことからもうかがえる。着帯届、臨月届、出産届など妊娠、出産の節目での届け出や産穢の届には堕胎・間引き防止の意味が含まれていた。武士たちの堕胎・間引きは、民衆たちの堕胎・間引きにも影響を与えるものとして危惧されていたのである。とりわけ、下層の武士たちは、山中伴右衛門の場合でみたように、日常生活のなかで、町人たちが「出入」するなどの交流があった。また、平田徳太郎養母、八重柏義太夫妻の場合に見られるように、家中や足軽の妻、母が、洗母として城下の出産に広く関わる状況が存在していた。こうした出産を通しての身分を越えた交流は、出産管理に身分秩序の維持としての性格を与えるものでもあったと思われる。

近世末に取り組まれた一関藩の育子仕法は、明治初年の政策にも引き継がれることになる。明治三（一八七〇）年、仙台、一関の二藩を含む、登米、胆沢、江刺、盛岡の四県所管会議の際に制定された「育子法」では、取締りだけでは、風俗にまでなった「子を殺し或は堕胎する」状況は防げないとして「知事以下官員」から育子金を集め、文字通り「育子」のために「生子」があれば育子金を与えることが定められた。明治初年の各府県の布達には、近世末の懐胎・出産取締り政策を引き継ぐ堕胎・間引き禁止の禁令が数多く見られ、とくに廃藩置県をへて近代国家へ向けての体制が創られていく明治五年以降になると、明治五（一八七二）年の木更津県、明治六（一八七三）年の千葉県など、各県レベルの育児規則による堕胎・間引き取締りや育児救済も登場してくる（吉田[1960]）。そうしたなかで、いちはやく明治三年の段階で、「育子法」を制定したのが、旧一関藩を含む地域であった。

その意味でも、近世末の一関藩の育子仕法は、近代以降の性、生殖管理を準備するものであった。人々の堕胎・間引きの意思に対し、性や生殖という私的な領域にまで入り込み、人々の倫理の管理という面から秩序化しようとした近世末の育子仕法は、性と生殖という私的領域を秩序化していく日本の近代化過程に連続する側面を持つものであったと言えよう。そのように考えると、育子仕法を、今まで言われてきたような人口増加政策という側面からだけでなく、近代化にむけての性、生殖という私的領域への介入と、その秩序化という側面からも考えていく必要がある。また、そのことを考えるには、武士層に対する出産管理が持っていた意味を、近代化という大きな歴史的文脈のなかで、さらに解明するという課題が残されている。

注

（1）たとえば、仙台藩の赤子養育仕法に関する研究についても、「在方の農民に関する史料やそれに対する分析がその大半であり、町方に関する記述、及び武士・町人・僧侶などの農民以外の階級に属する人々に関する記述が、ほとんどなされていないという印象を受ける」と指摘されている（東北大学［1996：100-101］）。

（2）授乳をすると出生間隔があくという意味は、授乳をしていると妊娠しないという意味ではなく、授乳中に妊娠するとプロラクチンを分泌するので子宮が収縮し流産してしまうため、出生間隔があくことを意味しているとのご教示を、京都橘女子大学女性歴史文化研究所公開研究会の際に神崎光子氏からいただいた。そのため、現在では、授乳中に妊娠した場合は、授乳をやめるよう助産師はアドヴァイスをするとのことである。

（3）「邪兇呪禁法則」（『近世文学資料類従　参考文献編一四　重法記集一』勉誠社、一九七九年所収）には、「子返《へんする》乃大事《だいじ》」として、次のような堕胎の術が記してある。

ほうづきのねを一束《そく》に切《きり》て此符を中へいれてわた糸をもってまき開《かい》のうちへ入てぬきさしすればかならず血に成てくだる也

此符弟子一人より外ハあるべからず、但四月に過てハ成かたきもの也

此事不仁の第一にてゆめゆめいたすことなかれ、不如意なるもの子をまびくといふて十月にミちて生る子をおしかえす事はなはだ不仁の所為なり、いましむべし、我胸にある事也

（4） 助産師としての豊富な経験を持つ金森京子氏のご教示によれば、ここでの「下り物」は、①羊水、②産徴（おしるし）、③分泌腺などが考えられ、①の場合、分娩前の前期破水が考えられるという。羊水は外部の刺激から胎児を守る働きをしており、また産道通過時に多少なりとも潤滑油的な働きをするため、分娩前に破水して羊水が大量に流出してしまうと、胎胞が形成されないため、分娩進行に時間を要する、あるいは刺激が直接胎児や臍帯・胎盤などの付属物に伝わるので、胎児仮死がおきやすいが、この事例の場合、一〇ヵ月の臨月であることや「下り物」が破水かどうかわからないため、胎内死亡との関係は特定しにくいという。また「下り物」が②や③というのは、ごく自然な分娩経過として当然起こりうることで、むしろ子宮口の潤いが増して順調に進んでいる徴候と判断されるため、それがないことが原因で、子宮口が潤わず胎児が息絶えるというのは考えられないという。

（5） 重久［2000］には、妊娠数ヵ月の婦人の「脱胎（堕胎）」が可能かどうかを医師に対して問うた「江戸時代末期から明治初年に書かれた書状」が紹介されている。その「子添ニ掛け不中候而も、御薬法ニ而随分下り候様ニも承居申候」という文面から、重久氏は、「脱胎（堕胎）」の方法として、「子添婆」の行なう方法と薬による方法とがあったこと、「子添婆」頼みがどちらかといえば主流であったが、「薬法」でも随分その効力が認められていたことが読み取れると指摘している。おそらく産婆や堕胎に手を貸す医者と、この手紙の所持者である医師組合に所属するような正規の医者とでは、その堕胎の方法も異にしていたのではないかと考えられる。

(6) 一関市博物館の大島晃一氏のご教示による。なお、一関藩の俸禄の支給基準・方法については大島［2003］を参照されたい。

(7) これも大島晃一氏のご教示による。山中伴右衛門の子どもが慶応年間に住んでいた長昌院下は、この時期には、まだ武士の住む侍町ではなかった。

(8) 大島［2003］の巻末には、「慶応二仲秋御家中進退調」（一関市、佐藤知夫氏蔵）、「下調慶応中田村家中屋敷絵図」（明治三二年千葉茂樹作成、佐藤知夫氏蔵）、「一関旧絵図」（個人蔵）をもとに大島氏が作成した、慶応年間の「侍分禄高順名簿」「侍分五十音順名簿」「凡下名簿」「足軽五十音順名簿」、また『岩手県一関市沼田家武家住宅調査報告書』（一関市教育委員会、一九九九年三月）とこれらの名簿をてらしあわせた「一関城下屋敷割図」が掲載されている。図1－3は、これをもとに作成したものである。慶応二（一八六六）年は、山中伴右衛門の一件が起きた文政三（一八二〇）年の四五年後となる。文化八（一八一一）年の冬に出生した伴右衛門の三男は、この年五五歳になるから、この名簿、屋敷割図に示されたのは、伴右衛門の一件に登場する人々の、子どもや孫の世代の名簿と屋敷ということになる。名簿からは、山中伴右衛門の子孫は長昌院下に住む山中専治、洗母、八重柏義太夫妻の子孫は、百人町二丁目に住む八重柏六右衛門ということがわかる。大島氏によれば、文政三年と慶応年間とでは、住居は変わっていないと見てよいだろうとのことであるが、伴右衛門の住んでいた「長屋」が城下のどの部分をさすかは定かでないという。

＊本章は、二〇〇四（平成一六）～二〇〇六（平成一八）年度日本学術振興会科学研究費補助金（基盤研究（C）（2））の研究成果の一部である。

第二章　堕胎・間引きをめぐる権力関係

はじめに

女自身によって真先に語られねばならなかったにもかかわらず、いまだ語られていない最大のテーマとして性と生殖の歴史があり、とりわけ女性史固有のテーマとして女の身体感覚と避妊・堕胎がある。荻野美穂がそう問題提起をしたのは、一九八八年のことである。荻野は、そうした観点から、日本の女性史研究の状況を「生殖は産育・母性という観点からのみ扱われ、生殖の半面である産むことの拒否（避妊、堕胎、子殺し）あるいは性や月経や病気などを含む女のからだ全体への着目は、若干の民俗学的研究を除いてなきに等しい」と指摘した（荻野［1988］→［2002］）。それからほぼ一〇年を経て、ようやく性と生殖、身体を視野にいれた女性史研究や、性と生殖にかかわる問題として堕胎・間引きをとりあげる教育史研究が登場しはじめている(1)。

ところで、荻野が女性史固有のテーマとして女の身体感覚と堕胎・避妊をあげた理由は、このテーマが「『家族』や『夫婦』という単位に吸収しきれない女自身の意志や利害」を明らかにする「有効な手掛かりの一つとなりうる」という点にある。荻野は「堕胎は、女が自主的に行う生殖コントロール法として重要な位置を占める」という観点から「出産ではなく、あえて産むことの拒否、もしくはからだの自主管理への努力」を取り上げたのである。

こうした荻野の問題提起に対し、序章でも述べたように倉地克直は、一九八四年に長谷川博子が「女・男・子供の関係史にむけて――女性史の発展的解消」（長谷川［1984］）で指摘した、出産における男や共同体の関与という問題にもふれながら、「出産にだけ男や共同体が関与し、堕胎や避妊にそれらが全く関与しないとは考えにくく」く、「堕胎や避妊という行為にも国家・共同体や家・男による或る種の権力関係が介在している」のではないか、「とすれば、出産と避妊の場合とではその介在のあり方がどのように異なるか、そしてそれは歴史的にどのように変化するかを具体的に明らかにすることが必要」ではないかという問題提起をしている（倉地［1997］）。

倉地の問題提起は、とりわけ女と男の関係史のあり方をめぐってなされたものであるが、出産や堕胎、子殺しの問題を考えるうえでも示唆にとむ問題提起である。なぜなら出産＝産むことへの権力関係の介在のあり方と、堕胎・避妊＝産まないことへの権力関係の介在のあり方の違いや相互の関係、さらに、その歴史的変化を明らかにすることによって、出産や堕胎・避妊の問題を社会構造のなかで分析していくことが可能になるのではないかという問題提起として、受けとめることができるからである。

私はいままで、堕胎・間引き禁止政策を手がかりに、近世民衆の子産みや〈産む〉身体など産をめぐる心性への接近を試みてきた。というのも、人間の誕生という日常的な営みである産をめぐる事柄は記録に残りにくいが、堕胎・間引き禁止政策のなかで作成された史料群には、死産、流産、早産、産婦や赤子の死、堕胎・間引きなど、産をめぐるネガティヴな事柄が記録されているからである。しかも、近世の民衆にとって、産はきわめて危険な生と死の境界領域にあった。産むことと産まないこととは裏腹な関係にあったのである。私の試みの意図は、産むことと産まないことをあわせみることで、子産みや〈産む〉身体など産をめぐる諸事象の全体像を明らかにできないだろうかというところにあった。

しかし、倉地の問題提起は、産の問題を、社会構造のなかで分析していくには、産むことと産まないことを関係づけるだけでは不十分であり、両者への権力関係の介在のあり方の違いや、その歴史的変化を視野にいれる必要を示唆している。確かに、近世の堕胎・間引き禁止政策をふり返ってみると、産まないことへの権力関係の介在と、産むことへの権力関係の介在とが、絡みあっていることに気づかされる。

近世の堕胎・間引き禁止政策は、諸藩、幕領の人口増加政策のひとつとして取り組まれる。その内容は、①堕胎・間引きの禁止と処罰、②罰則をともなわない間引き禁令や間引き教諭書による教諭、③懐妊調べや出産への共同体の立会い、死産の場合の村役人による見分吟味といった懐胎・出産取締り、④赤子養育料を支給するなどの出産、育児の保護奨励と多岐にわたる。これらの方法のうち、どれを選びとり、どこに重点をおいたかは、地域によっても、また時期によっても異なる。地域による堕胎・間引き禁止政策の性格の違いは、例えば仙台藩の「赤子養育仕法」と津山藩の「赤子間引取締」というように、制度に与えられた名称の違いや、史料の残存のしかたの違いとしてもあらわれている。これら堕胎・間引き禁止政策の内容を産むことと産まないこととの関係で整理しなおすと、堕胎・間引きの禁止や懐胎・出産取締りという産まないことの禁止や取締りという管理に重点をおくあり方（①、③）と出産奨励や教諭など産むことの奨励や救済に重点をおくあり方（②、④）とに分けることができる。

ここで取り上げる津山藩は産まないことの禁止、取締りに重点をおいた藩である。諸藩の堕胎・間引き禁止政策を検討した桜井由幾によれば「全国各地で妊娠・出産の管理は厳しく行なわれたが実際に違反して罪に問われた史料は乏しい」という。そうしたなかで津山藩の特徴は、処罰された事例の史料が残っていることにある（桜井［1993：117-119］）。本章の課題は、津山藩の堕胎・間引き禁止政策を手がかりに、出産＝産むことと堕胎・間引き＝産まないことに、藩・共同体・家・男といった権力関係がどのように介在していたのかを問うことにある。津山藩の堕胎・間引き禁止政策の根幹をなした懐胎・出産取締りは、女の身体をなによりも〈産む〉身体として主題化するものであった。ではそのなかで、〈産む〉身体はどのようにして権力関係のなかに組み込まれていったのだろう。

1　子殺しの周辺

はじめに取り上げるのは、津山城下で起きたひとつの子殺し事件である。堕胎・間引き禁止政策を手がかりに産むこと・産まないことをめぐる権力関係をみていこうとする本章が、なぜ子殺しからはじまるのか奇異に思われるかもしれない。というのも、堕胎・間引きは妊娠中の胎児または生後間もない新生児を殺すことを意味しているのに対し、ここで取り上げるのは生後八ヵ月の赤子を殺した事件だからである。なぜ、子殺し事件を最初に取り上げるのか。それは、堕胎・間引き禁止政策のなかで、堕胎・間引きは子殺し同様に悪であることがしばしば強調されていくからである。子殺し同様に悪であるとは、どのようなことを意味していたのだろうか。子殺し事件を取り上げるのは、まずその意味を確認しておきたいからにほかならない。

その子殺し事件とは「御定書」にあげられた次のような事件である（岡山県［1981］）。

八　非人手下或は母剿之例

寛政元年酉年一二月六日

一、林田村三右衛門娘をき《(せき)》、母扱方非道邪見ニ□□□□《(堪かたく)》、小児を川へ捨、水死為致、不仁之至不届ニ付、鼻をそき非人之手下

「御定書」とは、「農村支配を目的として編纂されたもの」である。「郡代所に勤務する者」たちが、「常ひごろ繙いて職務内容を熟知するために郡代所に常置され使用された」（岡山県［1981：63］）という。そこには、郡内で起きた事件の取計方、過去に起きた事件の記録も含まれている。その「ソ一御咎筋之部」に掲載されているのが、先にあげた子殺し事件である。「御定書」に「非人手下或は母劓之例」としてあげられたこの事件はどのような事件であったのか。「国元日記」や「町方諸事以後留」を調べてみると、この子殺し事件の輪郭が浮かびあがってくる(2)。まず、これらの史料をもとに事件の概要をたどってみることにしよう。

事件を起こしたのは、雲州下伊野村百姓彦次こと与三右衛門の娘せきである。せきの内縁の夫、雲州稲庭郡平田町大坂屋唯三郎方にいる弥一兵衛、五〇歳の口上によれば、弥一兵衛は下伊野村の庄吉というものの「仲人」で四年前の午年九月に、せきを「妻ニ相極、時々右村江通」っていたという。そうこうしているうち、せきが昨年春より懐妊し、一一月三日、男子を出産し、名を弥太郎とつけた。今年の春になってせきがいうには、両親とも、作州津山へ稼ぎにいっているが、老年であり、弥太郎が成長するのを待って連れていくまで存命であるかおぼつかない、ぜひ、この春のうちに津山へ連れていってくれとのことなので、二月六日に国許を出、二月一三日の暮方に津山林田

上之町彦次方へ女房せきと弥太郎を連れていった。その晩は、弥一兵衛も、彦次方に泊まり、翌一四日の朝出発する際にいつごろ迎えにきたらよいか彦次に尋ねたところ、八、九月頃に迎えにくるようにといわれ、弥一兵衛は、平田町に帰った。

ところが七月八日、平田町で市が立つ日に、弥一兵衛は、津山で小児を川へ投げ捨て殺した者がいるという「風聞」を聞く。さらに一二日には、伜の弥太郎を女房せきが川へ捨て殺したという「風聞」を聞く。そこでさっそく津山へ出かけ「実否」をただそうと思い、唯三郎に相談したが、止められてしまう。そこで「魚商」に行くふりをして「魚荷抜」をして津山まできたところ、本当だった。女房のせきにあい、尋ねたいと思ったが、すでに、お上に捕えられていたので、七月二九日と八月一日の両日、水死した伜、弥太郎が仮埋めとなっている小桁村、極楽寺へ参詣にいった。

以上が弥一兵衛の口上である。

弥一兵衛は、極楽寺の伜の墓へ参詣したところを留め置かれ、宿である魚町紙屋助右衛門方へ預けられ、せきと母とともに「対決御吟味」がなされている。この吟味の結果、弥一兵衛は、口上書のとおり、平田町宗門帳付けの者に相違ないことが明らかとなっている。しかし、妻子とも弥一兵衛方に引き受けず、また一一月に出生した弥太郎も、今年の酉宗門帳から帳付けになるところを届けていないので、弥一兵衛は、せきの「馴染男」であって、せきと弥太郎は、「表立妻子」とはいえないこと、弥一兵衛は、せきが捨子をした一件については、いっこうにかかわっていないので、勝手次第、在所へ帰るよう申しつけられている。

この事件では、一二月六日、次のような処罰が申し渡されている。せきが、六月一三日の夜に、小児を川へ投げ捨て水死させた原因は、せきと小児に対するせきの母親のあつかい方が「非道邪見」であるのに耐えがたく、小児への「愛情をも忘却」したことにある。しかしながら、「人為ニ者有之間敷、不仁之始末不届」であるというので、せきは「鼻をそき非人之手下ニ遣之」という処罰を受けている。また、せきの母そめは、せきが自分で小児を川に捨て水死させたのは、「遠路両親したひ」小児を連れてやってきたせきを、そめが「非道邪見」にあつかったところから起きたことなので、存命であれば鼻をそぎ「非人手下」につかわすところだが、牢死したため、その沙汰には及ばないとされる。

また、この事件では、近隣、親類のものも、子殺しの隠蔽をはかったという理由で、罪に問われている。林田弓之町忠蔵は、せきが川に捨て水死させた小児の死骸を、六月一四日にみた。しかしせきの悪事を隠そうと企み、せきの兄弥助に相談のうえ、せきを在方に連れていき、奉公口を世話した。「親友」とはいっても、このような悪事があれば訴えでるべきところを、悪事に「荷擔」したと同様であるというので、「百敲」の罪を申しつけられている。また、せきの兄弥助は、せきの悪事を隠そうと、忠蔵と相談のうえ、せきを在方へやり、また小児の死骸が塚原尻河原に流れかかったのを隠したというので、「五十敲」の罪を申しつけられている。せきの兄政十も、この一件が露見するのを厭い、小児の死骸を隠していたというので、「五十敲」の罪を申しつけられている。また、せきの妹とらの婿、林田村儀左衛門は、せきが小児を川へ捨て水死させたさい、押淵のあたりに稼ぎにいっていたが、この一件を親類たちから知らされた。塚原尻を帰りかかったところ、河原に、その小児の死骸が流れかかっていたので、「露顕」を厭い、河原に死骸を隠していたというので、「五十敲」の罪を申しつけられている。また林田上之町の市兵衛はせきの兄弥助に頼まれ、せきの妹婿、儀左衛門を押淵によびにいき、このような悪事を知りながら訴えでなかった。咎を申しつけるべきところだが、市兵衛は「軽キ者之義右躰之重キ義と申事と弁不存」というので、用捨をもって「手鎖」を申しつけられている。

以上が、史料から読み取ることのできる子殺し事件の全貌である。せきの子殺し事件からは、当事子殺しというものが、どのようなものとしてあったかを知ることができる。せきは、生後八ヵ月の赤子を川に投げ捨てて殺しているが、津山城下では、赤子の死体が流れかかるという事件は他にもみられる。せきの事件から五年前の天明四（一七八四）年には、宮川大橋の脇河に、菰《こも》に包まれた赤子の死体が流れかかるという事件が、また七年後の寛政八（一七九六）年には、宮川大橋の下に、菰から流れでたと思われる、生後五ヵ月ばかりの赤子の死体が発見される。二つの事件とも、赤子にはちがいないが、「数日過候様子吟味手掛かり」になるものもないというので、誰が赤子を流したかは不明のままに終わっている(3)。この種の事件は、どこの誰ともわからない赤子の死体が発見されるというところからはじまることが多かったと思われる。しかし赤子の死骸が発見されたときには、すでに数日を経て、手がかりになるものもなく、犯人は発見しがたいというのが通例であった。天保六（一八三五）年には、大庭郡大庭村の田のなかに「乳〆上無之」赤子の死骸が発見されている。しかし、「見出人者勿論、村内其外近村ニ至迄遂吟味」げたが、産み捨てにされた赤子を獣などが食い殺したのではという申立ての他は、なんの手がかりもみつからないままに終わっている(4)。そうしたなかで、せきの事件は、子殺しの犯人が明らかとなった珍しい事件であり、だからこそ、「御定書」に判例として記載されたのだろう。

この事件では、弥一兵衛とせき、母との「対決御吟味」というかたちで、それぞれの申立てのつきあわせがなされ、事件の隠蔽をはかった者のうち、小児の死骸の発見者である忠蔵がもっとも重い罪に問われている。事件の取調べにあたっては、発見者や事件にかかわった者たちの証言をつきあわせることによって、事件の具体的経過と子殺しに及んだ理由の解明がはかられたことがうかがえる。もっとも、ここで明らかになった子殺しの隠蔽の試みからは、この種の事件の発覚の困難さがうかがえる。この子殺し事件では、せきの子殺しに対する罪が、「母之非道邪見ニ募候処ゟ愛情をも忘却とハ乍申」、「人為ニ者有間敷」子殺しを行なったこと、つまり、子どもへの愛情を忘れ、子どもの命を奪うという人間にあるまじき行ないをした母親の道徳的倫理の問題に求められていることが注目される。子殺しが悪であるとは、子殺しが人にあるまじき行為であること、また、親としての愛情を忘却したことの二つの点で悪なのであった。

津山藩は、天保五（一八三四）年、赤子間引きをするような人間は「人非人」であるから「非人手下」に申しつけるという法令をだすが、それは、この子殺し事件でせきを処罰したと同様の論理によるものであったと思われる。しかし、子殺しを母親の愛情の忘却の結果として、また子殺しと堕胎・間引きを等しく子殺しとして扱うためには、民衆の倫理観や生命観と対峙しなければならない。こうした困難な課題を、堕胎・間引き禁止政策はかかえこむこととなった。では堕胎・間引き禁止政策は、この困難な課題をどのように解決しようとし、どのようにして〈産む〉身体を権力関係のなかに組み込もうとしたのだろうか。

2　家族、女の罪へ
――堕胎・間引き禁止政策の展開――

津山藩では宝暦六（一七五六）年に「子をおろし、ころしする者」に「重き咎」を与えるとする間引き禁令がだされる。これは罰則規定をともなわない間引き禁令であった。それに対し、天明元（一七八一）年に布告された「赤子間引取締方申渡」（岡山県［1981：840-846］）の特徴は、明確な罰則規定をともなっていたこと、堕胎・間引き禁止政策の根幹をなす方策として懐胎・出産取締りが登場したことにある。見分吟味の対象とされたのは「半産又者、産所ニ而出生之子相果て、或者死躰を産候類」という流産、早産、新生児死亡、死産の場合であった。さらに天明六（一七八六）年には「七夜之内ニ相果候」ものも見分の対象とされる。これらの場合は「当人者不及申、組合・隣家委遂吟味」、「不埒之様子ニ候得者」、「当人ハ急度咎過料可申付候、庄屋・組頭・組合ニも過料」とされた。処罰の内容は、「流産後、得心得難取計いたし候もの」については、当人は「過料米弐俵、追込七日」、組合・隣家は「追込五日」、「出生之子ハ別条無之候得共、懐胎届不致、甚不埒ニ相聞候もの」については、当人は「過料米三俵、手鎖追込七日」、組合は「過料米三俵、追込五日」、組頭は「弐俵」、庄屋は「壱俵」とされた。

ここで注目しておきたいことは二つある。ひとつは、流産、早産、死産、新生児死亡、七夜のうちに死亡した場合に「見分吟味」の対象となったこと、言いかえれば、これらは、藩によって堕胎・間引きの疑いの濃いものととらえられていたということである。もうひとつは、たとえ「出生之子」は無事であっても、懐胎届を出さなかった場合のほうが、より厳しい罰を受けることになっていたことである。懐胎届を出さないことは、懐胎の隠蔽として、その背後に堕胎・間引きへの意思を含むものとして問題とされたことがうかがえる。

津山藩の堕胎・間引き禁止政策は、さらに天保期に重要な転換をとげる。天保五（一八三四）年、天保六（一八三五）年、天保七（一八三六）年と、相次いで堕胎・間引き禁止をめぐる法令がだされる。天保五年には、赤子間引きをするようなものは「人非人」であるから「両親共」「非人手下」に申しつけ、もとの住まいを取壊し、村端に小屋懸けさせて祖父母他家族全員を住まわすという罰を定めた「赤子間引咎方伺書」が出される（岡山県［1981：838］）。また天保六年に町方に向けて出された「赤子間引咎方之事」（岡山県［1981：1283］）では、堕胎の多い町方の実情にあわせて「薬并手業を以懐胎之子をおろし、又ハ産所ニ而出生之子を殺候もの共」は屋号をとりあげ「惣町末座」にし、「傘、下駄并男ハ脇差・上下・袴・羽織着用差留、女者□□（チ）土手非人同様たはね髪ニ申付牢舎」とされ、また「懐胎之子をおろし候医師・産婆」に対しては「家業差留居町払」、「薬種屋共」に対しては「株取上居町払」、「組合・隣家・町役」に対しては「過料之上追込」とすることなどの罰が定められる。さらに天保七（一八三六）年には、それまで処罰の対象は当人、つまり当主であったが、妻を処罰の対象とする法令が出される。「素人之妻」で「出産之赤子を殺候もの」、つまり間引きをした者は、村非人にしたうえ牢舎一〇日、「妊身脱躰之類」、つまり堕胎をした者は、村内末座にしたうえ牢舎一〇日、「懐胎届」が遅れたうえ、「不審之ヶ条有之類」のものは、たとえ、生まれた赤子を養育していても、牢舎一〇日と定められた（岡山県［1981 : 839, 1070］）。

天保七年に出されたこの法令には、興味深い「下ヶ紙」「再下ヶ紙」がつけられている。それは「人之妻出生有之者何も可恥義者無之、養育可相成」だが、後家・娘が「密通」によって「妊身」したことを恥じるのは「人心当り前」のことなので、後家・娘の堕胎・間引きについては、人の妻について定められた「本文咎之一等を宥メ」るというものである。後家・娘の妊娠は、密通といった事態で起こるものであり、そうした事情による妊娠は恥じるのが当たり前だが、既婚女性の妊娠は、恥じるべきものではなく、本来、妊娠し生まれた子どもを養育すべきだというのである。婚姻内の堕胎・間引きと婚姻外の堕胎・間引きとは、区別され、後家・娘の密通による妊娠は恥ずべきものだが、婚姻内の妊娠は当たり前のことであるとして、婚姻内にある妻の罰のほうが厳しく規定される。正式の婚姻内にある女は、本来産むべき存在として位置づけられる。

では、相次いで出されたこれらの法令の特徴はどこにあるのだろうか。また、それまでの、堕胎・間引き禁止政策をどのように方向転換するものだったのだろうか。津山藩の堕胎・間引き禁止政策を検討した桜井は、「現在見出される処罰の事例はこれだけである」と、天保六（一八三五）年から天保一二（一八四一）年の間に処罰された五件の事例を紹介し、「処罰が強化された、この時期に集中的に処罰が行なわれている可能性がある」と指摘する。しかし、天保五（一八三四）年にはじまる堕胎・間引き禁止政策の変化は、「処罰の強化」というだけではとらえきれない、もう少し複雑な様相を呈している。

天保五年の「赤子間引咎方伺書」には、このことを考えるうえで興味深い記述がみられる。その記述とは、それまで行なっていたような罰則、つまり堕胎・間引きを行なったものや、その組合の者に過料を与える罰則では、貧しい者の場合、家がつぶれてしまう弊害もあり、これまで通りのやり方では「年来染込候悪風」、つまり習俗化してしまった間引きはやみそうもない、また他藩の場合をみても、「死罪」にするような罰では、「永年御取用之御法」にはならない、それよりは、たとえ、その結果罪人が多くなったとしても「心得違不埒之者」が「恥入」るような罰を与えるほうが「後年迄急度締り」になるというものである。近隣、地縁の者に過料という財産刑を科す連座制から、「非人手下」あるいは「村非人」にして「恥入」らせるという身分刑のほうが、後年まで効果があがるという藩の側の認識のもとに財産刑から身分刑への転換がなされたことがわかる。

堕胎・間引きが習俗として地域の暗黙の了解のもとに行なわれている状況のもとでは、内面的なモラルの問題として、倫理的内面的規範の問題として対応しなければ、堕胎・間引きの根絶は難しい。そうした藩の側の認識が、そこにはあったと思われる。この転換は四つの側面を含んでいた。一つは、過料から「恥」へという、罪意識を内面化させる方向への転換であり、二つには、共同体の連帯責任から家族、とりわけ両親の罪への転換であり、三つには、家族のなかでも当主のみの罪から妻の罪の重視への転換、そして四つめに、婚姻内の堕胎・間引きと婚姻外の堕胎・間引きを区別し、婚姻内にある妻を産むべき存在として位置づけ、後家・娘の堕胎・間引きに比して厳しい罪を与えることへの転換である。

ではなぜ、このような堕胎・間引き禁止政策の転換が必要だったのだろうか。それは堕胎・間引きをめぐる、どのような現実への対応だったのだろうか。また、こうした政策の転換は、民衆の「産むこと」「産まないこと」に対して何をもたらすものだったのだろうか。堕胎・間引き禁止政策の転換は、その根幹を占めていた懐胎・出産取締りのあり方や、そこにはらまれていた矛盾とかかわっていたと思われる。次に、そのことを考えてみたい。

3　産むこと・産まないことをめぐる藩・共同体

懐胎・出産取締りのなかで重要な役割を果たすことを求められたのは共同体である。そのことは残存する懐胎届、出産届からも知ることができる。次にあげるのは、そのひとつ、文化八（一八一一）年に出された出産届である(5)。

御届申上書

下横野村下組直吉妻、去年十一月ゟ妊娠仕、当二月四月目ニ相成申候ニ付、御届申上置候処、今暁七ツ時分安産男子出生仕、母子共随分息災ニ御座候、尤隣家并組合証人産所江相詰見届候旨相違無御座候、右為御届書付差上申候、以上

文化八未年七日朔日

下横野村下組証人 熊七㊞

同村組合惣代 善蔵㊞

同村組頭 利八㊞

同村同 常八㊞

同村庄屋 武左衛門㊞

大谷茂左衛門殿

津山藩では懐胎の確認にあたっては証人が必要とされ懐胎届は証人、組頭、庄屋の連名で大庄屋

に出されたが、出産届も、懐胎届同様、証人、組頭、庄屋の連名で大庄屋に出されている。出産届には、いつから妊娠したか、いつ懐胎届を出したか、いつ出産したか、生まれた赤子は男女どちらだったか、出生後、母子とも息災であるかどうかが書かれる。また隣家、組合、証人が産所に立ち会って出産を見届けたことが書かれ、出産後すぐに届が出されている。直吉の妻は、七月一日の暁七ツ時分（午前三時）に男子を出産しているが、その日のうちに出産届が出ている。

これら懐胎届、出産届のありようからは、次のようなことがわかる。その一つは、〈産む〉身体が、懐胎届、出産届というかたちで二重に管理され、懐胎から出産まで、証人や隣家、組合という共同体による相互監視が行なわれていること、二つには、出産は、共同体の立会いのもとになされ、「産所見届人」の名が示すように、文字どおり産所のなかにまで入りこんでの監視が行なわれているということである。

では、産まないことへの監視は、どのようになされたのだろうか。見分吟味が、具体的にどのようになされたのかを伝える史料は二点ある(6)。どちらも大庄屋、土居太郎右衛門から郡代所へ出されたものである。一つは、文政元（一八一八）年七月、勝南郡西吉田村、百姓宗兵衛の伜、十蔵（四一歳）の妻が「死躰出産」をしたさいの「吟味」の様子を伝える書類である。もう一つは文政七（一八二四）年八月、勝南郡殿所村の庄屋、六左衛門の伜、兵吉の妻（二三歳）が「死胎」となったさいの「御見分之上御糺口書類」である。この二つの史料からは、死産の「吟味」がどのようになされたかを知ることができる。見分吟味のあり様を二つの史料に即してみてみることにしよう。

文政元年、宗兵衛の件、十蔵の申立てによれば、妻が死躰出産となるまでの経緯は次のようなものである。宗兵衛は持高九石余、家内七人で「農業渡世」を行なっている。妻は昨年一一月から懐妊し、今年二月に西吉田村が津山藩の「御加増地」となったため、藩の「御領法」に従って、五月に懐妊を届け出ている。それからも「平日同様農業之働并女手仕事ㇾ」を行なっていたが、七月一三日「朝五ツ時分之頃」から少し腹痛があり、「四ツ時分」「雪隠」へいったときに、「気力も不宜風当」ころんだ。「径義者勿論障りㇾ」になるようなこともなかったが、「宅内」へ帰ったあと産気づいた様子で、「頻ニ腹痛相募り、甚苦痛難渋之躰ニ」なった。そこで「隣家・組合」へも知らせ、皆かけつけてきて「早速医療ㇾ」も加えたが、「看病中同夜六ツ時分女子死躰出産」をしたというものである。出産届同様、産の経過にそって、いつから懐妊したか、いつ懐胎届を出したか、いつごろから産気づき、いつ死躰出産をしたか、また死躰出産をした赤子の性別が記述される。

文政七（一八二四）年、六左衛門の件、兵吉の申立てでも「死胎」となった経緯が、産の経過にそって、述べられる。六左衛門の持高は一四石余、家内は八人が同居している。妻は二三歳になるが、昨年一一月から「経水相滞当三月ニ至腹満」となったので「妊娠之趣御届ケ申上随分大切ニ養育」していたが、八月二一日朝、「俄ニ腹痛仕候ニ付早速医師呼迎服薬」したところ「四ツ時分安産」をした。しかし「至極快躰と相見候ニ付赤子取上見申候所女子死胎」であった。もちろん、医師にみせたが、赤子のため治療の仕様がなかったというものである。この申立てからは、「経水」が止まり、腹が大きくなることが妊娠のしるしであり、母親が無事であれば「安産」と表現するなど、当時の民衆の〈産〉の心性がうかがえて興味深い。

この二つの史料だけから見分吟味のありかたを推測するのは、軽率かもしれない。しかし、いまのところ見分吟味のあり様を推測できる史料は、これしかない。ここでの村役人の見分吟味のあり様の共通性からすると、見分吟味の方法は、かなりマニュアル化していたのではないかと思われる。二つの史料から見分吟味の手順を整理すると、次のようになる。

まず、死産の届を受けた「村役人一同」、組頭、庄屋、中庄屋が、「死躰」の見分をする。さらに当人、この場合は十蔵、兵吉の証言が求められる。興味深いのは、その際に堕胎・間引きという「不仁之取計」をしたかどうかとあわせて、「妊中給物之差障」などがなかったかという、妊娠中の扱い方が問われている点である。これに対し、当人たちは、「聊不仁之取り扱仕候訳ニ而者曽而無御座候」こと、また「懐妊中給もの才入念相与え麁秣之取扱」はなかったと申し立てている。次に求められたのが、隣家、組合の証言である。そこでは「不仁之取計」などがなかったか「有体ニ」申し上げることが求められる。そのさいに隣家、組合が、共通して申し立てていることは、①当人が申し立てていることに少しも相違ないこと、②隣家の「産所見届人」が「始終産所ニ相詰」め、また「産所見届人」は「産所之様子も能承知」していること、③「勿論疑敷風聞」なども聞いたことがないことの三点である。さらにどのような治療をしたか、医師の証言が求められている。そして、このような見分、吟味にもとづいて、当人並びに隣家、組合の口書、産所見届人が「死躰ニ相違無」いことを神仏に誓った「神文血判」、そして医師の「薬法、容躰書」が大庄屋から郡代所に差しだされる。

これら出産届や死産のさいの見分吟味の書類は、産むこと・産まないことの両方の場面で、共同体の相互監視がなされていたことを示す。懐胎届を出す時点から出産にいたるまで、懐胎証人をはじめとする共同体の相互監視が行なわれ、出産にあたっては、産気づいた時点から出産を終えるまで、産所見届人をはじめとする隣家、組合の者たちの産所まで入りこんでの相互監視がなされる。また死産が、堕胎・間引きではないことは、村役人による見分と当人の申立ての他に、隣家、組合、医師の証言によって証明される。産むことについても産まないことについても、共同体による相互監視がなされ、また共同体のなかでの「疑敷風聞」も重視されていたのである。

懐胎・出産取締りにあたって、藩の側が、共同体に大きな期待をよせ、権力の末端機構として産むこと・産まないこと両方の場面での相互監視を求めたことは、真壁村の間引き禁止令請書からもうかがうことができる(7)。享和四（一八〇四）年のこの請書は、藩の側が共同体に対し何を求めていたかを浮かび上がらせる。藩の側は「作州之儀全体人少ニ而、御田地作舞不行届及困窮」と、津山藩の人口減少と田畑の荒廃の原因は「赤子間引」にあること、そして「親之身ニ而種立候子を胎内ニ而流し、亦者出生之子を殺候事、誠ニ禽獣ニも劣たる所業」と、堕胎・間引きは、「種立候子」を殺す子殺しであり、人為にあるまじき悪であること、もし堕胎・間引きが発覚した場合には「其親者勿論、隣家五人組迄重き御仕置」がなされることが説かれる。村年寄、庄屋は、これらのことを「村末端々迄」洩らさず申し聞かせ、「妊娠最初ゟ届方夫々無油断」行なうことが求められている。

こうした藩の側の求めを請けて、村年寄、庄屋は、妊娠したならば「随分身持大切」にし、「遅滞」なく懐胎届をだすよう、「下取締并組合中相互ニ心を付合」と、懐胎から出産まで、組頭、組合とも相互に監視を強めることを申し述べている。共同体は権力の末端機構として、堕胎・間引きという産まないことについても、懐胎・出産という産むことについても、相互監視することが求められたのであった。

では、共同体による相互監視はうまく機能したのだろうか。処罰の事例のなかに、そのことを探ってみることにしよう。

4 堕胎・間引きの周辺
――処罰の事例――

ここで取り上げるのは、「国元日記」に記録された処罰の事例である。「国元日記」には「藩主の身辺の動静から、江戸より国元への連絡事項、領内の主要な事件」（岡山県［1981：47］）が記されている。「国元日記」に記された処罰の記録を取り上げるのは、藩によって重要と考えられた事件が記録されていると考えるからである。じつは、「国元日記」に記録された処罰の事例は、桜井があげた天保期の五件にとどまらない。ここでは、とりわけ処罰の事例が集中してあらわれてくる寛政期から天保期の処罰の事例を取り上げる。処罰の事例が、せきの子殺し事件以降に集中してあらわれてくることが目をひくが、表2－1が処罰の事例である。

堕胎・間引き禁止政策が転換する天保五（一八三四）年以前と以後では、処罰の事例にどのような変化がみられるのだろうか。天保五年以前と以後では、共同体の罪から夫婦の罪へという変化をみることができる。天保五年以前には、共同体の相互監視を怠ったことによる処罰の事例は二件、天保五年以後には夫婦が処罰された事例が二件みられる。共同体の相互監視を怠った事例は、いずれも死躰出産の事例である。

寛政二（一七九〇）年、三田邑南村勘右衛門の妻が死躰出産をした事例では、勘右衛門が追込四日、勘右衛門から妻が産気づいたことを聞きながら、勘右衛門の親の佐七に伝言しただけで、自分は出産の場に詰めなかった証人の佐助と、佐助から伝言を受けたにもかかわらず出産の場にいかなかった勘右衛門の親の佐七が追込五日、産気づいたことを聞きながら、組合の者たちがいくだろうと自分は出産の場にいかなかった組合の佐右衛門が追込四日となっている。産所見届人や組合が相互監視を怠ったことが処罰の理由とされている。

もうひとつの事例は、相互監視を怠ったというよりも、より積極的に堕胎・間引きの隠蔽に共同体がかかわったことをうかがわせるものである。享和元（一八〇一）年、小桁村の宇右衛門の息子、庄治の妻が死躰出産をした事例では、見分吟味を免れるため、隣人の証人と相談のうえ、出産と届け、さらに七夜過ぎて病死と届け出たという死躰出産の隠蔽が処罰の理由とされる。この事例では、

表 2—1　処罰の事例

	西暦	和暦	内容	罰則
1	1789	寛政元年 8月12日	雲州者与三右衛門娘せき，6月13日，赤子を川に捨て殺す。	せき，鼻をそぎ，非人手下へ。
2	1789	寛政元年 8月26日	二宮村市郎左衛門借家，安七妻，4月4日，男子出生。懐胎，出生届ともに出さず。	安七，追込（9月6日に追込差免）。市郎左衛門／隣家・組合／先借家主，叱。
3	1790	寛政 2年 2月 2日	新田村，金蔵妻，寛政元年12月出産。懐胎届を出さず，不埒であるが，出生の女子については養育している。	金蔵妻，2月2日追込（2月12日に追込差免）。隣家・組合／庄屋，叱。
4	1790	寛政 2年 10月26日	新魚町伊部屋惣左衛門後家娘とよ，懐胎届を出さず，10月19日出産。19日にとよ死亡。出生の赤子も虚弱で，同夜死亡。	後家，10月26日追込（11月6日に追込差免）。組合・両隣，追込。月番年寄，追込。非番年寄，叱。
5	1790	寛政 2年 12月19日	三田邑南村勘右衛門妻，女子死躰出産。勘右衛門は，妻が死躰出産したことについて組合に知らせなかった。勘右衛門の父，佐七は出産をもよおしたことを，証人の佐助から聞いたにもかかわらず，出産の様子とも思わなかったので出産の場に行かなかった。また佐助は，佐七へ伝言しただけで，自分は出産の場に詰めず，また死躰出産したことについて早々に届け出なかった。組合の佐右衛門は出産をもよおしたことを聞きながら，組合などが行くだろうと思い捨ておいた。証人の和助，組合の源次郎，村役人は出産をもよおしたことを知らなかったので，咎には及ばないが，村役人として申し付け方が不行届き。	勘右衛門／組合／佐右衛門，12月19日追込（22日差免）。佐七／佐助，12月19日追込（23日差免）。証人和助／組合源次郎／村役人，叱。
6	1791	寛政 3年 7月18日	京町原野吉次兵衛借家，作人甚吉姉くめ，正月から横野辺に稼ぎに行き，6月晦日に帰る。懐胎していて7月4日に男子出産。懐胎届を出していなかったが，経行	くめ，追込叱。甚吉，叱。

			不順のため妊娠に気づかなかったと申立て。	
7	1791	寛政 3年 12月 2日	吉田村，甚右衛門伜治助妻，同村文吉伜三之助妻，懐胎届出をせず6月に男子出産。	甚右衛門／伜治助／文吉／伜三之助，12月2日追込（12月12日差免）。
8	1792	寛政 4年 2月27日	山北村金蔵妻，懐胎届を出さずに1月14日女子出産。かねて経行不順で病気であることを申し出。しかし，出生の女子は養育しているので用捨をもって処罰。	金蔵，追込（閏2月7日差免）。組合・隣家・庄屋，叱。
9	1801	享和元年 2月 9日	小桁村，宇右衛門伜庄治妻死胎出産。証人と相談し，出産と届出，七夜たってから病死と届出。しかし，村役人がじつは死胎といううわさを聞いたため，死体を掘り出して調べた結果，死胎出産の隠蔽が発覚。	宇右衛門／庄治／証人，手鎖追込。組合，追込。庄屋／組頭，叱。
10	1835	天保 6年 5月 2日	久米南条郡大谷村，平左衛門，女房さきが妊娠4ヵ月になっても懐胎届を出さず，村役人から察度の上も届を等閑にする。不仁の取計らいをする意志はない旨を申し立てているが，取扱かたが甚だ疑わしく不埒。ただし，出生の小児を養育しているので格別のあわれみをもって処罰。	平左衛門が村内末座，手鎖追込5日。
11	1835	天保 6年 12月 5日	大庭郡田原村松助伜，忠蔵妻つね，懐胎届定月にいたらないうちに流産したが，届け出ず，等閑にすぎ不埒。	忠蔵，追込5日。隣家・組合，叱。
12	1835	天保 6年 12月 5日	勝南郡河辺村和吉甥，森蔵女房ちよ，妊娠中の心得方がおろそかであったため，厠へ産み落とし赤子が死亡。	森蔵夫婦，手鎖追込3日。家内，叱。
13	1835	天保 6年 12月 5日	勝南郡池ヶ原村西分，辰五郎，出生の小児は丈夫に養育しているけれども，懐胎届失念。	辰五郎，叱，組合，叱，庄屋，聞置。
14	1836	天保 7年 2月12日	東北条郡下横野原村上組伴蔵伜，鶴蔵女房つるが，臨月にならないうちに出産。小児は虚弱で間もなく死亡。あやしいことは聞こえてこないが，懐胎中の心得がおろそかであったために，このような結	伴蔵／鶴蔵，追込5日。組合，追込3日。庄屋，叱。

			果になった。そのうえ，懐胎届も延引。	
15	1836	天保 7年 2月12日	勝南郡国分寺村忠七，女房その，臨月にならないうちに出産。小児は虚弱で間もなく死亡。あやしいことは聞こえてこないが，懐胎届も延引。	忠七，追込3日。
16	1836	天保 7年 2月12日	東北条郡大篠村西分，亀蔵，懐胎届延引。	亀蔵，追込3日。組合，追込3日。庄屋，叱。
17	1836	天保 7年 3月 2日	西西条郡円宗寺村茂次郎妹こん，下人亀吉と密通し，妊娠し，家出。途中で売薬商人に出会い，流産薬を求め服用し，忍び帰り，母に内実を打ち明け，土蔵のなかに隠してもらい流産させた。父兄などに言えないことからしたこととはいえ，天保5年から妊娠中取締を厳しく申し付けおいたにもかかわらず不埒。	こん／亀吉／こん母きん／茂次郎／こん姉たい，相当の仕置き申付け。
18	1836	天保 7年 3月 6日	勝北郡新野原村上原分，市兵衛娘とよ，他領山形村十平と密通，妊娠し，深く隠し，懐胎届も出さず，これは家内不締から起きたこと。とよには身持ちを慎むよう申し付け，小児を人別に入れるように申し渡す。	市兵蔵／組合／庄屋，叱。
19	1836	天保 7年 3月 6日	西西条郡杦村，勝五郎，妻が流産。怪しいことは聞こえないが，懐胎届も出さず，また流産の際も届け出ていない。	勝五郎／組合／隣家，追込5日。庄屋，叱。
20	1837	天保 8年 5月 9日	二階町三保屋里ヵ家守，豊田屋菅右衛門借家住，塗師屋治助は出職中とはいいながら，懐胎，出産届とも出していないのは，等閑の至，不埒。出生の男子は人別に入れること。	組合／隣家，追込5日。庄屋，叱。治助，追込3日。
21	1841	天保12年	勝北郡上野田村金七弟柳治郎，女房みなが妊娠中に脱躰を試みただけでなく，産所で出生の赤子の息をとめ殺した。みなは，申しあわせていたわけではないと申し立てているが信用できないというので処罰。	柳治郎／女房みな，村非人，牢舎10日。

出典：「国元日記」（津山郷土博物館所蔵）より

宇右衛門、庄治が処罰されたばかりでなく、「馴合」って、「証人之本途」を忘れた証人、出産後「小児之有無」を確かめなかった組合の者、さらに村方への申し聞かせが不十分であった組頭、庄屋が処罰されている。

この二つの事例は、懐胎・出産取締りのなかで、共同体が藩権力の末端機構としての役割を果たさず、出産の場にいかないことで、堕胎・間引きがなされるような状況を暗に黙認したり、あるいは積極的に隠蔽することさえあったことをうかがわせる。堕胎・間引き禁止政策が、共同体の連座制から家族の罪へと処罰の重点をうつしていった背景には、共同体が藩権力の末端機構として機能せず、むしろ民衆の堕胎・間引きを黙認していく状況があったと思われる。

一方、天保五年以後にあらわれるのは、夫婦に対する処罰である。そのひとつは、天保六（一八三五）年、森蔵の女房ちよが厠に赤子を産み落とし死亡させた事例、もうひとつは天保一二（一八四一）年、柳治郎、みなの夫婦が間引きをした事例である。この二つの事例では、産まないことについての夫婦の意思が問題とされている。ではなぜ、夫婦の意思が問題とされたのだろうか。ここで思い起こされるのが、先にあげた文政元（一八一八）年、死躰出産の見分吟味のさいの十蔵の申立てである。十蔵は、臨月になるまで妻が「平日同様農業之働并女手仕事𪜈」を行なっていたと申し立てているが、ここには民衆の生活の一端を垣間みることができる。家族全員で「農業渡世」をいとなむ農民家族にあっては女性は重要な労働力であり、懐胎後も臨月になるまで農業労働と「女手仕事」に従事していたことがうかがえる。そうしたなかでの妊娠、出産はなによりも労働の中断を意味するものであった。とすれば、妊娠を継続さすか否かは、農民家族にとって重要な関心事であっただろう。またそこでは、妊娠の継続については女性自身の意思というよりは、「農業渡世」をいとなむ夫婦、家族の意思が問題となったのではないだろうか。堕胎・間引き禁止政策のなかでの、共同体の罪から夫婦、家族の罪への変化の背後には、共同体の相互監視の機能が弛緩していくなかで、家族の産まないことへの意思そのものを直接問題とせざるをえない状況があったものと思われる。

ところで、処罰の事例をみていて気づくことは、予想に反して、堕胎・間引きを直接の理由とするものが少ないことである。堕胎・間引き、あるいは子殺しを理由とする処罰の事例は、せきの子殺し事件を除けば二一件中二件のみである。そのひとつは、天保七（一八三六）年、下人亀吉と密通し、妊娠した茂次郎の妹こんが「売薬商人」から「流産薬」を求めて服用し、母に内実をうちあけて土蔵のなかに隠してもらって流産させた事例、もうひとつは、天保一二（一八四一）年、妊娠中に堕胎を試み、さらに産所で赤子を殺したという理由で、百姓柳治郎とみなの夫婦が処罰された事例である。他は、すべて堕胎・間引きを理由とする処罰ではない。

どのような場合に、何が処罰の理由とされているのだろうか。処罰の事例を分類すると、①流産、早産の場合、②死躰出産の場合、③分娩時の事故の場合、④懐胎届、出産届を出さないことによる妊娠、出産の隠蔽の場合の四つに分類することができる。

まず、流産、早産の場合であるが、流産、早産であれば、すべて処罰の対象となったわけではない。処罰の対象となっているのは、懐胎届を出さないうちに流産したり、懐胎届が遅れたうえに早産をした場合である。そのことを具体的な処罰の事例でみてみよう。まず流産の事例から。天保六（一八三五）年、大庭郡田原村松助倅、忠蔵の妻つねは「懐胎届定月」にならないうちに「流産」し、そのことを届け出なかったために、忠蔵が「追込五日」、隣家、組合が「急度叱」となっている。また天保七（一八三六）年、西西条郡杦村、勝五郎の妻が流産をした事例では、懐胎届もせず、また流産の際も届けていないという理由で、勝五郎が「追込五日」、隣家、組合が「追込五日」、庄屋が「叱」となっている。次に早産の事例。天保七年、東北条郡下横野村上組伴蔵の倅、鶴蔵の女房つるが臨月にならないうちに出産し、小児が虚弱でまもなく死亡した事例では、懐胎四ヵ月の届を延引していたというので、伴蔵、鶴蔵は「追込五日」、組合は「追込三日」、庄屋は「叱」となっている。また同年、勝南郡国分寺村忠七の女房そのが臨月にならないうちに出産し、小児が虚弱でまもなく死亡した事例でも、懐胎四ヵ月の届を延引していたため、忠七が「追込三日」となっている。

これら流産、早産の場合の処罰事例からは、懐胎届を出さないでの流産や懐胎届を遅らせたうえの早産は、堕胎の疑いが濃いものとみられていたことがうかがえる。藩の側が懐胎届を重視していたことは、処罰事例の多くが、懐胎届を出していなかったり、懐胎届を遅らせたことによることからもうかがえる。懐胎届を出していなかったために処罰された事例は一二件、懐胎届が遅れたために処罰された事例は三件と、二一件中一五件を占める。なぜこれほど懐胎届が重視されたのだろうか。懐胎届を出さなかったことを理由に処罰された事例のなかで、もっとも重い罪に問われているのは、天保六年、久米南条郡大谷村、平左衛門の場合である。平左衛門は女房さきが妊娠四ヵ月になっても懐胎届を出さず、村役人から何度も注意をしたにもかかわらず、届を出さなかった。平左衛門は「不仁之取斗可致存意ニ者無之段」を申し立てているが、取扱かたが、「甚疑敷不埒」であること、ただし「出生之小児を養育」しているので格別の憐れみをもって「村内末座、手鎖追込五日」となっている。

この事例に示されるように、懐胎届を出さないことは、妊娠の隠蔽のみならず、「不仁之取斗可致存意」、つまり堕胎・間引きの意思があるものと見なされていたことがうかがえる。藩の側は、堕胎・間引きという結果だけでなく、「不仁之取斗」への意思、つまり出生コントロールへの意思をも問題としていたのである。藩の側が堕胎・間引きという結果だけでなく、堕胎・間引きへの意思をも問題としたのは、堕胎・間引きの立証の困難さにもよる。例えば、分娩時の事故の場合。天保六年、勝南郡河辺村和吉の甥、森蔵の女房ちよが厠へ赤子を産み落とし、赤子が死亡したという間引きの疑いの濃い事例でも、処罰の理由は、妊娠中の心得がおろそかであったために厠へ赤子を産み落としてしまったというものである。

たとえ民衆たちの「早産、流産、死躰出産であった」、「厠へ赤子を産み落としてしまった」との申立てが、これらの事態が故意に起きたものではないことの、つまり堕胎・間引きを隠蔽するための口実であったとしても、その立証は困難であった。というのも、赤子の死躰から堕胎・間引きを立証するのは困難であったし、中立てに依拠する見分吟味では、民衆も共同体の側も、自ら罪をまねくような証言はしないだろうからである。藩の側が重視した懐胎届についても、例えば懐胎届を出さずに出産したために寛政三（一七九一）年に処罰された、作人甚吉の姉くめや、寛政四（一七九二）年に処罰された山北村、金蔵の妻は、「かねて経行不順」で「病気」と思っていたため、妊娠に気づかなかったと申し立てて、処罰を免れようとしているのである。それは、経水が止まる、腹が大きくなるなど、女性だけが知り得るしるしに依拠せざるをえない懐胎届による懐胎・出産取締りという管理のあり様がかかえこんだ矛盾でもあった。

　そうしたなかで、藩の側は、〈産む〉身体に倫理的道徳的意味を与える方向をとっていくこととなる。そのことは、後家・娘の妊娠に対しては身持ちの悪さを、また婚姻内にある女性に対しては、懐妊中の心得の悪さを理由とする処罰が行なわれていくことに示される。こうした身持ちの悪さ、懐妊中の心得の悪さを理由とする処罰の事例は、天保五（一八三四）年の法令の転換以後に登場する。

　例えば、先にあげた流産薬を飲んで流産をさせたこんの場合、こんが堕胎という「不仁之取斗」をした原因は、身持ちの悪さに求められる。また天保七（一八三六）年、市兵衛の娘とよが密通し、妊娠した事例では、とよに身持ちを慎むよう申しつけている。一方、婚姻内にある妻については、流産、早産、死産を妊娠中の心得の悪さの結果、倫理の欠如の結果として処罰するということを行なっていく。天保六（一八三五）年、森蔵の女房ちよが厠へ赤子を産み落とした事例や、その翌年鶴蔵の女房つるが、臨月にならないうちに出産し、赤子がまもなく死亡した事例では、このような事態を引き起こしたのは、「懐胎中心得方麁略」であったことに求められる。女の〈産む〉身体に、倫理的道徳的意味が与えられたのである。

先に見分吟味の事例について述べたように、見分吟味の際に、村役人が、「不仁之取斗」をしたかどうかに加えて尋ねたのも、懐妊中の心得についてであった。またそれに対し、民衆の側も「懐胎中給物ヰ入念相与え麁抹之取扱」はなかったことを申し立てている。この見分吟味の事例は、懐妊中の心得の悪さが流産、早産、死産など異常な出産の原因となるという〈産む〉身体観が、民衆のなかにも入りこんでいたことを示す。では、身持ちや懐妊中の心得を重視する〈産む〉身体観が民衆のなかに入りこむ契機とは何だったのだろうか。最後にそのことを考えてみたい。それを解く鍵は、民衆の現実と接点をもちながら、堕胎・間引きが悪であることを説く、間引き教諭書のなかに求められる。

おわりに

津山藩の間引き教諭書は、表2—2にみるように寛政期から天保期に集中して出されている。堕胎・間引き禁止政策が罪の内面化をはかり、〈産む〉身体に倫理的、道徳的意味を与えるという方向へ転換していったまさにその時期に、教諭書が出されていることが興味深い。「国元日記」には、

表2－2　間引き教諭書

	間引き禁令	間引き教諭書
天明元（一七八一）年一月	赤子間引取締方申渡	
天明六（一七八六）年九月	赤子間引取締方郷中一統大庄屋、医師等へ申渡之書上雛形	
寛政二（一七九〇）年四月		本源寺「破邪道記」
文化五（一八〇八）年		仁木家間引き教諭書（文化五辰年のはり紙あり）（図2－1－a）
文化七（一八一〇）年	赤子間引之儀、佐藤郷左衛門考書	
文政一三（一八三〇）年		徳守宮「子寶辨」（図2－1－c）
天保五（一八三四）年	赤子間引咎方伺書	
天保六（一八三五）年	赤子間引咎方之事（町方）	仁木家間引き教諭書（木版あり）（図2－1－b）
天保七（一八三六）年	妻が処罰の対象に	

本源寺から「仮名書」の「赤子養育之ため」の教諭書「破邪道記」を、津山藩領内の寺社や辻堂へ配布し、張りたい旨の願いが藩へ出され、許可されたという記述がある。罪の内面化をはかるという堕胎・間引き禁止政策の重要な側面として教諭活動があったことがうかがえる(8)。

堕胎・間引き禁止政策が、女の〈産む〉身体に倫理的意味を与えていったと同様に、教諭活動のなかでも、女性への教化が意図されていく。徳守宮の教諭書「子寶辨《こだからべん》」(9)は「御當社《ごとうしゃ》の御守《まもり》を戴《いただ》く人々は……安産致《あんざんいた》させ給《たま》ひて一人も難産《なんざん》せし事なき」と、女性の安産への願いを意識した教諭を行なっている。教化の対象として女性が意識されていたことは、教諭書の図像からもうかがえる。これら教諭書には、間引きをする女の「人面獣心」の姿や鬼と化す姿が描かれ、間引きをする女性の姿を主題化する（図2―1―a・b）。また「子寶辨」では赤子から年かさの子どもまでさまざまな年齢層の子どもの遊ぶ姿が描かれる（図2―1―c）。これらの図像は象徴的である。なぜなら教諭書では、「抑《それぞれ》子の胎内《たいない》に居《を》る時《とき》ハ顔貌《かほかたち》は見《み》えねども生《うま》れ出《いで》たらばいか計《ばかり》か愛《あい》らしかるべきを毒薬《どくやく》を用《もち》ひて殺《ころ》し或《あるひ》ハ刺殺《さしころ》しなどして堕《おろ》す人ハ鬼《おに》とも蛇《じゃ》とも譬《たとへ》ん物《もの》なし」（「子寶辨」）と、堕胎・間引きは、愛すべき子どもを殺す人道にあるまじき行為であり、それは「鬼とも蛇とも」たとえられるような親の心情から行なわれるものと説かれているからである。

子殺しは人にあるまじき行為であり、子殺しの原因は親としての愛情の忘却にある。ここにみられる論理は、冒頭にあげた、せきの子殺し事件のさいの藩の側の論理の延長上にある。ではなぜ、堕胎・間引きが子殺しと同様悪なのか。教諭書がとった論法は、「顔貌《かほかたち》は見えねども」「胎内《たいない》」にいるのも「子」であるのだから、堕胎も間引きも子殺しも、罪であることに変わりはないというものであった。しかし、処罰の事例は、胎児も赤子も小児も「子」として等価の生命という生命観を民衆に内面化させることが困難であったことを示している。堕胎を試み、さらに間引きをした罪で処罰された柳治郎、みなの夫婦の事例は、間引きよりは堕胎のほうがましとする民衆の生命観を示しているると思われるからである。

a

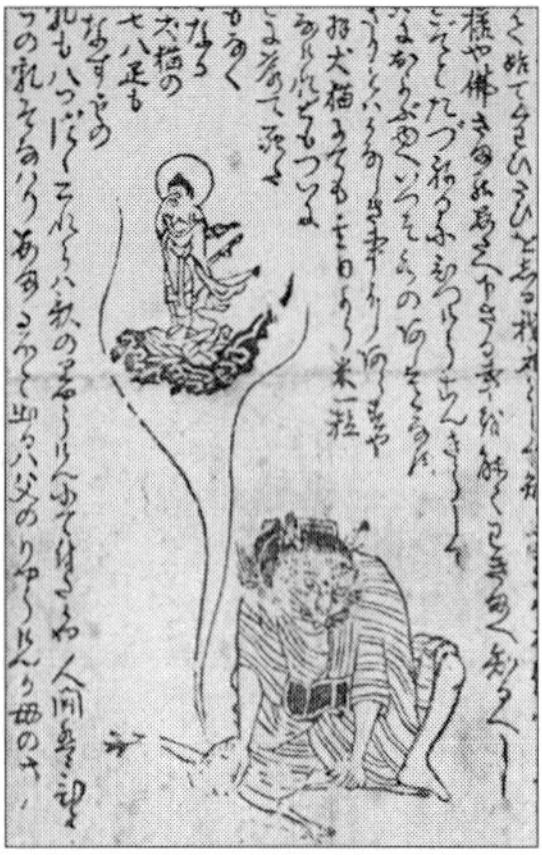

b

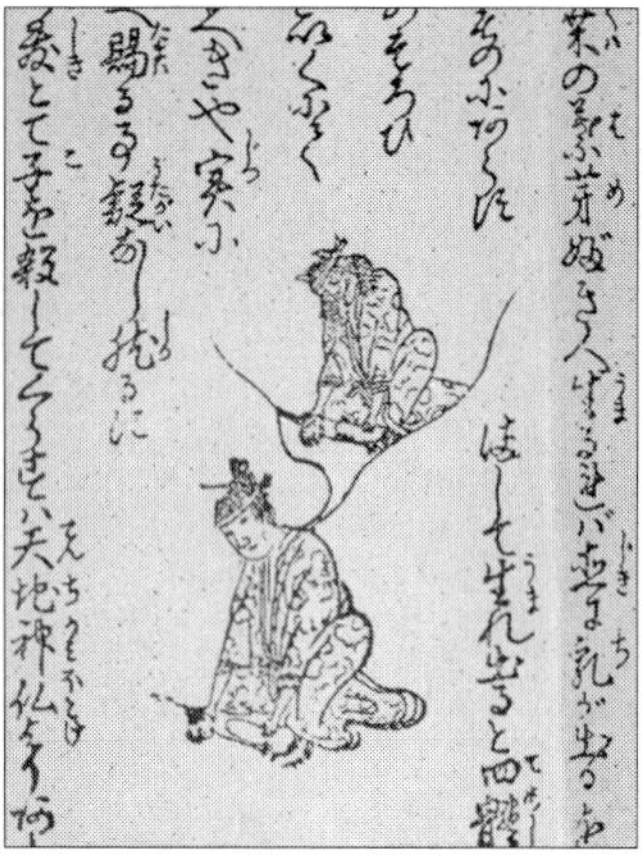

c

図 2-1　a 「子そだてのおしへ」文化 5 年より（津山洋学資料館所蔵）
b 「赤子間引停止刷物」天保 6 年より（津山郷土博物館所蔵）
c 「子寶辨」（高橋梵仙［1955：767］）

教諭書が共通に説くのは、生まれた子どもを愛し、育てることは自然の摂理であること、そして堕胎・間引きは家の存続を危うくするものであることとの二点である。家の存続の問題が、とりわけ結婚と性・生殖を自然の摂理として結びつけるかたちで、また家の存続を保障する「子寶」としての子どもへの「愛育」を強調するかたちで説かれている点に注意をしたい。「破邪道記」では、子を間引くような人の「ゆくすへを見るにそだておきたる子もかたわになりたり、病身になりたり、また成長しながら死果て」ると説かれる。教諭が効果を発揮するように、民衆の生活意識に接近しながら堕胎・間引きの悪を説くという教諭書の性格を考えるなら、こうした論法の背後に、民衆たちの「家」存続への願い、また「家」存続への意識とかかわっての、子どもへの関心の高まりを読み取ることができよう。民衆の「家」存続への意識をテコに、〈産む〉身体を、道徳的秩序のなかに組み込み、女性に産むことの責任を課す——それが、藩の側の意図するところであった。

津山藩の堕胎・間引き禁止政策は、懐胎・出産取締り、堕胎・間引きの処罰というかたちで、民衆の性・生殖をめぐる行動、とりわけ産まないことを禁止するという支配から、堕胎・間引きに対する罪意識を内面化させ、産むことに倫理的意味を与える方向へと重点をうつしていく。そこには、習俗化した堕胎・間引きを取締まるには、民衆に堕胎・間引きへの罪意識を内面化させていく必要があるという藩の側の認識があった。と同時にそれは、堕胎・間引きの立証の困難性や、女性のみが知り得る懐妊のしるしに依拠せざるをえない懐胎・出産取締りの矛盾、共同体による産むこと・産まないことの相互監視の弛緩という現実への対応としてなされたものでもあった。堕胎・間引き禁止政策は、間引き教諭書による教諭活動と連携しつつ、〈産む〉身体に道徳的倫理的意味を与えていく。

民衆の「家」存続への意識に働きかけることによって、〈産む〉身体を道徳的秩序のなかに組み込み、より広く人びとの性・生殖を管理しようとする藩。そして、「家」の存続のために性・生殖を自らコントロールしようとする民衆。そうした支配層と民衆のせめぎあいのなかに〈産む〉身体がまきこまれていったところに、近世民衆女性の産む身体をめぐる権力関係の大きな特徴があったのではないだろうか。

注

(1) 例えば『史学雑誌』一〇四編五号の「一九九四年の歴史学界――回顧と展望」の「近世六―諸身分と女性―女性史」「出産、育児」には、そうした女性史、教育史研究が紹介されている。それ以後も、藤目ゆき（[1997]）太田素子編（[1997b]）などが刊行されている。
(2) 「国元日記」寛政元年八月一二日、八月一四日、一二月六日、「町方諸事以後留」天明九年八月。
(3) 「町奉行日記」寛政七年一一月一一日、「町奉行日記」天明四年正月二二日、「町方諸事以後留」天明四年正月、「町奉行日記」寛政七年一一月一一日。
(4) 「国元日記」天保六年一二月二三日。
(5) 大谷家文書、津山郷土博物館所蔵。
(6) 「勝南郡西吉田村百姓宗兵衛伜十蔵申口、指上申神文之事、容躰書之事、口上覚」神崎忠勇家文書、神崎忠勇氏所蔵。「殿所村六左衛門伜兵吉妻出産死胎候付見分之上御糺口書類」土居家文書、津山郷土博物館所蔵。
(7)「間引き禁止令請書」西西条郡真壁村、津山郷土博物館所蔵。
(8)「国元日記」寛政二(一七九〇)年四月二三日、なお教諭書を作成した本源寺は、津山藩森氏一門の菩提寺であり、「子寶辨」を作成した徳守神社は、津山城下の総鎮守であるなど、津山藩と深いつながりをもっていた(山陽新聞社[1979]、地名[1988])。
(9)津山徳守宮社中神官、竹中梅之進「子寶辨」文政一三(一八三〇)年三月、高橋梵仙[1955]所収。なお、津山藩の間引き教諭書については、沢山[1996][1997]を参照されたい。

第三章　性と生殖の民俗

はじめに
――性と生殖の民俗への着目――

性と生殖は、人類存続のための根源的な営みである。しかし、性と生殖をめぐる世界は、日本の歴史研究のなかで、長い間空白のままであった。例外的に、すでに一九二〇年代、近世の堕胎・間引きをめぐる研究が登場していたが、それらが歴史学のなかで再び注目されるようになったのは、一九八〇年代のことである。一九八〇年代以降顕著になる社会史、民衆生活史など、歴史学の大きな転換のなかで（網野［1995］二宮［2004］）、また序章でも述べたように、ヨーロッパにおける社会史の影響を受けた出産の社会史を契機に、性、身体、出産に関する研究が急速に進展したのである。出産の社会史は、妊娠・出産が個人的・生物学的出来事であると同時に、公的文化的出来事でもあることを浮かび上がらせることとなった(1)。

そうしたなか、性や生殖の問題は、共同体や家族に関係すると同時に、社会や国家のあり方とも関わる問題であることが明らかとなり、性や生殖と社会や国家との関係を追究することが、歴史研究の不可欠の課題として意識されるようになってきた(2)。しかし、前近代の民衆の性と生殖をめぐる世界については、いまだ未知の部分が多い。そのためだろう。近代以前の世界については、近代以降と対比させ、自然にまかせた生殖が行なわれ、その結果堕胎・間引きが常習化していた世界として描かれる傾向は今も根強く存在している。

しかし、出生、婚姻、死亡に関する人口統計資料のなかに、家族やライフサイクルのありようと変化を見てきた歴史人口学では、自然にまかせた生殖の結果としての堕胎・間引きという通念をくつがえす結果が導き出されている(鬼頭[2000])。近世の家族は、子ども数が少なく、またその出生間隔も長く、かつ均等な傾向にあるというのである。特に、近世後半期の低出生力をめぐっては、近世女性の出生力そのものが低かった可能性も指摘されており、堕胎・間引きだけでなく、近世女性の性と生殖(リプロダクティヴ・ヘルス)に関わる様々な要因(栄養水準、労働の強度と時間、母親の疾病、避妊、性行為に関わる禁忌や慣習、母乳哺育の習慣)の検討が求められている(鬼頭[1995:19-28]木下・浜野編[2003:66])。

これら近世女性の性と生殖に関わる要因のなかでも、避妊、あるいは性行為に関わる禁忌や慣習を探ることは、容易ではない。なぜなら、近代国家の形成と近代産科学の登場の過程で否定されたものの一つが、こうした避妊や性行為に関わる禁忌、慣習、つまり性と生殖をめぐる民俗だったからである。近世民衆の性と生殖の民俗は、近代以降、文明の対極にあるもの、蒙昧な人々の迷信、呪術として否定され、消滅していく運命をたどることとなる。またその多くが、口頭伝承である民俗史料は、多くの場合、年代の確定がむずかしいことから、歴史学はその利用にきわめて警戒的であった（二宮［2004］）。こうした状況に対し「近世社会のなかでの民俗的なものの意味と、近代化過程におけるその転換について考える」必要性を提起したのは安丸良夫である（安丸［1986］）。安丸は、「民俗的なものは一見したところでは、蒙昧な人びとの迷信、愚行、非合理性などの表現のようにみえながら、じつはもっとも活力にみちた社会生活の次元」であり、「人びとの欲求、願望、不安などが表出される具体的なかたちとなっていた」こと、また「この民俗にどのように対処し、抑圧し編成替えするかということが、割り切って言えば、近代化ということの重要な内実であった」と述べる。この安丸の提起に学ぶなら、近世民衆の生活の多様な側面の一つを形づくる性と生殖の世界に接近する手がかりとして、性と生殖の民俗を読み解く作業が求められるだろう。ここに示すのは、その試みの一端である。

1 懐胎の月への関心

出産管理と懐胎

美作国英田郡大内谷村（岡山県美作市）の遠藤家文書に残された「懐胎懸様」という手書きの一枚の文書を安東靖雄氏が送ってくださったのは、一九九八年三月のことである。そこには「何かのお役に立てばと思います。内容は、調べる余裕なし、何のことかわかりません。ただ俗説であっても、このようなことがメモされていることには意味がありましょう」との短いコメントが添えてあった。現代の私たちには「何のことかわからない」、近代化過程のなかで「俗説」とされ、すでにその意味さえ計りかねる史料。しかし、近世民衆にとっては、おそらく記述するに値すると意識されたからこそ、書き記され残された史料。だとしたらその意味を読み解くことが人々の性と生殖の世界に接近する一つの手がかりになるのではないか。安東氏の短いコメントは、安丸の指摘とも重なって、そのような示唆を与えてくれるものだった。

それだけではない。「懐胎懸様」の内容は、東北の仙台藩東山地方の岩山家（岩手県藤沢町）に残された文書「よろつおぼいかき」に記された「女人はらみ月を知る事」と同じ内容を持つものであったのである。「よろつおぼいかき」（傍点引用者）という東北弁の表題を持つこの文書は、代々、大肝入（煎）を勤めた岩山家の当主が慶応二（一八六六）年、自らが重要であると思うことを書き

①「懐胎懸様」年月日未詳〈遠藤家文書〉

たとへハ女の年十八才ならば、上の丸を十とさだめ、右の丸を十一、左の丸を十二、又上を十三と

懐胎懸様

十
正　七
四　十

十一
二　八
五　十一

十二
三　九
六　十二

次第にかぞゆれハ、則左丸此四ヶ月十八●《ママ》の女、とまり月なりいづれもかくのごとく知るべし

三　九
六　十二

②「女人はらみ月を知る事」慶応二(一八六六)年〈岩山家文書〉

表紙

慶応二丙寅ノ年初春
よろつおぼいかき
寿賀波良性蔵書

女人はらみ月を知る事

左の手の三ツ指を立て、正、四、七、十月を無名指と定め、二、五、八、十一月をたかゝ指と定め、三、六、九、十二月を人指ゆひと定め、無名指より、十三才、十四才と次第にかぞへ、あたる所の年を以て、其年中のはらみ月ニする也、たとへハ、十三の年ハ、正、四、七、十月はらミ月也、十四の月《とし》ハ、二、五、八、十一月はらみ月也

記した手書きの帳面である。そのなかに、「女人はらみ月を知る事」が記されていたのである。では、この二つの史料が物語る、近世民衆の性と生殖の世界とは、どのようなものなのだろうか。

「懐胎懸様」、「女人はらみ月を知る事」は、それぞれ、右のような内容を持つ。二つの史料には、懐妊の可能性のある月を知る方法が述べられている。この占いによれば、女性には、一年のうち四回、懐妊の可能性のある月がある。また懐妊の月は、女性の年齢によって異なる。その内容は、現代の私たちからすると呪術、迷信としか見えない。しかし、安東氏が指摘する

ように、近世民衆たちはおそらく、記述するに値すると意識したからこそ書き記したのだろう。だとしたら、その意味を読み解くことが、人々の性と生殖をめぐる世界に接近する一つの手がかりになる。では、この二つの史料から、どのようなことが読み取れるのだろうか。

まず注目したいことは、遠藤家のある大内谷村、そして岩山家のある増沢村、どちらも出産管理が行なわれていた点である。仙台藩では、赤子養育仕法のもとで堕胎・間引き防止のための出産管理や小児養育料支給が行なわれていたが、岩山家は、大肝入として制度の実際を担っていた。一方遠藤家は、沼田藩に属する大内谷村で庄屋をつとめていた。「懐胎懸様」は、この遠藤家文書のなかの一紙文書である。遠藤家文書には、小児養育料支給に関わる文書のほか、妊娠届出遅延詫状や出生届も残されている。これらの文書の内容から、沼田藩では懐妊四ヵ月での届け出や出生届が義務づけられ、出産管理に携わる「大取締」という役職が設けられていたらしいこと、文化七年（一八一〇）三月には、遠藤家の当主、直右衛門が「大取締」の役職についていたことなどがわかる(3)。

「懐胎懸様」「女人はらみ月を知る事」、この二つの史料がともに、出産管理の責任を負わされた村役人の家に残された文書であることは注目に値する。なぜなら、懐胎届、出産届が義務づけられ、堕胎・間引きが共同体ぐるみで処罰される出産管理政策のもとでは、村役人層にとっても、民衆にとっても、懐胎の確認が重要な問題となっていたことを示しているからである。また、懐胎の月を知る民俗が、女性だけに伝えられるものではなかったことも興味深い。近世社会にあって懐胎は、女性だけの問題ではなく、男性も含めた「家」と共同体全体の問題であった。

ところが最近、この「懐胎懸様」「女人はらみ月を知る事」には、そのもととなったものがあり、しかもそれは刊行され、広く流布していたことが明らかになった。美作国英田郡土居村（岡山県美作市）の多胡家から、「懐胎懸様」のもととなったと思われる暦が出てきたのである。「増補永歴大極萬寳両面鑑」「昼夜宝鏡」という二つの暦がそれである(4)。これらは懐中便覧とでもいったもので、常に懐中に所持できる折本の形になっている。前者は、名古屋本町七丁目の「東壁堂、永楽屋東四郎求版」によるもので、天保八（一八三七）年に刊行された。後者は、京都堀川通高辻上ル町の「和泉家伝兵衛書店」から刊行されている。刊行年は不明であるが、両者の内容の共通性からして、近世後期のものであることは間違いないだろう。どちらも、生活に関わる暦や占い、日常生活でおきる怪我や病の処方などを収録したものとなっている。

所蔵者の多胡家が近世にどの程度の持ち高を有する家であったかは、史料が残っていないため残念ながらわからない。しかし庄屋や村役人の階層でも、また極貧層でもなく、土着の中堅の百姓であったことは確かなようだ。ということは、近世の小百姓には、こうした懐中暦が流布しており、結婚・家の普請・法事など日の吉凶をめぐる認識を常識として持つことが求められていたと考えてよいだろう（塚本学［2001：145-146］）。また名古屋や京都で刊行されたものが入ってきているのは、この地域が交通の要衝であったことと関係しているのかもしれない。土居村は、近世には出雲往来の宿場であり、東の播磨国に通じる位置にあった（地名［1988］）。

女の「とまり月」

「増補永暦　大極萬寶両面鑑」には「懐胎繰様」の、「昼夜宝鏡」には「くわいたいの月をしる」の名で懐胎の月を占う方法が記されている。これらはいずれも、遠藤家文書の「懐胎懸様」、岩山家文書の「女人はらみ月を知る事」とその方法を同じくする。このことは、女性の年齢をもとに妊娠月を占う方法の広汎な流布を物語る。しかも「くわいたいの月をしる」に記されている女性の年齢は、一三歳から四六歳と、近世の女性たちの初潮から閉経までの受胎可能年齢ともほぼ重なっている。もっとも、近世女性の実際の受胎可能年齢を知ることはできない。しかし何歳から何歳までが受胎可能年齢と考えられていたかを推測できる文書はある。

仙台藩の支藩、一関藩の「赤子養育方御用留」におさめられた「嘉永五年閏二月~十二月中迄三ヶ郡懐妊女一紙書上」、そして同じ一関藩領内の西岩井狐禅寺村の文化八（一八一一）年四月の「長女書上」がそれである。前者には「可妊女」「懐妊女」「不妊女」の、後者には「長女」の人数がそれぞれ記されている(5)。長女は「拾五歳より四拾五歳迄」と規定されているが、受胎可能年齢の女性を意味する「可妊女」とは、この「長女」、つまり一五歳から四五歳までの女性をさしていると思われる(6)。「くわいたいの月をしる」に記された一三歳から四六歳という年齢は、ほぼこれと重なる。とするなら、はらみ月を知る占いは、近世後期の女性たちの受胎可能年齢を射程に入れた占いであったと見てよいだろう。

ただ、これらは、占う方法は同じだが微妙な違いも見られる。その一つは、例として出されている女性の懐胎の年齢である。美作国の「懐胎懸様」では、一八歳の女性の場合の、東北の「女人はらみ月を知る事」では、一三歳、一四歳の女性の「はらみ月」が例に出されている。歴史人口学の研究成果によれば、東北日本は、西南日本に比べて早婚であり、第一子出産年齢も低いという特徴がある（速水・鬼頭・友部編［2001：28-29］）。だとしたら、西南日本に位置する大内谷村の一八歳と、東北日本に位置する増沢村の一三、一四歳という年齢の違いは、それぞれの地域の結婚年齢や出産年齢と関わっていた可能性がある。

また指を用いて「はらみ月」を占う方法を説く「女人はらみ月を知る事」では、「無名指」（薬指）、「たかゝ指」（中指）など、その地域の呼び名が用いられ、その占いは地域の現実ともつながりを持ちつつ流布していたことをうかがわせる。指や図を使う素朴な方法で懐胎月を知るこれらの占いは、懐妊という事柄や懐妊の兆候を、既婚の女性たちはもちろん、未婚の女性たちにも意識させ自覚させていく役割を果たすものでもあったろう。近世民衆の性と生殖の民俗を映し出すこれらの史料は、懐胎の占いが、人々にとって重要な事柄として受けとめられ、地域の現実に即した書き換えがなされつつ広まっていった様子を示す。

懐妊月の占いで、女性の年齢と並んでもう一つ注目すべき点は「とまり月」である。懐胎のしるしは「とまり月」、つまり月経が止まった月をさしていた。月経が止まった月とは、最終月経があった月をさしているらしい。そのことは津山藩の懐胎出産取締りのなかで残された史料や、一関藩の育子仕法の法令からも明らかになる。一関藩では、妊娠五ヵ月の「着帯届」を出すことが求められたが、「着帯届」、つまり妊娠五ヵ月のメルクマールは、「経閉五ヵ月」とされた。月経が止まってから五ヵ月、言い換えれば最終月経から数えて五ヵ月が妊娠五ヵ月の印とされたのである。また津山藩では、懐胎四ヵ月での懐胎届の提出を義務づけ、もし懐胎届が遅れた場合には断書を出さねばならなかった。その懐胎届延引の事例のなかに、「とまり月」とは最終月経があった月であることを示す事例がある。天明四（一七八四）年一一月、津山城下東新町、伝兵衛の女房の事例がそれである。

伝兵衛の女房は、「当三月径行（経行）無之」、三ヵ月の間、月経がなかったが、月経不順とも懐胎ともさだめ難かったため懐胎届を出さずにいた。しかし「此節腹かき有之」というので懐胎届を出している（沢山［1998：138, 175］）。この事例は、最終月経があってから三ヵ月の間月経がないことが懐胎四ヵ月の印であること、言いかえれば、最終月経があった月が懐胎月、つまり「とまり月」と考えられていたことを示す。もっともこの事例が示すように、近世の女性たちにとっては、月経が止まっただけでは確かな妊娠の印とはならず、胎動（腹かき）があったことによってはじめて、妊娠は確実なものとなった。とはいえ、月経が止まることは、懐胎をしるしづける最初の兆候として意識されていたらしい。現代でも出産月を計算する上で、最終月経があった月は重要な位置を占めている(7)が、そうした妊娠をめぐる知が、近世の人々に広く流布していた点が興味深い。

2　女性の身体観と「四季」

懐胎の月を知ることの意味

「懐胎」を占い、「はらみ月を知る事」は、近世民衆にとってどのような意味を持っていたのだろう。「はらみ月を知る事」は、文字通り「懐胎」の「月」を知ることを意味する。近世の人々にとっては、「はらみ月」や「懐胎」、言いかえれば懐胎することと同時に、いつ懐胎するか、懐胎の「月」を知ることが重要な意味を持っていた。そのことはこの占いが、懐胎の月を知るためだけでなく、懐胎の可能性のある月を知ることで懐胎を避ける出生コントロールや、懐胎の月を調整する受胎調整にも利用されるものであったことを示しているのではないだろうか。そのように考えるなら、これらの占いには、近世の人々の産むこと・産まないことをめぐる願いや現実が反映されている。では、この占いから、どのような人々の願いや現実をすくいとることができるのだろうか。

はらみ月を知る占いの意味を探るには、何よりも、この占いで自らの「はらみ月」を占おうとした女性たちの身になって考えてみる必要がある(8)。図3―1は、年齢ごとに「とまり月」を塗りつぶしていった一見何ということのない図である。しかし、よくよく眺めてみると、面白いことに気づく。孕まない月が三ヵ月連続して、しかも冬場に登場してくるのである。「懐胎懸様」や「懐胎繰様」の図だけを見ていたのでは、そのことには気づかない。どの年齢層の女性でも、とまり月は、二ヵ月おきに均等にあるように見えるからである。ところが実は、孕まない月が冬場に三ヵ月連続して登場してくる。たとえば、二〇歳の女性の場合は一二月から二月、一九歳の女性の場合は一一月から一月の冬場に、孕まない月が三ヵ月続く。そのことは何を意味しているのだろう。

一一月から二月という時期は、農事暦からいえば冬場の農閑期に当たる。もし、この一一月から二月の時期には孕まない、そう思って性交し妊娠したとしたら、出生は八月から一一月ということになる。近世の乳児死亡の季節変動に関する鬼頭宏の研究（鬼頭［2001：135］）によれば、陸奥・常陸五ヵ村の懐妊帳による乳児死亡は二月、六月（旧暦の三月、七月）が最高であり、夏、秋は低い。だとしたら、孕まないとされた冬場の三ヵ月こそが、孕むには最も適した時期ということになる。また、東北の二本松藩、南杉田村の人別改め帳を分析した成松佐恵子は、「生まれ月から算出すると、農閑期の真冬に懐胎することが多く、一方田植えの時期の前後にあたる農家にとって最も多忙な五～六月（旧暦　引用者注）の妊娠は低い」（成松［2004：196］）と述べている。占いでは孕ま

図3-1　年齢ごとの「とまり月」

年　齢	とまり月
18歳	1
	2
	3
	4
	5
	6
	7
	8
	9
	10
	11
	12
19歳	**1**
	2
	3
	4
	5
	6
	7
	8
	9
	10
	11
	12
20歳	1
	2
	3
	4
	5
	6
	7
	8
	9
	10
	11
	12
21歳	1
	2
	3
	4
	5
	6
	7
	8
	9
	10
	11
	12

■がとまり月

ないとされた冬場の農閑期に孕む女性が多く、しかもこの農閑期に孕んだ子どもは成育に適した時期に生まれる。この逆説をどう考えたらよいのだろう。

実はこの「はらみ月を知る」占いは、文字通り「はらみ月」を知るために用いられただけでなく、いつ孕むか、孕む「月」を調整する受胎調整の方法としても受けとめられたのではないだろうか。もし人々が、この占いを受胎促進の方法としてではなく、受胎調整の方法として受けとめたとしたら、妊娠は、孕まないとされた冬場におき、しかも、そこで生まれた子どもは乳児の生存に適した夏から秋に生まれることとなる。

出産と農事暦との関わり

医学史研究者の新村拓によれば、近世末以降の月別出生動向からは、農事暦を念頭に置いた受胎調整をうかがわせる事実が浮上するという。幕末期から明治初期には、冬場にいちじるしい出生の山ができ夏場は低出産という出生の季節変動が見られるが、それは農事暦を念頭においた受胎調整の結果であるというのである。冬場に著しい出生の山がくるのは、農閑期を意識した意図的なものであり、出産の季節変動は、避妊をともなわない無計画な出産に基づくものではなく、むしろ農事暦を念頭において受胎調整が行なわれた結果ととらえるべきだと新村は指摘する（新村［1996：219-225］）。

では、はらみ月を知る占いも、農事暦を念頭に置いた受胎調整の方法の一つとみることができる

図3-2　出生の月別分布（弘化元年～文久2年〔1844-1862〕）

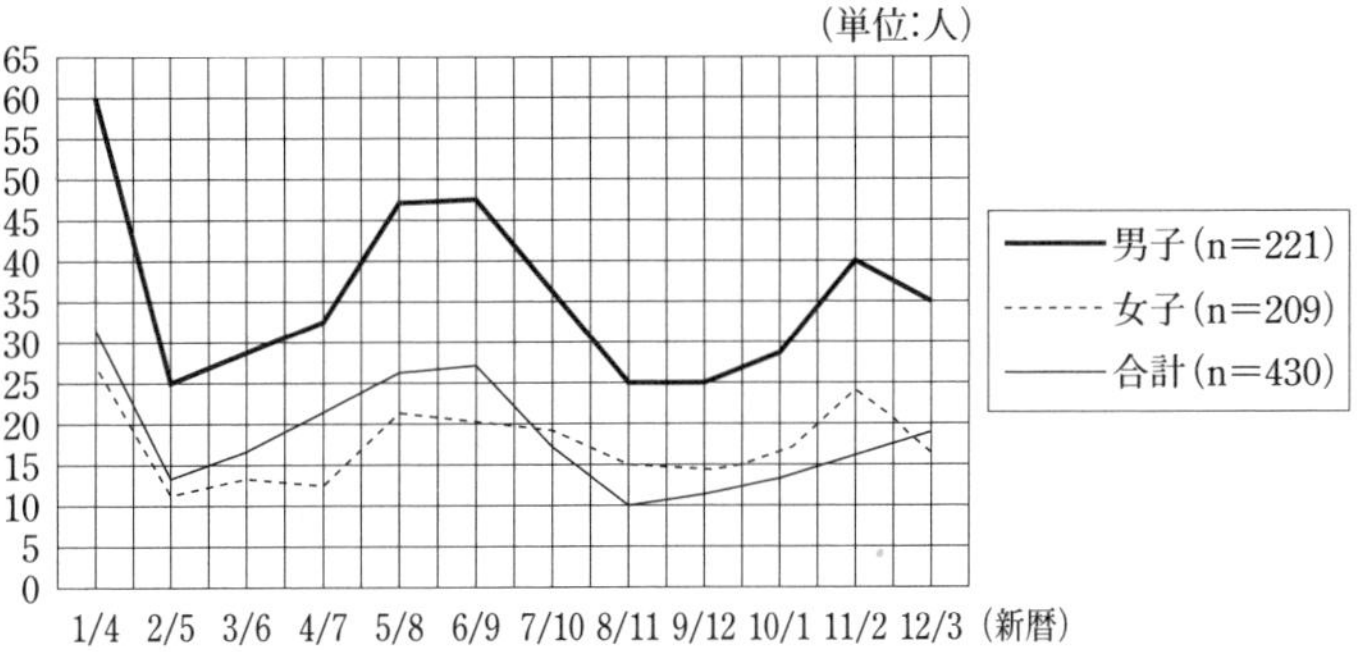

出生月/受胎月	1/4	2/5	3/6	4/7	5/8	6/9	7/10	8/11	9/12	10/1	11/2	12/3
男子（n=221）	32	13	16	21	26	27	17	10	11	13	16	19
女子（n=209）	28	11	13	12	21	20	19	15	14	16	24	16
合計（n=430）	60	24	29	33	47	47	36	25	25	29	40	35

のだろうか。岩山家のある増沢村からおよそ南方一〇キロメートルの日帰り圏内に位置する大籠村に残された弘化元（一八四四）年から文久二（一八六二）の懐妊改帳を分析した高木正朗によれば、その出生には「明らかな季節的偏り」が指摘できるという（高木［1996］）。図3―2は懐妊改帳に記された四三〇人（男子二二一人、女子二〇九人）の出生の月別分布を示したものである。高木は、この結果をもとに、出生には、「一月（旧暦二月　以下引用者注）への集中がもっとも明確」であり、ついで「五月から六月（旧暦六月から七月）」「一一月から一二月（旧暦一二月から一月）」への集中も若干見られると指摘している。またこの結果を、岩山家に残された「文化二年乙丑日記」（一八〇五年）から導き出された農事暦と重ね合わせると、一一月から一二月生まれ（旧暦一二月から一月）（受胎は二月から三月（旧暦三月から四

月〕）のケースは、農閑期（一二月～三月〔旧暦一月から四月〕）に受胎と出生とを完結できたグループ、逆に五月から六月生まれ〔旧暦六月から七月〕（受胎は八月から九月〔旧暦九月から一〇月〕）のケースは両方とも農繁期（四月～九月〔旧暦五月から一〇月〕）に当たってしまったグループになるという。さらに、もっとも多かった一月生まれ（旧暦二月生まれ）のケースについて高木は、次のような興味深い推論をしている。

四月（旧暦五月）に受胎し一月（旧暦二月）に出産するケースがもっとも多く、しかも男女で差が無かったという事実から、そうした行動は夫婦が意識的に取った避妊・出産戦略だったのではないかとの推定が成り立つ。勿論、これは近代医学の知識にもとづく出産調節ではなく、経験則による行動だったろう。

一一月末から三月末（旧暦一二月から四月末）までの農閑期には、激しい農業労働から肉体的に回復されることで、母胎はその受胎確率を高めたであろうし、一月中（旧暦二月）に産めば最低でも二ヵ月、月始めに産めば三ヵ月間の授乳期間を確保でき、乳児の死亡確率を低くおさえることが可能となったであろうというのである。この高木の分析に学ぶなら、孕まないとされた旧暦で一一月から二月、新暦で一二月から三月の時期は、実は受胎確率の高い時期にあたる。しかも、もしこの時期に受胎すれば、最適とは言えないまでも、受胎、出生ともに農繁期に当たるのは避けられる。

また、もし二月末に受胎し、一一月末に生まれれば、極寒の時期を避けることができるうえに授乳期間の確保という面でも乳児の死亡を低く抑えることができる。このように考えるなら、はらみ月を占う占いは、高木の言う「経験則」の一つと言えよう。

このように、農事暦と出生の季節変動との関係を考えあわせると、そもそも「増補永歴　大極萬寳両面鑑」や「昼夜宝鏡」という暦の中に、妊娠、出産に関する事柄が記載されている理由も浮かび上がってくる。妊娠、出産は近世民衆にとって、暦、特に農事暦や季節と密接なつながりを持つものとして意識されるものであった。とするなら、一見、迷信に見えるこれらの民俗は、一年のうちで、女性が最も農業労働から解放される時期、女性の受胎能力が高まる時期、そして授乳の確保や季節性という点で赤子が生存しやすい時期など、出生をめぐる様々な条件を考えあわせるなかで蓄積されてきた民衆の経験的知恵の一つとしてみることができる。その意味で、これらの民俗は、人々の生活と密接なつながりを持つがゆえに求められ、一定の有効性ゆえに流布していったと考えることができる。

それだけではない。受胎の時期を知ること、あるいは受胎の時期を知ることで懐胎を避けることは、女性の身体への配慮とも結びついていたと思われる。堕胎が女性の身体を害することは、経験的に知られていただろうし、近世後期には、間引き教諭書のなかでも、堕胎が女性の身体を損ない、時には死に至らしめることが説かれている。仙台藩玉造郡の赤子制道役に取り立てられた百姓平之助は、文化一一（一八一四）年に著した間引き教諭書「鵙の囀り」で「夫なき女、おとし薬を用ひ、命まで失ふものあり」と記している（高橋［1955：831］）。また一関藩の育子仕法でも、取締りを厳重にすると「妊娠の者密に堕薬等相用往々に母命を害候様」になると述べられている（一関市［1977：605］）。懐胎の時期を知ることは、懐胎した女性の身体に配慮するうえでも、また女性の身体を危険にさらす堕胎という事態に至らないためにも重要な意味を持っていた。このように考えるなら、懐胎の月を知ることには、懐胎の月を知ることのみならず懐胎を避けるという両義的な意味が含まれていたのではないだろうか。まず、そのあたりから探りを入れていくことにしよう。

避妊への願い

近世養生論の禁欲をめぐる議論を分析した太田素子は、稲生恒軒の『いなご草』に記された交接を忌む時と場所に関する禁忌に触れ、次のように述べている（太田［1997a］）。

稲生恒軒は、著書「いなご草」のなかで、大欲に侵されると「身の仇となる」と述べ、交接の忌み日や忌み月を事細かに説明している。恒軒の勧め通りに実践したら、交接しても子どもや両親に祟りがないのは冬期十二月～三月、夏期七月～九月の毎月八日～二十二日までの間で、しかも天候が特に悪くなく、日月蝕にも当たらない日に限られるということになる。

交接しても、子どもや両親に祟りがないのは、冬期の一二月から三月という指摘は興味深い。というのも、懐妊月を知る占いの孕まない月と重なるからである。占いでは孕まないとされた冬期が、近世養生論では交接に適した時期とされている。この一致は興味深い。というのも、交接しても孕まないというのは、避妊を意味するからである。これら近世の禁欲をめぐる議論とも重ね合わせると、懐妊月を知る占いは、避妊の方法としても用いられた可能性がある。

近世後期には女や子どもの身体への配慮の高まりが見られるが、それらも避妊の要求へと結びつくものであったと考えられる。「増補永歴　大極萬賓両面鑑」が刊行された天保期には、美作国でも、女、子どもの患者の増加に支えられた地域医療の急速な発展が見られるが、その背後には、女、子どもの身体への関心の高まりがあった（藤沢［1992］）。また出産による死亡の危険の高かった近世社会にあっては、出産による危険を避けるために、避妊が求められることもあっただろう。美作国勝南郡高下村の宗門人別改帳の分析結果によれば、二、三歳の幼児が初めて登録されると同時に、若い妻の名前が消えてしまう事例が、天保期に二例、文政期に二例、嘉永期に一例ある。これらは、赤子は無事生まれたものの、出産時や産後に母親が死亡してしまった可能性が高いという（倉地［1994］）。

これら出産時の危険と懐胎月を知る占いとの関係を考えながら、もう一度「昼夜宝鏡」を見てみよう。するとそこには「此年に当たる婦人、上の月に産すれハ必ず難有候故、かねてつ、しめば何とかなるべし」とする「辺死《へんし》月之事」という占いがある。「此年に当たる婦人」とは一三歳から四八歳までの女性、しかも難産月は、一三歳であれば、「正七月」と、なんと懐胎の月の半分が難産の月となる。これは、一体どういうことだろう。この「辺死月之事」と同様の記述は、修験者の呪術集『邪兇呪禁法則』（貞享元〔一六八四〕年）にも見ることができる。それは、次のようなものである。

△難産又懐妊之月ヲ知事
大指ニテ人ノ年十三正四七十、頭指十四二五八十一、小指十五三六九十二、右之等用ニテ能、可勘者也

この占いは「大指」「頭指」「小指」と、その名称は異なるものの、指を用いる点でも内容においても「女人はらみ月を知る事」と重なる。その「難産又懐妊之月ヲ知事」という表現は、出産が危険をともなうものであり、懐妊し出産することは同時に難産の危機をはらむものであった近世社会の現実を反映している。美作国津山城下町の町方支配に携わった藩役人の日記から取り出した天明元（一七八一）年から、文化六（一八〇九）年の産婦死亡の事例でも、産婦死亡の半数は出産時に起きている（沢山［1998：144-145］）。とするなら、懐妊の月を知ることは、難産、つまり出産を避ける避妊をも意味していたのではないだろうか。そのように解釈しなければ懐妊の月を知ることがなぜ難産の月を知ることでもあるのかが解けない。

「四季」とはらみ月

ただ、ここで考えなければならないのは、なぜ「はらみ月」の可能性が年に四回なのかという問題である。懐胎の兆候は、月経が「とま」ることであり、懐胎と月経は密接な関係にあるととらえられていたのなら、なぜ「はらみ月」の可能性が、毎月ではなく、年に四回なのだろう。その手がかりは、「よろつおぼいかき」に記された「胎内の子男女を知ること」に求めることができる。

そこに記された「一、母の長の年（丁＝偶数）はらみて翌年の五月節句ゟ前に産ハ男子也、五月節句ゟ後に生ハ女子也、一、母の半の年（半＝奇数）はらみて次の年五月節句ゟ前ニ産ハ女子也、五月節句ゟ後ニ生るハ男子也、一、四季土用の中生レたる子ハ短命也」という記述からは、性別の予測や男女の産み分け、子どもの命に対する人々の関心をみてとることができる。「はらみ月を知る事」との関わりで注目したいのは、性別や子どもの命を占う占いのなかで「四季」、ことに「五月節句」が意識され、「五月節句」の前と後で性別が異なるとされている点である。「増補永歴　大極萬寳両面鑑」に記された胎内の子の性別予測の占い、「懐胎の子男女を知る事」でも同様に、「母ちやうのとしはらみて次のとし五月節句より前ニ生るゝ子ハ男、後ニ生るゝハ女也」と母の年と「五月節句」は胎内の子の性別にとって重要な意味を持つ。

これらの記述は、近世後期には、農村社会にも「四季」「四季土用」（立春、立夏、立秋、立冬）、「五月節句」など暦によって自然を認識する自然観が浸透していたことを物語る。また「四季土用」の誕生が忌避されるなど、女性の身体は、季節や気候、とりわけ四季という自然のサイクルと密接な関係を持ち、それゆえ四季のうちいつ受胎し生まれるかが、子どもの性別や生命力に影響を及ぼすとする身体観がみてとれる。とするなら、「はらみ月」が年に四回とされたのも、女性の身体を、自然のサイクル、自然の循環と密接な関わりを持ったものとしてとらえる身体観によるものと考えてよいだろう。「増補永歴　大極萬寶両面鑑」、「昼夜宝鏡」のような暦の普及は、人々に「四季」という形で自然の変化を意識させていくものであったと同時に、自然と関わるものとして女性の身体を意識させていくものであった(9)。

また「四季」は、各地で取り組まれた懐胎・出産取締りのなかでも強く意識されていた。懐妊婦書上帳を、四季ごとに締め切っていた地域は多い(10)。仙台藩でも、誰の妻の何度目の懐妊か、何月臨月かなどを記載する懐妊婦書上帳は、四季ごと（二、五、八、一一月）に締め切り、肝入、組頭、赤子制道役から制道役に提出することとされていた。これら藩権力によって行なわれた四季改めも、女性たちに自らの身体と「四季」とのつながりを意識させるものであったろう。では、男女の性別を知る占いには、人々のどのような願望や不安が示されているのか、さらに追究してみることにしよう。

3　胎内の子への関心

男女の性別予測の占いは、「よろつおぼいかき」、「増補永歴　大極萬寳両面鑑」だけでなく、「昼夜宝鏡」にも掲載されている。これら男女の性別判定法からは、近世の人々が母親の年齢や季節が胎内の男女の性別に影響を及ぼすと考えていたことがうかがえる。また、「胎内の子」に関わる情報のなかでも、とりわけ男女の性別への要求を人々が抱いていた点に当時の生殖をめぐるジェンダー、言いかえれば、「家」の存続の基礎を成す要因として性が重視されていたことが示されている。が、それ以上に注目したいのは、胎内の子の男女の性別への要求は、出生コントロールの方法と密接に関わっていた点である。

胎内の子の性別を知りたいという要求は、出生コントロールの方法との関わりで見ると、間引きではなく堕胎と関係していたと思われる。というのも、生まれた子どもの性別を見た後に行なう、出生直後の間引きであれば、胎内の子どもの性別を知る必要はないからである。従来の間引き研究でも、性選択と出生コントロールの方法との関係は注目され、性選択の上では堕胎よりも間引きのほうが効果的とされてきた。千葉徳爾・大津忠男『間引きと水子』によれば、間引き研究のごく初期から、こうした堕胎と間引きの違いは注目されていた。間引き研究の心構えともいうべきものを明確に述べた小寺廉吉は「男子と女子の数を注文通りにするためには嬰児殺の方が目的に適う」との見解を示していたという（千葉・大津［1983：40］）。とするなら、胎内の子の性別を知りたいという要求は堕胎との関係で求められていたのではないだろうか。

性別占いに登場する「胎内の子」という言い方は、死胎披露書にもみられる。たとえば、弘化五

（一八四八）年仙台藩領内刈田郡関町の百姓、三蔵の妻の「死胎出産之赤子改書」によれば三蔵は、米をとぎに川端へ行った際、妻が石に躓き転んだために「胎内の赤子乳放ニ相成死胎ニ而出産」したのだろうと申し立てている。この赤子は、「九ヶ月頃ニ而出産之見詰」、つまり妊娠九ヵ月で生まれたと思われる「男子」の赤子であった。死胎となった場合であっても、母親の胎内で死んでしまった赤子の性別には、注意がはらわれていた（太田編［1997b：197-200］）。また三蔵の妻の「赤子改書」より二〇年ほど前の文政七（一八二四）年三月、津山藩領内勝南郡吉留村金十郎の妻の「流産見分ニ付口書」によれば、金十郎は、妊娠の確認以後「随分大切ニ養育」してきたが、流産してしまったこと、「尤妊中五ヶ月ニ相成候事故、漸人躰相成候得共、男女の訳ハ難見定、勿論死胎ニ御座候」と、妊娠五ヵ月になっていたので、漸く人の身体にはなっているが、男女の別はわからないと申し立てている(11)。

死胎披露書の「御胎内の子」や流産口書の「養育」という表現からは、母親の胎内にいる胎児をも、赤子として「養育」すべき生命、妊娠五ヵ月以降には性別もみられる一つの命としてみる生命観がうかがえる。近世後期の人々は、妊娠五ヵ月以降の胎児について、人の身体を持ち、男女の性を持つ赤子として認める生命観を持っていた。とするなら、出生後の赤子を殺す間引きは選択しにくい心性が生まれていたのではないだろうか。これら生まれてくる子どもの性別をめぐる人々の意識や、男女の性別占いと間引きの関係をめぐって、近年、興味深い研究成果が登場してきている。次に、そのことについてみていくことにしよう。

男女の性別占いと堕胎・間引き

今まで歴史人口学ではT・C・スミスなどにより、近世における性選択的出生制限の存在が指摘され、その動機は、世帯内の性比のバランスをとることにあるとされてきた。しかし、こうした性選択的出生制限は、実証的には検証されておらず、疑問視される向きもあった（木下［2000］）。しかし近年、嬰児殺し当事者の記録と考えられる近世前期の文書史料をもとに、性選択的間引きの存在が確認され、しかも、そこでは、男女の性別占いが重要な意味を持っていたことが浮かび上がってきたのである（川口［1994］［2002］太田［1998］［1999a］）。

一〇人中三人の子どもを出生直後に「押返し」たと書き留めた、陸奥国会津郡古町組大橋村（福島県南郷村）に居住した角田《つのだ》藤左衛門の日記風の覚え書き、『萬事覚書帳』（天和三（一六八三）～享保二〇（一七三五）年）がそれである。角田藤左衛門夫婦が実行した「子返し」は、従来言われていたような経済的困窮や子沢山、あるいはT・C・スミスの指摘とは異なる理由、つまり生まれた子どもが「うらない」と異なる性別の「たがい子」であったり、父親の厄年に生まれた子どもであったことによることが明らかとなったのである。しかも、こうした出生制限の慣習の根拠とされた「うらない」は、修験山伏をはじめとする宗教者を媒介として伝えられた可能性があるだけでなく、近代になっても胎児の生別予測をする際の方法として伝承されていたという。

胎児の性別予測の方法を語ったのは、大橋村の対岸の南郷村に住む産婆、明治三四年（一九〇一）生まれの栗城カツノである。角田藤左衛門の『萬事覚書帳』を分析した川口洋は、「『萬事覚書帳』にみえる「うらない」が約三〇〇年を経て簡略化、変容したものが、栗城カツノが伝承する性別予測の方法である可能性を否定することはできない」と述べ、その計算方法を分析している。栗城カツノの計算方法とは、次式を計算して、割り切れれば女子、余りが出れば男子と判定するものである。

(A)　妊娠を自覚した年内に出産する場合
(夫の数え年＋妻の数え年＋1)／3

(B)　妊娠を自覚した翌年に出産する場合
(夫の数え年＋妻の数え年＋2)／3

川口によれば、この計算式に従うと、女子が出生して「たがい子」である確率は三分の一、男子が出生して「たがい子」である確率は六分の一、つまり、女子が「たがい子」であると判断され「子返し」の対象となる確率は、男子の二倍になるという。また川口は、奥会津地方の修験宗本山派の院号を世襲していた家には、一九世紀前半のものと思われる『呪符集』が残存しているが、このなかに「産時男女ヲ知ル事」という項目があること、さらにその写本とみられる「産時男女ヲ知ル事」という一紙文書も保存されていたことから、性別予測の方法が修験者から人々に伝承された可能性を指摘している（川口［2002］）。

では「増補永暦　大極萬寳両面鑑」、「昼夜宝鏡」に記された「懐胎の子男女を知る事」、「胎内の子男女を知る事」の占いでは、男女の性比はどうなるのだろう。実は、どちらの方法で占っても、

図3-3　間引きとの堕胎の伝承のある地域
（?は調査不十分）

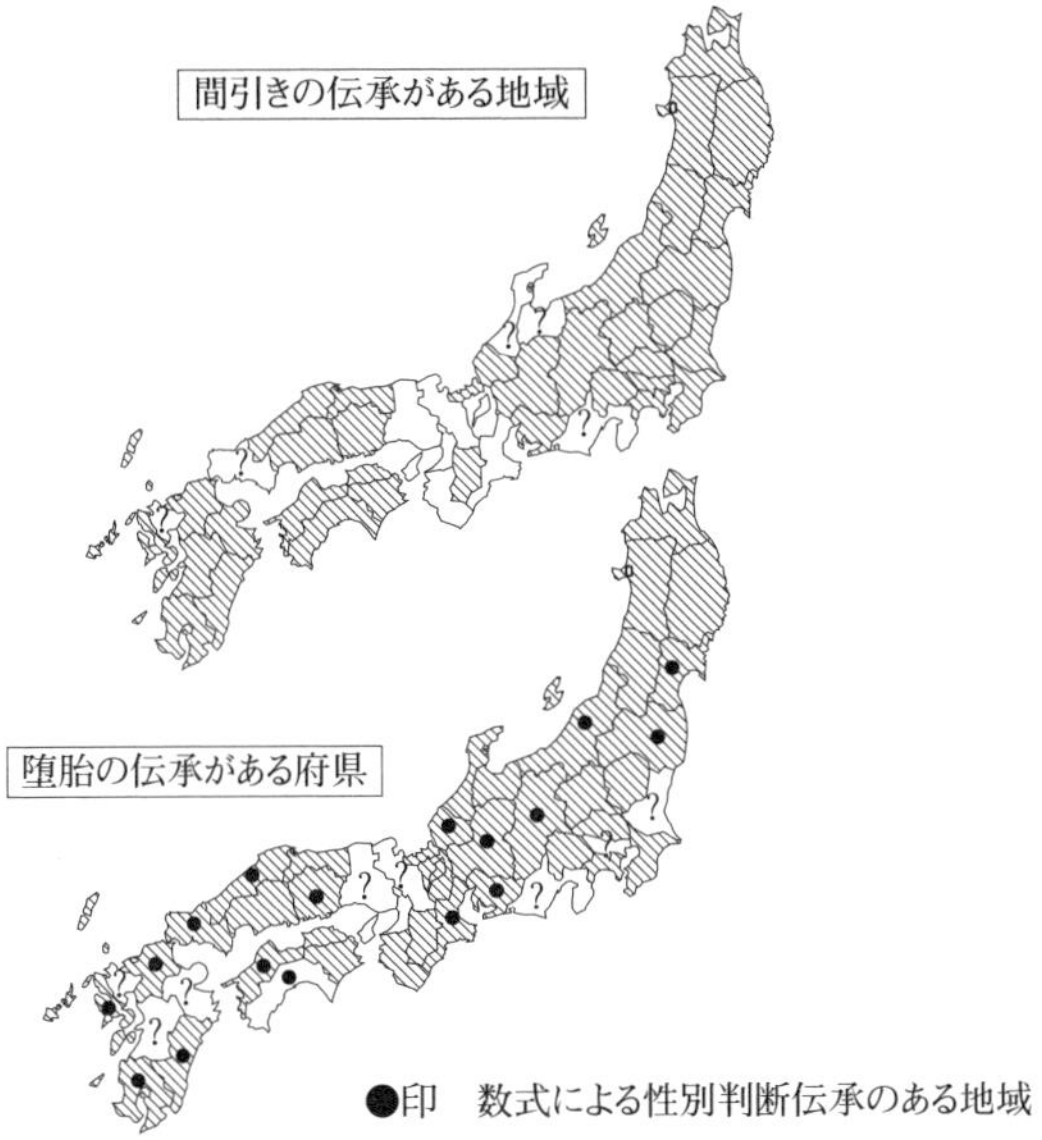

出典：千葉他［1983：122］より引用・作成

予測される男女比は一対一になる。

「時期的には一八六〇―七〇年代」「江戸時代末から明治初期」の情報を示すとされる『日本産育習俗資料集成』(12)には「胎児の性別判断」をめぐる各地の伝承が採録され、そこには数式で性別を予測する占いも数多く掲載されている。表3―1は、それらが伝承されている地域を整理したものである。図3―3は、間引きと堕胎の伝承のある府県について、千葉徳爾らが『日本産育習俗資料集成』にもとづき地図上に整理したものと、表3―1に示した数式による性別予測の伝承のある地域を重ねあわせてみたものである。ここからは、どのようなことがみえてくるだろう。

表3—1　性別予測伝承のある地域

	1—①	1—②—1	1—②—2	1—③—1	1—③—2	1—④
性別予測の数式	夫の年＋妻の年	(夫の年＋妻の年)÷2	(夫の年＋妻の年)÷2	(夫の年＋妻の年＋1)÷2	(夫の年＋妻の年＋1)÷2	(夫の年＋妻の年＋2)÷2
性別予測	偶数→女，奇数→男	割り切れれば女，割り切れなければ男	割り切れれば男，割り切れなければ女	割り切れれば女，割り切れなければ男	奇数→女，偶数→男	割り切れれば女，割り切れなければ男
性比	女 1/2，男 1/2	女 1/2，男 1/2	女 1/2，男 1/2	女 1/2，男 1/2	女 1/2，男 1/2	女 1/2，男 1/2
伝承のある地域	群馬県群馬郡 群馬県碓氷郡 石川県江沼郡 岐阜市 鳥取県気高郡 島根県	富山県富山市付近 三重県四日市 山口県宇部市 長崎県	長野県南安曇郡 岐阜県羽島郡 福岡県福岡地方	群馬県吾妻郡 新潟県南魚沼郡 岐阜市 岐阜県安八郡 岐阜県恵那郡 岐阜県益田郡 愛知県丹波郡 愛媛県新居市 岩手県盛岡地方一般 福岡県福岡地方 佐賀県西松浦郡 鹿児島県	福岡県山門郡	群馬県吾妻郡 新潟県南魚沼郡 岐阜県安八郡 岐阜県益田郡 愛媛県新居郡 鹿児島県

2−①	2−②	2−③	3−①	3−②	3−③
(夫の年＋妻の年)÷3	(夫の年＋妻の年＋1)÷3	(夫の年＋妻の年＋2)÷3	(夫の年＋妻の年)÷3	(夫の年＋妻の年＋1)÷3	(夫の年＋妻の年＋2)÷3
割り切れれば女，割り切れなければ男	割り切れれば女，割り切れなければ男	割り切れれば女，割り切れなければ男	割り切れれば男，割り切れなければ女	割り切れれば男，割り切れなければ女	割り切れれば男，割り切れなければ女
男 2/3，女 1/3	男 2/3，女 1/3	男 2/3，女 1/3	男 1/3，女 2/3	男 1/3，女 2/3	男 1/3，女 2/3
群馬県桐生地方 新潟県南魚沼郡 長野県小県郡 岐阜県本巣郡 岐阜市 岐阜県可児郡 三重県四日市市 三重県三重郡 高知県 福岡県久留米地方 宮崎県南那珂郡	福島県 埼玉県 富山県氷見郡 長野県南北安曇郡 長野県松本市 長野県南佐久郡 岐阜県稲葉郡 岐阜県安八郡 三重県四日市市 三重県三重郡 岡山県浅口郡 愛媛県越智郡 福岡県三猪郡 福岡県田川郡 宮崎県南那珂郡	富山県氷見郡 長野県南北安曇郡 長野県松本市他 南佐久郡 岐阜県安八郡 愛知県西加茂郡 岡山県浅口郡 愛媛県越智郡 福岡県三猪郡 宮崎県南那珂郡	石川県江沼郡 岐阜市 佐賀県西松浦郡	富山県東砺波郡	富山県東砺波郡

出典：恩賜財団母子愛育会編［1975：143-158］より作成

もし男女の性別への関心が切実だとすると、それは、出産後に赤子の性別をみてから行なう間引きと結びつくはずである。しかし、分布図から明らかなように、数式による性別予測の伝承がある府県は、間引きの伝承のある地域とよりも堕胎の伝承のある地域と重なり合う。このことは何を意味しているのだろう。もし生まれた赤子の性別を見てから行なう間引きであれば、胎児の性別を予測する必要はない。その意味では、胎内の子の性別を予測する伝承が、間引きの伝承のある府県とよりも、堕胎の伝承のある府県と重なり合うのは、いわば当然といえよう。「胎児の性別判断」の分布図と堕胎の伝承の分布図の一致は、男女の性別を知りたい要求が、すでに近世末には間引きではなく堕胎と結びついていたことを示している。

他方、関西の中心である三府県では、間引き、堕胎の伝承も、また男女の性別予測の伝承も見られない。堕胎・間引き研究の通説では、間引きは農村で、堕胎は都市部で行なわれていたとされてきた。しかし、都市部には間引きはもちろん、堕胎の伝承もみられないことについて落合恵美子は、「事実が無かったということだとは必ずしもいえない。それを口にするのもはばかられるという規範が存在するからということもありうる」と述べている（落合［1994：431］）。これら間引き、堕胎の伝承がない地域には、男女の性別予測の伝承がないという事実も、男女の性別予測の伝承が「口にするのもはばかられる」出生コントロールと結びついていたことをうかがわせる。

ところで、奥会津地方の一九世紀前半のものと思われる『呪符集』の「男女を知る事」は、「懐胎の子」「胎内の子」ではなく「産時」のそれであった。それが近世末の占いでは「懐胎の子」「胎

図3-4　3で割る数式採用の地域数

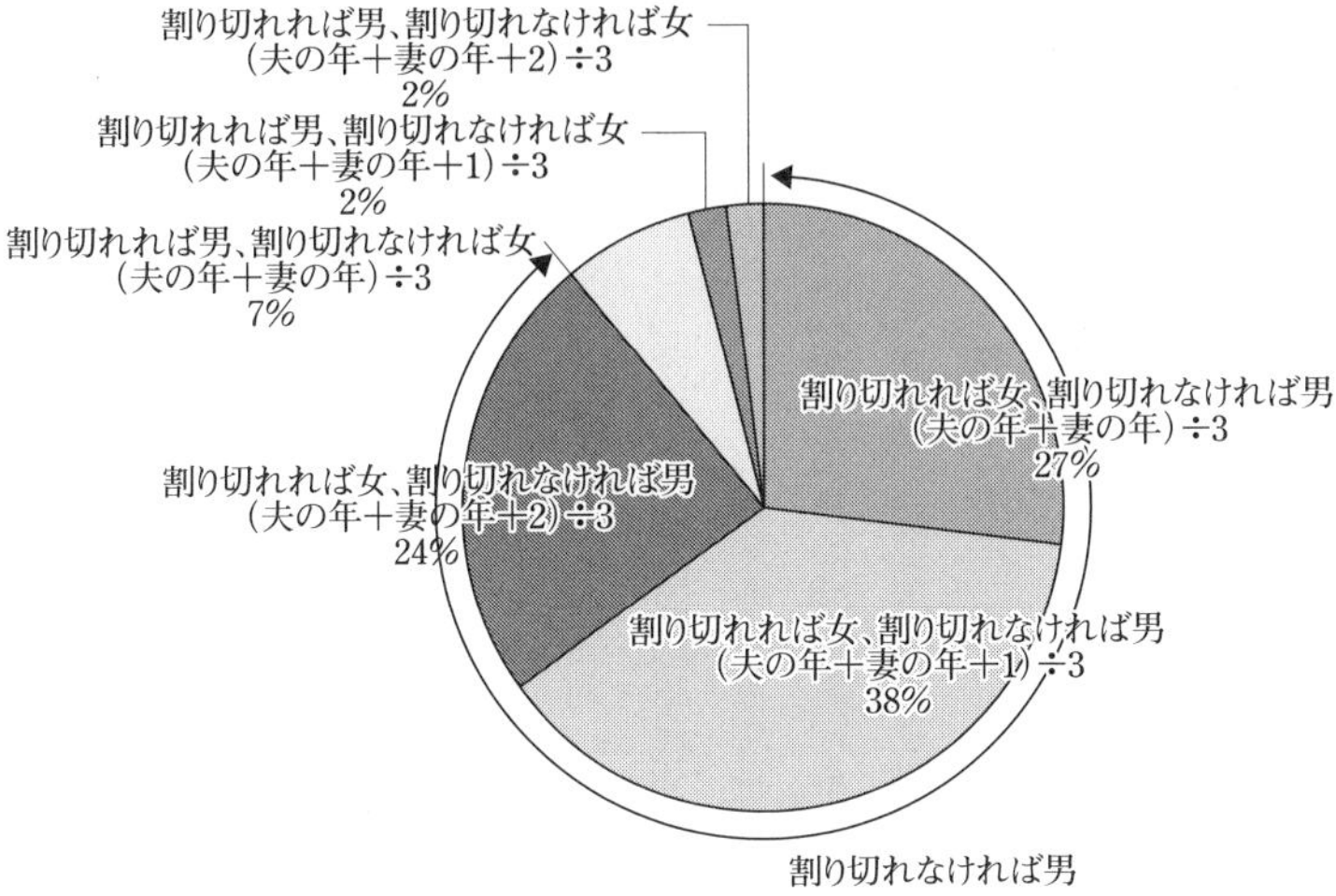

内の子」へ、さらに近代の産婆である栗城カツノの場合には、「胎児」の性別予測となっている。この「産時」から「懐胎の子」「胎内の子」へ、そして「胎児」への歴史的変容も興味深い。というのも、そこからは、男女の性別占いにもとづく「産時」の性選別的な間引きが、時代が下るにしたがって「懐胎の子」「胎内の子」の性別予測にもとづく堕胎へ、そして胎児の性別判断へと変わっていく様が読みとれるからである。その背後には、子どもの生命観の変容があったことがうかがえる。

ところで、数式による男女の性別予測の占いをさらに詳細に見てみると、表3－1に示すように、男女の性比が一対一となるもの、男が三分の二、女が三分の一となるもの、そしてごく少数だが、男が三分の一、女が三分の二になるものの三類型が見られる。しかも図3－4に示すように、3で割る数式採用の地域数でみると、割り切れなければ男、つまり男と予測される割合が女の二倍となる伝承を持つ地域が八九％を占める。そのことは占いに外れる確率が女子のほうが高い地域が多いことを意味する。他方、占いによる男女の性比が一対一であれば、自然状態での男女の比率はほぼ一対一となると考えられるから、占いから外れる確率は男女ともに低くなる。これら各地で伝承された占いとその地域の男女の性比に相関が見られるかどうかということは、これらの伝承がどの程度根づいていたかを明らかにする上でも興味深い。また男女のどちらを望むかをめぐる意識は、生活や労働のあり方とも関わって多様であったと考えられるが、そのことと性別予測の占いとは関連していたのだろうか。

次に注目したいのは、「増補永歴　大極萬寳両面鑑」「昼夜宝鏡」ともに、胎内の子の性別を知る占いと、はらみ月を知る占いがセットで記されている点である。はらみ月を知る方法が受胎調整や避妊との関わりで、また男女の性別を知る占いが出生コントロールの方法、とくに堕胎との関係で求められていたとすると、受胎調整や避妊と堕胎は、どのような関係になっていたのだろう。

受胎調整や避妊と堕胎の関係は、近世後期には、二者択一のものというよりは、受胎調整や避妊に失敗し望まない妊娠をしてしまった場合に堕胎が選択されるという関係にあったのではないだろうか。またその場合でも、すぐさま堕胎が選びとられたわけではなく、胎内の子どもの性別や生まれる時期、とくに農繁期との関係や堕胎の時期を勘案した上でのことだったと考えられる。とくに女性の労働力が重視される農業労働にあっては、女性の身体を損ねる堕胎は、少なくとも、望ましい選択とは言えなかっただろう。また、受胎調整や避妊、堕胎の実行、とくに受胎調整や避妊には夫婦の合意が必要となるが、こうした民俗は、夫婦の合意を図る一つの手段としても機能していたと考えられる。

おわりに
――文化装置としての民俗――

懐胎月や男女の性別占いは、『日本産育習俗資料集成』の「妊娠」の項目(13)に、また「妊娠に関する俗信、禁忌、呪法」(14)に収められている。このことは、近代国家が形成され、性と生殖の民俗が野蛮なものとして否定されてのちも、これらの民俗が存続し、少なくとも採取の時点の一九三五(昭和一〇)年に至るまで、地域によっては存続していたことがうかがえる。しかも同じ習俗が、一方は「妊娠」の項目に、一方は「妊娠に関する俗信、禁忌、呪法」に含まれている点が興味深い。というのも、昭和期にいたっても、これらの占いが、必ずしも呪術的な「俗信」としてのみ扱われておらず、「妊娠」を知るための手がかりとしての位置を占めていた地域があったことを示すからである。

同じ一九三五年、エラ・エンブリーが九州の熊本県の東南端、球磨郡の須恵村で一年間生活するなかで集めた数々の資料、雑録をもとにまとめた『須恵村の女たち』には、「生まれてくる子どもの性別をどのように予測するかについて」のこの地域のいくつかの考えの一つが記されている。

別の女性は、子供を妊娠したときの両親の年を合計し、もし旧暦の正月以前（七月から一月）に妊娠したのなら一をたし、それ以降なら二を足して、合計を三で割ることで、性別を予測できるといった。その数字が割り切れれば女、そうでなければ男だと言うのだ。……産婆はこれらの考えのすべてを斥け、それがわかる方法は絶対にないといった（スミス・ウィスウェル［1987：202-203］）。

ここに示された男女の性別予測の方法は、栗城カツノの胎児の性別予測の方法とまったく同じものである。女性たちの間には、こうした伝承が息づいていた(15)。もっともその有効性は、近代産科学を学んだ産婆によって否定されているが。また須恵村では「ほとんどの出産が一二月から三月のあいだになる」が、そうなるように「人びとがこのような計画を立てることはありうる。というのは、この時期は一番のんびりしたときで、すべての人が余暇の時間を持ち、いろいろな行事や宴会がおこなわれる時期だからである」（229）。このようにエンブリーは、「出産の季節性」が、農事暦を意識した計画的なものである可能性を指摘している。

さらにエンブリーは「田植えの最中に田で出血して」流産してしまった直子という若い女性が「冬のあいだに妊娠すべきだが、『いつでん夏になってしまう』といい、さびしく笑った」（212-

213）ことも書きとめている。エンブリーによれば、直子の流産の原因は、妊娠した女性があまりに過激な労働をすることによるのであったが、そうした見解は村の女たちには受け入れられなかったという。流産を避けるためには「冬の間に妊娠すべき」というのは、「農家の主婦」の現実と密接に結びついていた。こうした『須恵村の女たち』の記述は、男女の性別判定や農事暦を意識した受胎調整が、一九三〇年代にも現実のものとして生きていたことを物語る。

ところで『日本産育習俗資料集成』には、出産それ自体をはじめとして、その前提である性交、妊娠から産後の育児まで、様々な項目ごとに習俗が収録されている。そこには妊娠、出産をめぐる禁忌の数々も数多く採録されている。それらは、実に多様で断片的な、そこから何らかの一貫性を見出すことの難しい民俗の数々である。しかし、あえて一般化、単純化するなら、そこにあるのは二つの禁忌である。一つは、不妊、産死、堕胎・間引きといった、生まれないこと、言いかえれば生殖に結びつかない性への禁忌、そしてもう一つは、双子、多胎産、畜生腹といった生まれ過ぎること、言い換えれば多産への禁忌である。これら不妊と多産という両極を忌避する二つの禁忌は、性と生殖のコントロールへの人々の願いを示しているといえる。出生コントロール（堕胎・間引き）、受胎調整（避妊、出産月の調整）、男女産み分け、不妊対策など、妊娠、出産に対して人為的に働きかける行為には、人々の性や生殖に対する意識が示されている。また性と生殖のコントロールへの人々の願いが強いにもかかわらず、それらは人為の及ばない領域であるがゆえに、占いが生まれたとも言えよう(16)。

占いをはじめとする民俗には、性と生殖に関わる事柄が数多く含まれるが、そこには、性と生殖を様々な形でコントロールしようとした近世民衆たちの願いが反映されている。また人々の性と生殖のコントロールへの意識は、性と生殖という私的領域まで入り込んで管理しようとする出産管理政策とのせめぎあいのなかでより意識化されていったといえよう。その意味で、人々の性と生殖を管理しようとする言説の一方に存在していた、これら性と生殖の民俗に寄せた人々の願い、また、これらの民俗が、文化装置として果たしてきた役割に眼を向けていくことが、近世民衆の性と生殖をめぐる日常世界を再構築し、人々の身体観や生命観に接近するうえで必要な作業となるだろう。

今までの歴史学では注目されてこなかったこうした近世の民俗を、地域史の史料集のなかに収録するものが最近登場しはじめた。たとえば岡山県井原市の『井原市史　Ⅲ　古代・中世・近世史料編』には、「近世の俗信、禁忌」として「男女交接禁忌の日」「男女の占」の二つの史料が収録されている（井原市［2003：836-840］）。「男女交接禁忌の日」では、交接を忌む日が記され、もしそれを守らないと、生まれる子は、「不孝《ふこう》か不忠《ふちう》か、短命《いのちみじかき》か、病身《びううしん》」になり、あるいは交接した男女とも「血《ち》を吐《はい》て死《し》し、又は病身《びやうじん》になる」と説く。他方、近世に流布した『邪兇呪禁法則』『呪詛調法記』(17)のなかから、自らにとって必要な占いを抜き出したと思われる手書きの文書、「男女の占」には、「子生まれ廉るに飲む符」「月水をとどむる符」など、妊娠、出産や月経をめぐる占いが記されている。この史料集には、近世社会は、摺り物や手書きの俗信が「護符の如く通用する世界」であったという解説が付されている（707）が、近世の人々にとって、性と生殖の民俗は、それだけ重要な意味を持っていたのだろう。

近世民衆の性と生殖の世界に接近しようとするなら、性と生殖の民俗が持っていた意味を探ることは不可欠の作業である。近代になっても、なお伝承されつづけた民間伝承。そこには、どのような民衆たちの願いがこめられているのか。またそれは、彼らのどのような生活や現実を背景に生まれた願いだったのか。ここに示したのは、そのささやかな試みの一端である。

注

（1）こうした研究動向については、沢山［1998］を参照されたい。
（2）序章でも述べたが、歴史科学協議会編『歴史評論』二〇〇〇年四月号では、「生殖と女性史」という特集が組まれた。編集委員会による「特集にあたって」では、この特集が、生殖を歴史研究のなかに位置づけるとともに、従来多少とも研究蓄積があるものの、生殖を女性の領域にのみ閉じ込めてきた女性史における生殖研究の方法論を問い直すという「二つの積極的意味」を持つことが述べられている。
（3）遠藤家文書は安東靖雄氏によって整理され、目録が作成されたが、その後、作東町教育委員会に寄贈、保管されている。なお沼田藩領では、妊産婦調査のために、村役人とは別に「大取締」という役を設けていたらしいという点については、安東氏にご教示頂いた。
（4）作東町歴史民俗資料館所蔵。なお『国書総目録』には「太極万宝両面鏡」が掲載され、刈谷市図書館、天理図書館に所蔵されていることが確認できる。他方「昼夜宝鏡」の類書と思われる文政九（一八二六）年に出された「昼夜重宝万年暦」も掲載されているが、これは「大阪出版書籍目録」でその存在が確認されているだけなので、同一の内容であるかどうかの確認はできない。

(5) 前者は一関市博物館寄託史料、沼田家文書「赤子養育方御用留」、後者は一関藩狐禅寺村・小野寺家文書

(6) 科学研究費補助金〔基盤研究A1〕による『一九~二〇世紀東北日本の前近代型出生・死亡・移動・死亡パターンの歴史人口学的研究』の研究会(二〇〇三年三月二日)での報告、高木[2004a]による。

(7) 現在でも、分娩予定日の計算は最終月経を基準に次のように行なわれている。分娩予定日=最終月経の日+9(最終月経が一月から三月の場合)。=最終月経の月-3(最終月経が四月から十二月の場合)。

(8) この点については、岡山大学大学院医歯学研究科(細胞組織学分野)の野村貴子氏のご教示による。また図3-1・図3-4の作成も野村氏の力をお借りした。

(9) 倉地[1994→1998]によれば、近世前期には、四季という形で自然の変化を認識する都市に対し、農村には生産管理の面からも身体の全感覚を通じてより細やかに自然の変化を知ろうとする自然観があったが、暦の普及のなかで自然認識の画一化がすすみ、農村の自然観も変化していくという。

(10) たとえば、福岡藩でも、庄屋から郡に差し出される懐婦書上帳は、二月(夏季)、五月(秋季)、七月(冬期)、一一月(春季)の四季ごとに提出することとされた(横田[1996:122])。

(11) 杉山家文書、文政七年三月(流産見分ニ付口書)、津山郷土博物館寄託文書。

(12) 『日本産育習俗資料集成』に収録された習俗は、古老への聞き取りという形で一九三五(昭和一〇)年に行なわれた調査に基づくものである。これらは、一九世紀末から二〇世紀初頭に生まれた人々の子ども時代の記憶、言いかえれば彼らの両親や祖父母の代についての情報であり、「時期的には一八六〇-七〇年代」「江戸時代末期から明治の初期」の記憶とされる(Hara/Minagawa[1996])。

(13) 岩手県雫石地方の習俗。「妊娠のことをハラオツキといい、妊娠したことをハラオキグナッタという。女子の年齢によって孕む月に定めがあるといわれている。すなわち一六、一九、二二、二五歳の人は、正、四、七、一〇月に妊娠する。一七、二〇、二三、二七歳の人は、二、五、八、一一月に妊娠する。一八、二一、二四、二七歳の人は、三、六、九、一〇月に妊娠する。以上および以下の年齢の人はこれに準じた月にそれぞれ懐妊するという」。

(14) 新潟県東頸城郡の習俗。「女に四ヶ月の妊娠月がある。十三歳を始めとし、左記の通り、ただし旧暦で計算する」。(上がその図表)

母の年	13	14	15	16	17	18	19	20	21	22	23	24
妊娠月	1	2	3	1	2	3	1	2	3	1	2	3
	4	5	6	4	5	6	4	5	6	4	5	6
	7	8	9	7	8	9	7	8	9	7	8	9
	10	11	12	10	11	12	10	11	12	10	11	12

(15) 岡山県御津郡横井村出身の一九二六(大正一五)年生まれの蜂谷和恵さんは、男女の性別判定の方法(①夫と妻の数え年を足す。②着床した年に生まれる子を一年子とし1を足す。着床した次の年に生まれる子を二年子とし2を足す。年の境界は四月前か後かで考える。③合計を3で割り割り切れれば女、割り切れなければ男)を、その母や近所の人から聞いたという。四人の子どもをもうけたが、この性別判定の方法で計算してみたら男一人、女三人の性別は全部当たり、孫たち七人(男三人、女四人)もすべて当たったので、かなりの確率で当たると信じているとのことである。この方法も、栗城カツノ、須恵村と同じ方法であり、昭和に入っても、各地にこのような伝承が残っていたことがうかがえる。

(16)『日本産育習俗資料集成』の「妊娠の祈願と呪法」には、「避妊の方は往昔から極めて簡単に間引く風習があったため祈願・習俗などは比較的少ないが、妊娠の方は神からの授かりものとの観念から祈願・習俗が多かった」(福島県)という指摘がある。この指摘は、人為の及ばない領域と人々が感じていたことについて、占いの類が多いことを示唆している。

(17)「男女の占」年月日未詳〈三宅正美家文書〉の原本は『邪兇呪禁法則』(貞享元年)『呪詛調法記』(元禄五年刊)(『近世文学資料類従　参考文献編14重宝記集1』)と思われる。「男ノ守ニハ」「女ノ守ニハ」「大小便不通符」は『邪兇呪禁法則』に記載されたものとまったく同じ。また、「子生レゾ《（ズ）》腹ノ内ニテ死シタル時飲ム符」は『呪詛調法記』の六十五、「子生レ廉ルニ飲ム符」は『呪詛調法記』の六十二と同じである。これらは、近世の呪術に関する書物の中から、自らにとって必要なものを抜き出したのだろう。

II

第四章　捨子の実像

はじめに
――なぜ「捨子」か――

本章の目的は、岡山藩領内に残された、近世後期の捨子関係の史料から、当時の「捨子」の具体像、すなわち、捨子とはどのような存在であったのかを、親の子どもに対する心性や多様な社会階層とも関わらせながら明らかにすることにある。

捨子をめぐる研究は、Ph・アリエスの研究を契機とする社会史のなかでの子どもへの関心の高まりとも関わって、歴史学や子ども史の新しいテーマとして登場してきた。また、女性史のなかでも、女性が置かれた社会的位置を明らかにする手がかりとして捨子に焦点をあてる研究が登場してきている。では、なぜ捨子を取り上げるのか、捨子を取り上げることには、どのような意味があるのか。すでに、捨子に関する研究蓄積の豊富な西洋史研究によれば、その意味は次の三点にまとめることができる(1)。

一つは、従来の歴史研究では、捨子それ自体が主体的な研究対象となることはなく、歴史の影の部分におかれてきたが、捨子の背景には、社会の目に触れにくい実態が潜んでいる点である。二つには、捨子の史料からは、他の史料からは把握しがたい多様な階層の知られざる側面、とりわけ、下層民、女性、産婆などの姿をうかがうことができ、彼らの生活史に接近することができるという点である。また、家族のなかで育てられた普通の子どもに比べて捨子の史料は豊富であり、普通の子どもの社会的地位のありようを推測する手がかりを与えてくれる。三つには、捨子に焦点をあてることで、ある時代の、ある社会の、とりわけ生活意識や、親の子どもへの心性についての従来の解釈を検討しなおす手がかりが与えられる点である。

1　近世の捨子の実態への接近

日本史の分野でも、一九八〇年代から社会史のなかでの子どもへの関心の高まりとも関わって、子どもの神的な側面にのみ光をあてるのではなく、影の部分に光をあてる捨子研究が新しい研究テーマとして登場してきた(2)。しかし、近世の捨子そのものに焦点をあてた研究は少ない。近世の捨子を扱った代表的な研究に、塚本学「捨子・捨牛馬」(塚本学[1993])、菅原憲二「近世京都の町と捨子」(菅原[1985])があるが、両者とも、捨子そのものを明らかにすることを意図したものではない。塚本の研究は、「生類憐み政策の重要な局面に捨子取締りがあっただけでなく、その徹底策は、他の諸政策に比べて強かった」ことを明らかにしようとしたものである。一方、菅原の研究は、塚本の研究にも学びながら、「捨子養子制度の展開を具体的に検討することによって、近世京都の町のあり方、更には都市全体の再生産のありかたの特質を解明すること」を目的としたものである。いずれも、生類憐み政策の特質や、捨子禁令を受けとめた地域の性格を明らかにすることに重点が置かれており、捨子そのものに目を向けたものではない。

この両者の研究に学びながら、子ども史への関心から捨子に焦点をあてたのは立浪澄子「加賀藩における捨子」である(立浪[1992])。立浪の研究は、加賀藩をフィールドに、「当時の捨子の実態や背景、並びに捨子に対する人々の感情などを読み解」き、「加賀藩において当時捨子が、民衆の産育・子育てのなかでどのような社会的意味をもっていたかを探」ろうとしたものである。

近世の捨子をめぐるもう一つの研究動向として、女性史の側からの研究がある。「捨子史を女性史の視点からとらえよう」とした立波澄子の「近世捨子史考——加賀藩の事例を中心に」(立浪[1995])と、妻鹿淳子の「女性と犯罪——盗み・子殺し・捨子」(妻鹿[1995])がそれである。生類憐み政策を出発点として各地ですすめられた「捨子取締り」は、捨子を法の網に絡め取ることとなったが、そのことによって、捨子をめぐる記録が残されることとなった。立浪は、これらの捨子をめぐる史料を、「その時代の子と母の関係、母の立場を映し出す史料」、『残さない子ども』への声にならない女の思いと当時の子育ての実相」を語る史料として読み解くことで、「子を捨てざるを得ない、あるいはあえて捨てる女の実像を追うこと」を意図した。一方、犯罪記録のなかに近世の女性が置かれた社会的位置を明らかにする糸口を求めようとした妻鹿は、「当時の後家や未婚女性が置かれた状況を端的に映し出す」犯罪の一つとして、「捨子の事件」をとりあげる。

近世の捨子の実像にせまるという観点からみた場合、これら近世の捨子をめぐる先行研究には、どのような問題点があるのだろうか。まずあげられることは、捨子の実像そのものに焦点をあてた研究は少ない点である。塚本、菅原の研究については前述した通りだが、女性史の側からの立浪、妻鹿の研究も、焦点は捨子よりも女性の置かれた位置にある。

二つには、生類憐み政策以後の展開をめぐる問題である。立浪は、近世の捨子には、拾われることを期待した「押しつけ養子」としての「捨子」の系列と、拾われることを期待しない、その意味で「棄児」と言うべき系列があること、従来、捨子は、堕胎・間引きと一線を画し、拾われることを期待した子育て放棄とのみみなされる場合が少なくなかったが、近世という時代は「捨子」がかぎりなく「棄児」に近づいていった時代であること、そして加賀藩の「捨子」は、間接的な「子殺し」に近いと結論づけた。この結論は、塚本が示した生類憐み政策以後の捨子の運命についての仮説――生類憐み政策の結果、「捨子を罪悪とする感覚は確かに強まったであろうが、反面で捨子は事実上の子殺しに近よっていく」ことになった――を裏づけるものでもあった。塚本は、一九八五年に刊行された『平凡社大百科事典』の「捨子」の項目でも「捨子発見地の住民に養育の義務を負わせるのが、多くの捨子禁令の実態」であり、その結果「この負担を避けるため、住民自体が他所から子を捨てにくる者への監視を強めることになり、かえって人目につかぬ地への、拾い手を期待できない捨子を増加させた」と述べている（塚本学［1985］）。しかし果たして、近世の捨子は、塚本や立浪が述べるように、しだいに「子殺し」や「棄児」に近づいていったのだろうか。捨子をめぐる二つの系列の関係は、「押しつけ養子」としての捨子が、「棄児」に取って代わられるというように、一方向的に進むとみてよいものだろうか。こうした疑問点が浮かびあがってくる。

三つめの問題点は、親の子どもへの心性をめぐるものである。立浪は「堕胎・間引き・捨子」とその方法は異なっても、その行為の根底には、子どもを『取替えのきく存在』とみなす心性」が根づいていたのではないかとする。また妻鹿は、「捨子は放置されれば死んでいく運命にあり、拾い主がいてはじめて命拾いするのであって、親の立場からすれば子殺しまでには至らなくても、子殺しと同じ行為である」ととらえる。確かに捨子は死んでからみつかる場合もあったであろう。しかし、果たして「親の立場から」した場合、「子殺し」と同じと言ってしまってよいのだろうか。結果は同じく「死」であったとしても、近世の親の意識のなかで、「捨子」と「子殺し」は同じであったのかどうか、このこと自体が実は検討されなければならない。

またこれら女性史の側からの捨子研究では、捨子をめぐる問題を母と子の閉じた関係のなかでとらえる傾向がある。立浪は「近世においては女は子を産む責任は課せられても、養育の責任は基本的にはなかった」のであり、捨子は、子育てから排除された近世女性の位置を示すものととらえる。一方妻鹿は、「貧しい女性の場合、相手の男性が責任をとらず、性交渉の結果、責任がすべて女性の手にかかる」結果、捨子という事態にたちいたるととらえる。両者ともに、子捨てに追いこまれる被害者としての母という理解をしている。捨子の問題を考えるにあたって、近世女性の置かれた位置と関連させてとらえる視点は重要である。しかし、捨子の問題が母と子の問題のみに還元される問題ではないこともまた確かである。

以上のように、これまでの先行研究では、捨子の生存の可能性を低く評価する傾向があったように思われる。確かに、捨子と間引きは、養育を拒否する点では同一の行為である。また、その結果も同様に死に至る場合も少なくなかったろう。しかし、結果は同じく死であったにせよ、死ぬがままにすると同時に、生きるがままにしておく捨子と、子を殺す間引きとでは、それを行なう者の意識は異なっていたのではないか。捨子（嬰児遺棄）と間引き（嬰児殺害）とを区別してみていくというのが、本章の視点である。

また間引きと捨子は、自らの養育の拒否という点では同一であるが、間引きが他者による養育の拒否でもあるのに対し、捨子は、生存を他者にゆだねる行為であるという違いがある。他者にゆだねることを拒否するかしないかの違いが、間引きと捨子のあいだにはあるのであり、そこには家族観や共同体への意識が深く関わっている(3)。生命観、家族観、共同体への意識と関わらせてとらえるというのが、本章の二つめの視点である。そのことはまた、母と子の閉じられた意味連関のなかではなく、もう少し広い社会的枠組みのなかで捨子の問題をとらえることを意味している。

さらに捨子のありようは、菅原が指摘するように、その地域の性格（成立や発展の歴史的性格）や支配のありかた、社会構造により、かなり異なっており、その地域に即したきめ細かい分析を行なうことではじめて、実像にせまることができるだろう。地域のありようと密接に関わらせて捨子の実態をとらえるというのが、本章の三つめの視点である。

以上の視点に留意しながら、岡山藩を対象に、捨子とはどのような存在であったのか、当時の社会の状況とも関わらせながら、明らかにしたい。

2　岡山藩の捨子

「近世を通じて捨子自体は非常に多いと思われるが、その実態はつかめていない。岡山藩領域の史料からの解明はいまだなされていない」と妻鹿が述べるように、岡山藩領域の捨子を扱った研究は、妻鹿の研究が初出である。しかし、まとまった研究論文ではないが、すでに戦前に書かれたものとして、守屋茂「捨子の養育」（守屋［1957］）がある。ここには、「岡山における捨子事例」として岡山城下の惣年寄を勤めた河本家の捨子関係文書四件が紹介されている。これらは、岡山市の戦災で消失してしまった文書であり、今となっては貴重な紹介となっている。

やはり岡山城下の惣年寄を勤めた国富家の文書を分析・紹介したものに、安藤精一「幕末における岡山城下町の棄子」(安藤［1955］)がある。安藤は、国富家の幕末の史料、「捨子書上」をはじめ、国富家文書のなかに散見できる捨子関係史料をもとに、八二人の捨子について、捨子総数、捨てられた時間、捨て場所、捨子の性別、年齢、捨子の所持品を数量的に紹介している。安藤の紹介は、貴重なものであるが、数量的分析を試みるには、このデータはあまりにも少ない。「捨子書上」は、数量的分析よりは、むしろ具体的な捨子の具体像を物語るものとして分析するにふさわしい史料である。妻鹿が史料として用いるのも、国富家文書である。妻鹿の研究では、国富家文書のうち、「諸願留」「被仰渡御書下留」のなかから捨子関係の史料を抽出しているが、件数、記載内容ともに見落としがあり、一方、豊富な内容をふくむ「捨子書上」は用いられていない。

そこで、本章では、これら、今まで部分的にしか用いられてこなかった地方文書を中心に、藩の捨子対策や処罰に関わる藩文書も用いながら、捨子の実態、背景、捨子への人々の意識を考察する。考察にあたっては、まず捨子をめぐる藩の政策を、捨子禁令や処罰の事例を手がかりに明らかにする。さらに、近世末期の捨子をめぐる状況を、国富家文書を中心とする地方文書をもとに、捨子の男女別総数、捨子の年齢、捨子の状況といった側面から明らかにする。次に、少し視点を変えて、これら捨子の事例のなかでも、捨子の事情をくわしくつかむことのできる事例に目を向け、当時の捨子をめぐる状況を、とくに人々の日常生活との関わりで考えてみたい。そして最後に、捨子の養子先の階層、家族構成、養子になった年齢など、捨子のその後についての追究を試みる。

岡山藩の捨子禁令は、どのように展開したのだろうか。幕府の捨子禁令は、貞享四（一六八七）年に出されるが、これを受けての岡山藩の法令はみられない。しかし、岡山藩では、幕法よりも三三年前の承応三（一六五四）年一一月一一日、池田光政が、町奉行に対し、捨子養育者に褒賞を与えるよう次のように令達していたことが知られる（藤井他編［1983：280］）。

町奉行共申付、捨子養申儀、此方より之あてかいニてハ其者致迷惑由聞候、惣様迷惑不仕様ニ外記と申談可遣候、其内ニすくれて不便ヲ加養候者在之由申聞候旨尋候へハ、二三人在之由申候、其者ニ銀壱枚ツヽ、きとく成事ニ候間可遣旨申渡候事、

もっとも、この措置は、岡山藩が洪水にみまわれた、いわば非常時にとられた措置であることに注意しなければならない。しかも、「此方より之あてかいニてハ其者致迷惑」との文面からは、捨子を養育することが社会慣習として成立していない段階で出された措置であることがうかがえる。

この後も、断片的に捨子をめぐる岡山藩の措置をみることができるが、塚本によれば、「元禄二年閏正月、いつわって子を乞食に出すものを死刑に処し、同一六年以前に迷子への扶持米給与養育の例があり、宝永四年（一七〇七）正月、捨子を養う者に米一〇俵を給する処置がとられている」のは、「幕法の発展例」だという（塚本学［1993：222］）。

『藩法集』や国富家文書によれば、捨子を養う者へ藩が米を給する措置は、すでに延宝五（一六七七）年、延宝七（一六七九）年にもみられる。岡山城下のもっとも古い捨子の記録は、延宝五年に、五歳ばかりの「川流之娘」を中出石町仁左衛門が発見したというものである。この事例では、子どものいない仁左衛門に年寄が養育を命じ、一日米二合宛の養育料を支給している（岡山県［1986：258］）。また延宝七（一六七九）年、山崎町に捨てられていた男の赤子の養い親となった塩見町吉兵衛には、藩から米四俵半が支給されている（岡山県［1986：270］）。このように、岡山藩では、幕法以前から、捨子養育への対応がなされており、そのことが、幕法以後の「幕法の発展」という方向へと向かったのだろう。

貞享四（一六八七）年に端を発する「生類憐みの令」は、その一条で、捨子の養育を命じていたが、元禄三（一六九〇）年一〇月二五日には、単独の捨子禁令が出される。岡山藩では、この幕法を受けて、同年一一月一二日に家中へ、さらに一一月一七日に町奉行から惣年寄へ、捨子取締りの通達が出される（岡山大学［1979：701-702］）。これは、捨子の禁止と同時に、養育困難な場合は、それぞれが属しているところでの養育を命じることで、捨子の発生を未然にふせごうとするものであった。この元禄三年一〇月令の趣旨は、元禄一三年、一五年にもくりかえされる。

岡山藩では、元禄一三（一七〇〇）年七月の幕令をうけて、八月に町奉行から惣年寄へ、郡代から村方へ、捨子取締りの通達が出される（岡山大学［1979：702］永山［1962：665-666］）。この法令では、捨子があった場合の注進書の内容が示される。捨子があった場合は、「何時何々と申す所に何歳許と相見之候捨子ヶ様」と、捨子があった時間、場所、捨子の年齢、様子をしるし、さらに「望人有之候へは其趣旨書加へ」るよう求めている。また、「貰ひ人」があった場合は、米三俵、村方で育てている場合は、米一合五勺、望む者がいないときは、米三俵を添え「山之者」へつかわすことが決められている(4)。

さらに、享保一八（一七三三）年には、「捨子又ハ乞食之子供ニても、村方育置追て片付被仰付類ハ、御米三俵育入用一日五合宛、御表方ニて御立被遣也」との規定が出される（藩法研究会編［1959：367］）。これ以後、岡山藩での捨子をめぐる法令は認めることができず、以後、藩としての対応は、近世末まで大きな変化はなかったものと思われる。『藩法集』にあげられた事例をみると、享保期以後、ほぼ、養育料一日五合宛、養子または引請けの添え米が米三俵となることがうかがえる。これらは、藩から支給されており、岡山の捨子養育は藩による養育料支給により維持されたのである（妻鹿［1995：247］）。

次に岡山藩の処罰の事例から、捨子を生みだす土壌はどのようなところにあったのかを探ってみよう。

3　捨子をめぐる処罰例

さて、どんな人々が捨子をしたのだろうか。捨子は、みられてはならない行為であったと同時に、捨子の多くは幼いこともあって、捨子をした人々についての情報を得ることはむずかしい。そうしたなかで、捨子をめぐる処罰例は、捨子の親が判明した希有な事例である。

岡山藩では、捨子によって処罰された事例が五件ある（永山［1962：666］）。一つは、享保一六（一七三一）年、岡山城下の下片上町、七兵衛の妻が捨子をし、牢舎となった事例である。しかし、この事例については、これ以上詳しい事情がわからない。あとの四件は、享保一七（一七三二）年、御野郡上伊福村別所の三介後家娘はなが、二歳になる娘を捨子した事例（岡山大学［1979：702-703］）、寛延二（一七四九）年に、御野郡辰巳村せんが、四、五歳になる娘を捨子した事例（藩法研究会編［1959：367］）、宝暦七（一七五七）年四月に上道郡富崎村の小三郎が、三歳の娘を捨子した事例（藩法研究会編［1959］）、そして、嘉永六（一八五三）年、岡山城下の滝本町児島屋槌之助の息子、寅三郎が、親に内緒で生ませた娘を、出生直後に捨てた事例（岡山大学［1979：702-703］）である。

妻鹿は、この捨子の処罰例四件の事例から、次のような仮説を導き出す。一つは、男と女では、子捨ての理由が異なり、「男親の場合は生活苦が主な原因ではなさそう」であること、二つには、「子を産むのは女性であり、貧しい庶民女性の場合、相手の男性が責任をとらず、性交渉の結果責任がすべて女性にかかり、子供をかかえて途方にくれる場面が容易に察せられること」、三つには、以上のことから「女性の方が捨子をするケースが多かったと考えられる」とする。しかし、これらの事例からは、妻鹿が示したより、もっと多様な当時の捨子をめぐる状況がみえてくる。

まず、男が捨子をした二つの事例からみてみることにしよう。宝暦七（一七五七）年、上道郡富崎村の小三郎が、三歳の娘を長船村に捨てた事例では、小三郎は、一年五ヵ月の長屋入となり、翌年八月に村に戻ることが許されている。罰せられたのは小三郎だけではない。家内は「村追込二〇日」、大庄屋は「指扣申出日数一五日」、名主の孫三郎は「様子乍存不申出ニ付役儀取上三〇日追込」、五人組頭の又三郎も「役儀取上二〇日追込」となっている。村役人層も罪に問われているのである。さらに、同じ村の徳次郎は、「宗門改之節、自分娘を人替りに貸候」という罪で、二〇日の追い込みの罪に問われている。捨子の隠蔽に共同体が関わっていたことは見逃すことのできない重要な事実である。

次に取り上げるのは、嘉永六（一八五三）年、岡山城下の滝本町児島屋槌之助の息子、寅三郎が備中倉敷の女性と内々に関係を持ち、親に内緒で生ませた娘を、出生直後に捨てた事例である。滝本町の児島屋槌之介は五二歳、息子寅三郎は二四歳。寅三郎は倉敷生まれの女性と内々に関係を持っていたが、この女性が女の子を産んだ。しかし、この女性と関係を持っていたことは親に内緒だったため、困った寅三郎は、六月八日に、出生直後の赤子を東中島町吉屋岩吉方出店戸口に捨ててしまう。この捨子は、岩吉方で取り上げ養育をしていたが、その後、捨子をしたのが寅三郎であることが露見する。そのため父親の槌之介は、七月に、惣年寄へ「右出生之女子私孫ニ御座候ニ付、何卒自今願上私家内入帳為仕養育度奉存候」との願いを出し、八月に役人立会いのもとに、この女児をひきとっている。寅三郎は、八月二一日に「長屋入」を申し付けられている。また、寅三郎に頼まれ倉敷生まれの女性を長いあいだ「逗留」させていた難波町中川屋庄吉の後家も、「他所者留置候儀ハ御法相背」くという理由で、「叱り追込」を申し付けられている。おそらく庄吉の後家は、内々の出産にも関わっていたのだろう。

この場合、捨子をしたのは、出産直後の女ではなく、男である。この事例は、出生直後の捨子は、産んだ当事者の女ではなく、男によってなされた場合があること、また出生直後の捨子は、非嫡出の子どもである可能性が高いことを示す。非嫡出の子どもの場合には、ひそかに出産し、すぐさま捨子をしてしまうことで、事態の隠蔽がはかられたのではないだろうか。この事例が示すのは、性交渉の結果の出産に対し、必ずしも妻鹿の言うように、相手の男が責任をとらない場合だけではなく、男が捨子をする場合もあったことを示す。

次に女が捨子をした事例をみてみよう。享保一七（一七三二）年、御野郡上伊福村之内別所之後家娘はなが、二歳になる娘を、上道郡沖新田東之内五番に捨てた事例である。翌年、はなは、長屋入りののち追放となっている。捨てられた娘を預かって二六日間育てていた沖新田五番の彦四郎には、米一斗三升、この捨子を養女にした益野村の利右衛門には、米三俵が与えられている。はなが捨子をした理由は、「乳持奉公仕、老母をも育候に付、渡世難成」とある。老いた母をかかえ、乳持奉公もしながら生計をたてていた未婚の母はなが、二歳の娘を捨てたのである。

もう一つの事例は、寛延二（一七四九）年、上道郡門田村之内玉井宮の下に四、五歳ばかりの女子が捨てられていたというものである。村方へ連れ込み調べたところ、御野郡辰巳村せんの娘いちであることが判明する。せんの捨子の理由は、「田畑等も所持不仕、人仕事なといたし、平生四五日程宛も方々へ参込候て、渡世送り申す者ニ候処、娘を連候てハ右之働等難相成趣ニ候哉、捨置候て欠落いたし候様子ニ相見へ」とある。田畑も持たず、四、五日ほどずつ方々へ雇われて暮らしていたせんが、娘を連れては働くこともできず、娘を捨て欠落ちをしたらしい。せんの娘を引受け養育していた辰巳村の仁助は、米三俵を与えられ、せんの組合判頭、名主、五人組頭は、お叱りとなり、せんの行方を尋ねだすよう命じられている。捨子の罪は、個人の罪であるばかりでなく、共同体の罪でもあったのである。

図4-1　捨子の範囲

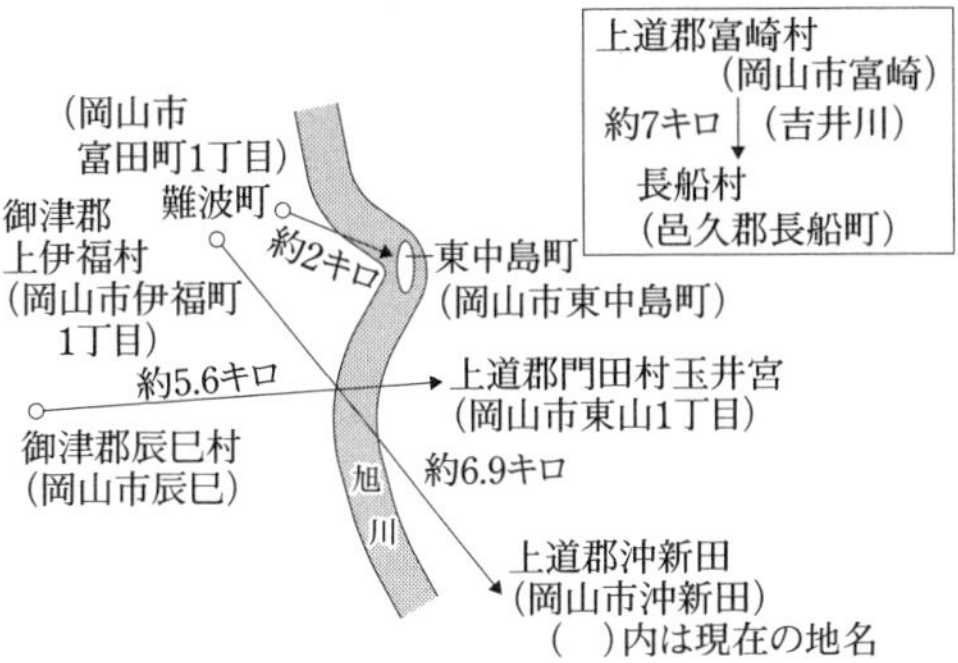

図4―1は、これら四件の捨子が、どのくらいの範囲でなされたかを示したものである。直線距離にして、二キロから七キロの範囲で捨子がなされているが、この距離は、幼い子どもをつれていても、充分日帰りできる距離である。興味深いのは、いずれの場合も、川を超えた場所に捨子がなされている点である。川は、一つの境界として意識されていたのかもしれない。

これら処罰の事例から明らかなように、捨子は自然発生的に起こるものではなかった。そこには、捨子が生じる社会的背景――社会のなかでも下層におかれた人々の貧困や非嫡出の問題――があった。では、その社会的背景とは何か。岡山城下の捨子記録をもとに、さらに追究してみたい。

4　岡山城下の捨子
——捨子の実態——

岡山城下で最初に登場する捨子の記録は、先にもあげたが、延宝五（一六七七）年五月二六日に中出石町の仁左衛門が、五歳ばかりの「川流之娘」を引き上げたという、捨子というよりむしろ子殺しに近い事例、そして延宝七（一六七九）年、山崎町に赤子が捨てられていたという事例である。しかし、この後、岡山城下の捨子の記録はとだえ、再び捨子の記録が登場するのは、享和元（一八〇一）年以降、万延元（一八六〇）年までの六〇年間である（章末の捨子一覧）。これらの記録は、幕末のしかも六〇年間という限られた記録である。しかしここには、捨子発見の様子や、捨子に添えられた書付などの所持品の内容が記され、捨子の実態のみならず、捨子への心性や捨子をする人々の生活にせまる手がかりを与えてくれる。以下では、この六〇年間の記録をもとに、まず、捨子の数や、性別、年齢など、捨子の実態を明らかにする。さらに、捨子の事情がうかがえる記録に目を向けることで、捨子への心性や捨子をする人々の生活の一端に接近してみたい。

記録に登場する捨子の総数は、享和元（一八〇一）年以降、万延元（一八六〇）年までの六〇年間に七七件。ただし、そのあいだにはばらつきがあり、捨子が集中してみられるのは、天保期以降

表4―1　捨子の年齢（享和元年4月〜万延元年8月〔1801-1860〕）

生後 1―10日		生後 11―30日		生後 1―6ヵ月		生後 7―12ヵ月		1歳未満		1歳		2歳		3歳	
男	女	男	女	男	女	男	女	男	女	男	女	男	女	男	女
5	10	1	1	2	6	3	2	3	10	7	10	6	7	1	3
計15		2		8		5		13		17		13		4	
1歳未満＋1歳＝60人												1歳以上＝17人			

である。天保期から万延元年までのほぼ二七年間に七五件の捨子がみられる。次に、男女別の総数に目を向けると、捨子の総数七七件のうち、男児が二九件、女児が四八件と、女児が全体の六二％をしめる。男児よりも女児が多く捨てられる傾向にあったことが浮かび上がる。また、子どもの年齢について、表4―1に示したが、生後間もない生後一ヵ月以内の新生児と一歳までの乳児が多い。捨子のなかに、生後一ヵ月以内の新生児、しかも出生直後や生後一日〜二日の新生児が多く含まれていることは、親たちが家族数制限の手段として間引きよりも捨子という手段をとるようになったことを示していると思われる。

図4―2は、捨子が発見された町名と、その件数を示したものである。もっとも多くの捨子が発見されたのは、西大寺町の一一件であり、人通りの多い繁華な場所に捨てられていることがわかる。また、山陽道、津山（倉敷）往来、鴨方往来など、農村部から町に入る通りでも、多くの捨子が発見されており、これらの捨子は、近くの農村からの捨子の可能性が高い。

捨子が発見された場所は、表4―2に示したように、居宅戸口がもっとも多く、全体の約八〇％を占める。しかも、そのうちの一五件は、惣

図4-2　捨子が発見された場所

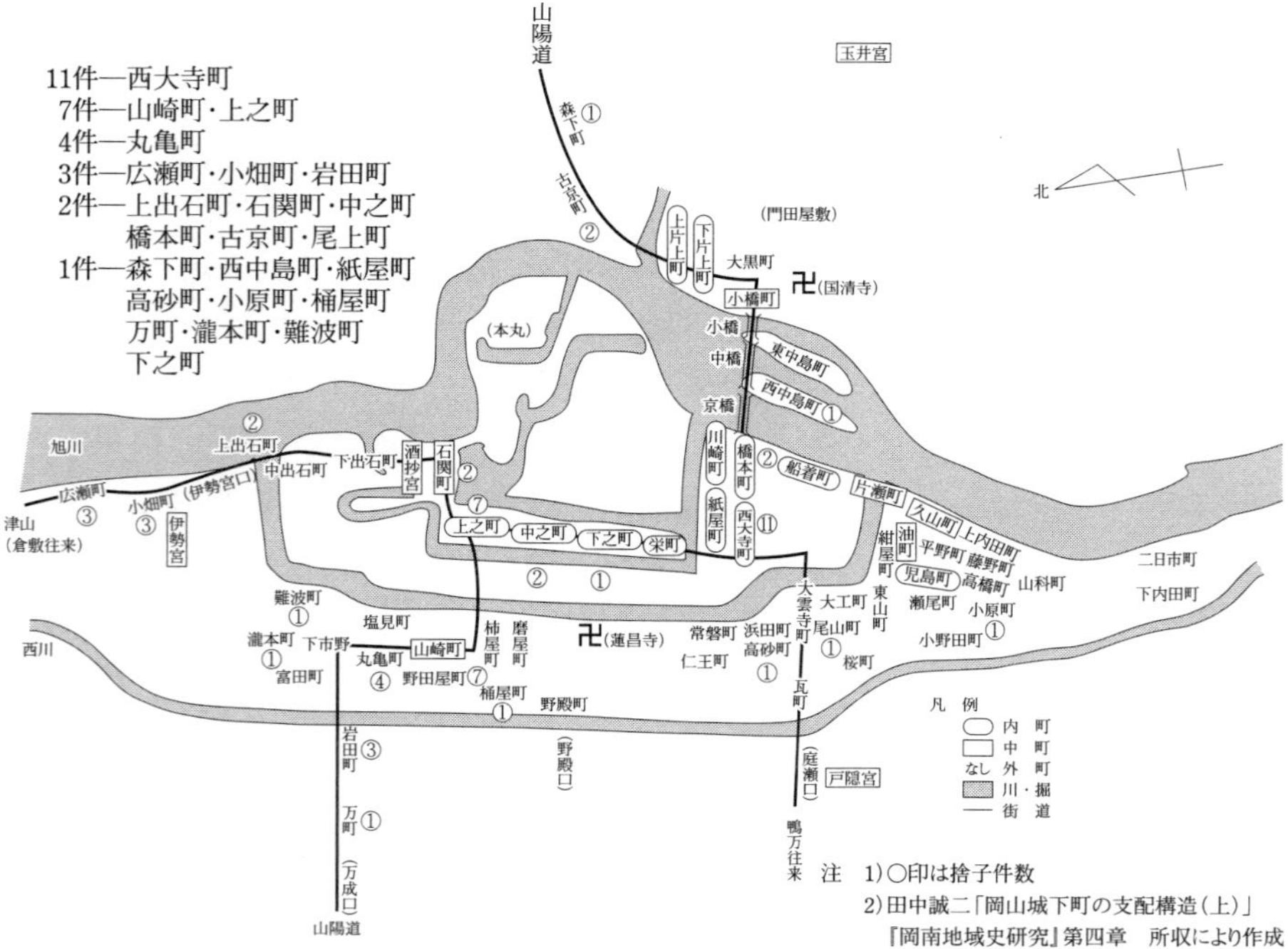

注　1)○印は捨子件数
2)田中誠二「岡山城下町の支配構造(上)」『岡南地域史研究』第四章　所収により作成

年寄、年寄、名主の家の戸口となっている。子どもが生き延びることが期待できる豊かな家であり、惣年寄、年寄、名主など、町での捨子養育の役割をおっている、いわば子どもを救うべき役割を象徴する人々の家の前に捨てられているのである。捨子には、しばしば書付が添えられていたが、その一つ、享和元（一八〇一）年四月二三日の捨子（事例二）に添えられた一札には「御家から（家柄）を頼ミに」とある。拾われることを期待して富裕な家の前に捨てる捨子が多数を占めていたことが、捨場所から明らかになる(5)。

また、捨子のなかには、宛先を明記した書付が添えられている場合もある。弘化二（一八四五）年一二月、上之町名主、因幡屋重右衛門分家、因幡屋伊太郎の居宅戸口に捨てられた一歳の女児（事例九）には、伊太郎あての頼書が添えられ、明らかに伊太郎に拾われることを期待しての捨子であることがわかる。また嘉永六（一八五三）年七月に、上之町東横町途中に捨てられていた一歳未満の女児（事例二五）の場合には、上之町中野屋友三郎の姉婿与助あての頼書が添えられている。同年一一月、尾上町、福岡屋藤吉の居宅戸口に捨てられていた一歳未満の男児の場合（事例二八）には、藤吉の親類で藤吉の裏借家に逗留していた上道郡竹原村真介宛ての書付が添えられている。いずれも、拾われる相手を頼んでの捨子であることは明らかである。

拾われることを期待しての捨子が多数を占めたことは、捨子が

表4―2　捨場所

捨場所	件数
居宅戸口	62
軒下，戸口などの格子	5
通り途中	3
内庭	2
溝端，川端	2
土手	1
裏口	1
出店戸口	1
総計	77

なされた時間をみると、よりいっそう明らかになる。捨子発見のきっかけは、いずれも「赤子」や「小児」の「泣き声」である。表4－3に示したように、朝よりは夜、人目につかず、かといって人通りがまったく絶えてしまわない時間、赤子の泣き声に人々が気付く、人々が寝静まってしまわない午後八時ごろから一一時ごろの時間が全体の約七〇％を占めている。

安政四（一八五七）年四月、「夜五つ時辺（午後八時頃）」、「広瀬町年寄西屋庄吉居宅戸口、表通り軒下」の捨子を発見したのは、「往来之者并子供とも」である（事例五三）。往来の人々や子どもがまだいる時間帯に、しかも表通りという人目につくところに生後六日の新生児が捨てられていたのである。また安政七（一八六〇）年二月「暁七つ時頃（午前四時頃）」に「小松屋嘉平居宅戸口」に出生直後に捨てられた女の新生児の場合は、「通り懸り之者」が戸をたたいて捨子があると知らせている（事例七〇）。そろそろ人の通りがみられる明け方に捨てられているのである。

当時、捨子には、通例、生髪、臍之緒をそえた書付を添えて捨てるものだったらしい。安政六（一八五九）年一〇月、生後一〇ヵ月の女児が捨てられていた事例（事例六四）では、「生髪、臍之

表4－3　捨子発見の時間

	捨子発見の時間	件数	総計
夜	夜暮6つ（午後6時ごろ）	4	28
	夜前5つ時（午後8時ごろ）	7	
	夜前5つ半（午後9時ごろ）	3	
	夜前4つ時（午後10時ごろ）	6	
	夜前4つ時半（午後11時ごろ）	4	
	夜前9つ時（午後12時ごろ）	3	
	夜前9つ半（午前1時ごろ）	1	
朝	暁7つ時（午前4時ごろ）	1	3
	暁6つ時（午前6時ごろ）	2	
	総　　計	31	31

緒」を添えた書付が「ない」ことが、わざわざ注記されている。捨子には、その他、様々なものが添えられている。赤子の着物、帷子、小蒲団、座蒲団、襁褓、守巾着、枕、銀札、小風呂敷、さらし、よだれ掛け、腹当、腹掛け、単物、羽子板、するめ、扇子、鰹節、熨斗といった具合である。なかでも特徴的なものは、扇子と鰹節、臍之緒と生髪である。捨子の所持品がわかる二六件のうち、扇子や鰹節をそえているのは一七件、臍之緒や生髪をそえているのは八件、捨子の年齢は生後二日から生後一〇ヵ月と、いずれも一歳未満である。

扇子や鰹節、生髪や臍之緒を添える親の心性は、どのようなものだったのだろう。そのことを知る一つの手がかりは、『日本産育習俗資料集成』(6)に求めることができる。『日本産育習俗資料集成』に記された岡山県の習俗によれば、臍之緒は紙に包み水引を掛けて、嬰児の名、および生年月日を記入して保存し、あるいは産毛とともに紙に包み保存するとある。また、そこに込められた意味については、「産毛を臍之緒とともに保存しておくと、嬰児がもの恐れをしない」とある。

『日本産育習俗資料集成』に記録された習俗にこめられた人々の願いを分析した『日本人の子産み・子育て』(鎌田久子他編［1990］)によれば、「臍之緒」と「生児の生命力とは不可分なもの」として伝承している所が多いという。一方、近世の習俗を伝える貴重な史料として『諸国風俗問状答』(竹内ほか編［1996］)がある。残念ながら備前国の習俗を伝える史料は、このなかには含まれていない。しかし文政年間に執筆された隣の備後国の「備後国深津郡本庄村風俗問状答」「備後国沼隈郡浦崎村風俗問状答」には、七夜に産髪をそり、名を付け、臍之緒とともに、守袋に入れ、これに「生日を書し、名をしるし」とある。確かに、生髪、臍之緒を添えて捨てられた捨子の場合、名前や生年月日を記した書付を添えて捨てられている場合が多い。名前や生年月日を記す行為においては、明らかに赤子の生命が意識されているとみてよいだろう。名前や生年月日を記した書付を添えた捨子は、拾われ育てられることを期待した捨子であったと思われる。

鰹節と扇子は何を意味しているのだろうか。鰹節と扇子についての伝承は、備後の国の「風俗問状答」にも、『日本産育習俗資料集成』の岡山県の習俗にも、七夜には名を決め、おこわをたき、鰹節、石をつけて祝うという以外には見ることができない。しかし捨子の記録をみると、鰹節や扇子を添えた捨子の事例のいずれも、生年月日や名前が記されていることが明らかとなる。臍之緒や生髪同様、子どもの生命を認め、その安全を祈る添え物と見てよいのではないだろうか。さらに『岡山市史』を見ると、扇子と鰹節をめぐる興味深い習俗が明らかになる。実は、扇子と鰹節をめぐる習俗は、岡山城下の結納の習俗のなかに登場する。岡山城下では、結納のさいに、金子の他に、扇子一本と鰹節を持参したり、あるいは、来訪を受けた側が盆に鰹節の雌雄の節をのせて出すという（岡山市［1968］）。扇子と鰹節の象徴的意味は、拾ってくれた家と新しく縁を結ぶ結納という点にあったのではないだろうか。

また、捨子に添えられた書付のなかには、岡山城下の酒折宮、戸隠宮、伊勢宮などの「氏子」であることを記したもの（事例四一、四四、四六、五三、五六）がある。氏子にすることは、赤子の生命を認める行為であると同時に、これらを添えた親の意図は、捨子の素性を明らかにすることにあったことは疑いない。それらもまた捨子が拾われることを期待しての行為であろう。

捨子が何に入れて捨てられているかに目を転じてみると、これまた興味深い。網袋、みかん籠、柳ごうり、張籠、竹籠、籠、張文庫、櫃にいれ、丸盆や張文庫の蓋にのせ、座蒲団にまき、浅黄風呂敷に包み、あるいはそのまま捨ててある。日常生活のなかで用いられている生活用具が、捨子のさいの道具として使われているのである。しかも柳こうりや張籠は、しばしば古い物であると記されており、捨子の親の生活をも映し出す。

捨子の服装もまた興味深い。捨子たちの多くは、木綿の着物を着せて捨てられているが、なかには、古袷や「継之袷」、「継々之綿入」や「木綿継々袷」など、古布を継いだ着物を着せて捨てられた捨子たちもいる。捨子の原因の一つに貧困があったことが、捨子たちの着衣から浮かびあがってくる。その一方で、享和元（一八〇一）年九月、万町、妹尾屋源右衛門の門前の溝端に捨てられていた生後九ヵ月の男児（事例三）のように、「小紋木綿繻袢紅の袖口並木綿手筋小紋単物並木綿空色模様入紋丸の内に舞鶴、布子紅の袖裏掛ヶ右三品着セ」た捨子もいる。せめて盛装させて捨てる親の心性をうかがわせるとともに、捨子の原因が貧困だけではなかったことを物語る。

次に、なぜ捨子という事態に立ち至ったかがわかる事例を検討することで、捨子の背景にさらにせまってみることにしよう。

5　捨子の背景

捨子の事情がわかる、もっとも早い時期の記録は享和元（一八〇一）年四月の事例（事例二）である。丸亀町、藤田半十郎居宅戸口の表格子に木綿袷を着せ、網袋に入れてかけておかれた捨子には、次のような一札が添えられていた（守屋［1957：558］）。

此物《（者）》母長く病気仕候に付段々今久《（困窮）》仕候ゆへいたし方無御座候。それゆへ右之次第に御座候御家からを頼ミにか様にすて置申候。何とぞ御れんミんを以て被成候ハヽ忝奉存候。此娘せい人之後いか様の儀御座候共、親子なとヽ申物《（者）》無御座候。為後日一札如件。

享和元年酉四月十二日

申六月十五日生

おめしにかやし候へハすいふんたへ申候

おかやま

今屋様

この一札からは、生後一〇ヵ月になる赤子が捨てられた事情が明らかになる。捨子の理由としてあげられるのは、母親の病気による貧困である。「おめしにかやし候へハすいふんたへ申候」。ご飯を煮返して食べさせれば、ずいぶん食べるだろうとの文言からは、離乳期にある赤子への親の思いと、赤子を飢えさせねばならない状況におかれた親の困窮の様が伝わってくる。貧困が捨子の大きな動機であったこと、また貧困をひきおこす要因として親の病気があったことを、この事例は示す。また、この娘が成人した後に「親子なと〻申物（者）無御座候」との文面からは、捨子は養育の拒否のみならず、生涯にわたる親であることとの放棄として意識されていたことがうかがえる。

もう一つ、捨子の事情がわかるのは、安政六（一八五九）年一〇月、小畑町近江屋吉五郎居宅戸口に生後二ヵ月の女児が捨てられていた事例（事例六三）である。この捨子の場合には、吉五郎あてに「母親病死致難儀候間、何卒養育仕呉候様」という書付が添えられている。これら二つの事例は、貧困や親、とりわけ母親の病気や死が、捨子の大きな動機であったことを示す。

次に取り上げるのは、嘉永七（一八五四）年一〇月、「用達」とよばれる上層町人、小坂甚左衛門居宅戸口に生後一〇〇日ばかりの女児が捨てられていた事例である（事例三三）。捨子に添えられた書付は次のようなものである。

一、此度某事女子壱人出生致、殊之外歓罷在候処、折悪敷母之親共病気心外存居候処江州表へ家内引越し被為　仰付、右ニ付訳而残念とハ存候得とも、無拠道違之儀なから貴殿江養育之処、幾久しく御頼申上候、筋ならぬ者之子と不被思召、御取上養育之処、如何とも思召次第ニ宜

敷御頼申上候、以略儀御頼書如斯ニ御座候、済之

十月十日

書判

上

捨子の理由としてあげられるのは、赤子の母親の両親たちが病気になってしまったこと、江州（近江国）へ引っ越しを仰せ付けられたことの二点である。赤子の誕生が家族にとっては「殊之外よろこびであったにもかかわらず、病気の両親をかかえたうえ「江州表へ家内引越し被為　仰付」る不測の事態によって、養育が困難となったことが述べられる。この事例の場合は、「貴殿」と、明らかに小坂甚左衛門を養い親として選んだうえで、しかも「筋ならぬ者之子と不被思召、御取上養育之処」と、関係のない者の子と思わずに、取り上げ養育してほしいとの願いを添えて捨てられている。

捨子の事情がわかる書付は、わずかにこの三例のみである。しかし、そこからは、捨子の原因の一つに貧困があり、貧困をうみだす誘因として、母親や家族の病気があったこと、また捨子は必ずしも最初から養育を拒否した捨子ばかりではなく、出生当初は育てるつもりでいたが、家族の病気や不測の事態により養育困難となってなされた場合もあったことが明らかになる。その意味で、出生直後の捨子と、生後しばらくたってからの捨子とでは、捨子の背景を異にしていたものと思われ

る。
では、これらの捨子たちはその後、どのような運命をたどったのだろうか。

6　捨子のその後

捨子のなかには、拾われたものの死んでしまう捨子もいた。安政二（一八五五）年九月、中之町、岡本屋瀬介居宅戸口に捨てられた生後二ヵ月の男児の場合、瀬介方にとりあげ乳をあたえて養育していたが、三年後の安政五（一八五八）年一〇月二一日、医者の治療を受けたものの、病気のため三歳で死亡している（事例四三）。また安政三（一八五六）年五月、小畑町、木屋安吉居宅北隣の、安吉空家の格子に捨てられた生後三日の女児の場合、安吉方に取り上げ養育したのち、御野郡南方村の亀吉方へ里子に出されたが、病弱なうえに、胎毒もきつく、医者の治療を受けたものの生後五ヵ月で死亡している（事例四六）。

捨子があった場合は、その日のうちに、捨子があった町の名主、年寄から惣年寄へ届けが出されている。しかし、届けが遅れた事例からは、拾われたものの、すぐに死んでしまった捨子の場合は、届け出自体がなされなかった可能性がうかがえる。万延元（一八六〇）年、四月三日、樋屋町、吉田屋武助居宅戸口に「三月二四日出生、ふさと名付けた」という書付を添えて捨てられていた生後一〇日の女児の場合、早速武助方に取り上げ、乳をあたえたが、「手弱に」みえるというので、武

表4—4　年齢別養子数

＊ただし，このなかには養子縁組みの場合だけでなく身元引受け人が決まった場合も含んでいる。

＊うち，褒美金1両をもらっているケース：16件（1歳未満—1，2歳—4，3歳—1，4歳—2，6歳—3，8歳—2，9歳—1，13歳—1，不明—1）

	1歳未満	1歳	2歳	3歳	4歳	5歳	6歳	7歳	8歳	9歳	10歳	13歳	14歳	18歳	26歳	不明	総計
男	2	1	5	1	1	1	3		1		1					1	17
女	2	1	5	3	5	2	3	1	4	1		1	2	1	1		32
総計	4	2	10	4	6	3	6	1	5	1	1	1	2	1	1	1	49

助からの届け出が遅れ、惣年寄への届け出は、四月一二日になされている(事例七二)。

無事生き延びた捨子は、取り上げた家のものが、身元引受け人となったり、あるいは養い親となる場合もあった。捨子を取り上げ、乳をあたえ養育していた取り入れ先が、そのまま養い親や身元引受け人になっている例が、男児で八件、女児で一二件ある。どこに捨てるか、拾って育ててくれる人物かを考慮したうえで捨子がなされるものであったことは、こうした結果にも示されているように思われる。

表4—4に示したのは、年齢別、性別の養子数(身元引受け人も含む)である。なにぶん事例数が少ないので、これらの数字からのみ判断することは難しいし、危険でもある。ただ、おおよその傾向を追うことはできるだろう。これをみると、全体の約八〇%がほぼ八歳までに養い親や身元引受け人が決まっていること、年齢分布では生存の見込みもたち離乳期を迎えた二歳が一〇人と、もっとも多いことが読み取れる。

では八歳という年齢は何を意味しているのだろう。『藩法集』のなかに、その手がかりを求めることができる。天保九（一八三八）年、津高郡細田村辻堂に捨てられていた五歳の男の捨子の場合（藩法研究会編［1959：734-735］）、同じく津高郡豊岡村上分往来道に捨てられていた三歳の女の捨子の場合（藩法研究会編［1959：734-735］）がそれである。どちらの場合も、藩から養い親に対し、鳥目五貫文が与えられているが、注目すべきことは、前者の場合には、三ヵ年のあいだ毎年麦三俵宛、後者の場合は、五ヵ年のあいだ毎年麦三俵宛、藩から支給するとされている点である。いずれの場合も、捨子が七歳になるまで養育料を与えることになっており、藩の側は、七歳までを養育料支給の対象としていたことが明らかとなる。養子の年齢が八歳までに集中していることは、養育料支給との関係で考えられるのではないだろうか。

また、同じく『藩法集』には、引取り手のいない捨子の事例も記録されている（藩法研究会編［1959：367］）。元禄一（一七〇三六）年、御野郡南方村でみつかった一二、三歳の女児の場合は、南方村の名主が村中、近隣の村むらまでよびかけたが、誰も養おうというものがなく、「東ノ山」（非人身分）につかわされている。この女児の場合、養親があらわれなかった理由は、「最早歳十二三ニ相見へ」と、年がすでに大きすぎることにくわえ、「こびれものニて生立悪敷御座候付」、ひねくれていて、生い立ちが悪い点にあったことがあげられている。すでに、歳がいってしまった子どもの場合は、性質などもかたまってしまって育てにくいという認識があったことも、養子が八歳までに集中している理由ではないだろうか。

一方、養い親の居住地に注目して分類してみたのが表4―5である。岡山城下にひきとられた捨

表4—5　養子先

引取り先＼性別	男	女	総計
岡山城下	15	20	35
農村	1	13	14
総計	16	33	49

子は男児一五名、女児二〇名、近郊農村にひきとられた捨子は男児一名、女児一三名と、農村部では女児のほうが多くひきとられる傾向にある。捨てられる割合も、またもらわれる割合も女児が多い傾向が明らかとなる。

では、どのような養い親にひきとられたのだろう。養い親や身元引受け人の家族構成がわかる事例は、九件ある。それらは大きく四つの類型に分けることができる。一つは、豊かで安定した家族である。安政四（一八五七）年一二月、一三歳のいくを養女にした上之町名主因幡屋重右衛門の家族（事例九）、安政四（一八五七）年三月、四歳の小ぎんの身元引受け人となった上之町中野屋友三郎の家族（事例二五）、安政四（一八五七）年、三歳のみきの身元引受け人になった上之町、児島屋幸介の家族（事例三二）がこれにあたる。いずれの家族も直系家族、あるいはこれに兄弟夫婦の家族や兄弟などが加わった、安定的な家族の再生産が可能な家族である。

二つめの家族は、実子がいないか、またいても幼い家族である。安政四（一八五七）年五月、一四歳のことの身元引受け人となった常吉の家族（事例七）、安政二（一八五五）年八月、二歳のかよを養女にした難波町、井上屋仲蔵の家族（事例三一）、安政六（一八五九）年、六歳の伊三吉の身元引受け人となった佐兵衛の家族（事例三四）、安政六（一八五九）年三月、四歳のてるを養女にした上之町、河原屋しゅん借家、山北屋豊吉の家族（事例四八）がこれにあたる。

三つめの家族は、不完全家族である。安政三（一八五六）年六月、二歳のすへの身元引受け人となった上之町、八幡屋松三郎借家に住む玉屋文十郎の家族がこれにあたる。文十郎の家族は、文十郎四二歳、母六〇歳の家内二人である（事例四五）。そして、四つめの家族は、単身家族である。安政六（一八五九）年三月に、二歳の馬之介を養子にした栄町桜屋久右衛門の借家に住む平井屋万介（事例五五）、同年七月に、二歳のたけを養女にした桜町に住む金岡屋亀之介（三四歳）（事例五七）は、いずれも独身、安政二（一八五五）年三月に、六歳のこのを養女にした古京町、川口屋房治の借家に住む紺屋きせ（事例二七）、安政三（一八五六）年に四歳のきちを養女にした下之町、中屋うさ（事例二九）は、いずれも後家である。

以上のように、捨子の養い親や身元引受け人には、家族数も多く安定した家族や子どものいない家族のみならず、おそらく養育料の支給を目的に養い親になったものと思われる単身家族や不完全家族も含まれる。捨子の養育料を支給するという藩の側の措置は、一方で拾われることを期待した捨子を生み出すとともに、養育料支給を目的とした下層の人々による捨子の養育という事態を生み出したものと思われる。近世末期の岡山城下町の捨子の実態は、これら社会の諸層の様々な利害が絡まりあうなかに「捨子」が存在していたことを物語る。

おわりに
――「捨子」をめぐる諸相――

最後に、本章で考察したことをまとめると以下のように整理することができる。

①岡山藩では、「生類憐みの令」よりも約三〇年前に、捨子養育者に褒賞を与えるという措置がとられ、幕法以後も、捨子の養育料や褒美金を藩が支給するなど、藩権力によって、捨子の養育は維持された。こうした藩の捨子の養育への措置は、拾われることを期待した捨子をうむこととともなった。

②捨子をめぐる処罰の事例からは、捨子が自然発生的なものではなく、そこには、捨子が生じる社会的背景、とりわけ社会のなかでも下層におかれた人々の貧困や生計の維持という問題、また非嫡出という問題があったことが明らかになる。

③享和元（一八〇一）年から万延元（一八六〇）年までの六〇年間の岡山城下町の捨子事例のうち、女児が全体の六二％を占め、男児よりも女児が捨てられる傾向にあったことが浮かび上がってくる。また捨てられた年齢は、生後間もない生後一ヵ月以内の新生児と一歳までの乳児が多く、親たちが家族数制限の手段として間引きよりも捨子という手段をとるようになったことを示す。

④捨子が捨てられた場所や時間に目を向けると、豊かな家や町役人の居宅戸口をはじめ、人目につ

きやすい、拾われやすい場所、時間が選ばれ、近郊農村からの捨子も多かったことが知れる。また、生年月日、名前、氏子であることを記した書付や、赤子の生命力の維持を願う臍之緒、生髪、新しい家族との縁を願う鰹節、扇子が添えられている場合が多くみられ、拾われることを期待しての捨子が多くあったことがうかがえる。

⑤捨子に添えられた書付からは捨子の原因に貧困があり、貧困を生み出す誘因として、家族の病気があったこと、また、最初から養育を拒否していたわけではなく、不測の事態により、捨子せざるを得なかった場合もあることが明らかとなる。その意味で、出生直後の捨子と、生後しばらくたってからの捨子では、捨子の事情を異にしていたのではないかと考えられる。

⑥生き延びた捨子は、ほぼ八歳になるまでに、養い親や身元引受け人のもとに引き取られているが、その理由は、藩から養育料を支給される年齢が七歳までであったこと、歳が大きくなってしまった捨子の場合、可塑性にとぼしいことにあったらしい。また近郊農村にひきとられるのは女児のほうが圧倒的に多く、捨てられる割合も、もらわれる割合も女子のほうが高いことが明らかとなる。養い親のなかには、豊かで安定した家族や子どものいない家族のみならず、養育料支給を目的としたらしい不完全家族や単身家族も含まれている。岡山藩の捨子の養育は、捨てる側の人々、もらう側の人々相互の利害の絡まりあいのなかで維持されていたと考えられる。

ここに示したものは、「捨子」をめぐる諸相を明らかにするための基礎作業であり、今後さらに検討をかさねていきたい。

注

（1） 捨子研究の持つ意味については、木村［1993］高橋［1981］［1991］藤田［1994］などを参考に整理をした。

（2） 大喜［1999］では、一九八〇年代以降に登場した「子供の歴史ともいうべき形」での研究成果が紹介されるとともに、これら八〇年代に盛んになされた子供の研究では、子供の神的な側面に光があてられ、「影の部分＝捨子等、研究があまりなされなかったのは重大な見落とし」であることが指摘されている。大喜は、こうした「子供の歴史学」の研究動向を踏まえ、中世の捨子に焦点を絞り、「捨子とはどのような存在であったのか、いかに意識されていたのかを考察」している。

（3） 嬰児遺棄と嬰児殺害とのあいだには、それを行なう側の家族観や共同体への意識の違いがあるのではないかという視点については、注（1）にあげた木村の研究［1993］から示唆を得た。

（4） ここにある「山之者」とは「山之乞食」と呼ばれた非人身分の人々のことであろうと思われる。また捨子養育が、「山之乞食」の役の一つとして数え上げられるようになる契機は、延宝初年（一六七三）の洪水、飢饉とされる（倉地［1982］）。

（5） 注（2）の大喜［1999］によれば、中世の捨子の捨て場所は、ほぼすべて、境界の場、「無縁」の場であったという。このことの意味について「捨てる側が境界に子を捨てることは、現世との縁を切る行為ということであろう。大喜は、現世と縁を切ることは捨てた子が死んで他界に帰る、また現世で新たな縁を結ぶ＝拾われるということを意味していよう」とする。しかし、中世後期の室町期からは捨子に対し所持品をつける「所持品添付行為」がみられるようになること、これら「所持品添付行為は、捨子が拾われることを期待した行為であり、子を捨てることがその子を他界に帰す行為であった以前に対し、意識の変化を物語っている」と指摘している。こうした中世の捨子と近世の捨てられる場所の変化や、所持品の持つ意味など、今後考えなければならない課題である。

（6）　恩賜財団母子愛育会編［1975］に記載された産育をめぐる習俗は、「昭和初期に生存していた七、八〇歳以上の老人」の「一〇～二〇歳代」の見聞と推測できることから、「時期的には、一八六〇～七〇年代」、つまり「江戸時代末期から明治の初期」の記憶と推定され（千葉徳爾、大津忠男［1983：118］、ちょうど本章が分析の対象としている時期とかさなりあう。

捨子一覧

番号	西暦（和暦）月日	性別	年齢	捨場所	捨子の状況	所持品	取入先養育	片付養子先	養子時年齢	備考
1	1801（享和元）3月22日 暮6つのころ	男	生後すぐ	橋本町，竹だ善次郎，居宅軒下，表の平格子	木綿着物		善次郎方	善次郎		譜代の家来とする旨，届出
2	1801（享和元）4月23日 6つ前頃	女	生後10ヶ月	丸亀町 藤田半十郎 居宅戸口の表格子	木綿袷を着せ，網袋に入れ，捨子	一礼	藤田半十郎方で養育	藤田方で「下女」として養育	生後10ヶ月	6月15日生，母親が長く病気をし，困窮，「御家からを頼ミに」捨てる旨の書付
3	1801（享和元）9月6日 暮6つ頃	男 万吉	1歳未満（正月出生位）生後9ヶ月	万町 妹尾屋源右衛門門前溝端	小紋木綿襦袢，紅の袖口など，三品を着せてある		源右衛門方	源右衛門	1歳未満	この捨子に万吉とつけ養子に惣年寄より養育料金1両
4	1803（享和3）2月29日 夜前4つ半	男	2歳くらい	上之町 芝や新右衛門戸口			新右衛門方			千ヶ寺廻りの夫婦の子どもと判明，夫婦が引き取る
5	1833（天保4）3月17日 夜	女 ふき	1歳	広瀬町，年寄金岡屋長六居宅戸口				長六が引受人に（安政5＝1858年4月12日）	26歳	26年前の捨子
6	1837（天保8）6月12日 夜	女 はつ	1歳未満	柏屋勇左衛門居宅 出格子の中				桜町，西屋久四郎養女に	18歳	18年前の捨子

7	1844（天保15） 2月28日 夜	女 こと	1歳未満	上之町 三木屋常吉 居宅戸口				常吉，請込人 （安政4＝1857年5月8日）	14歳	常吉67歳，子万吉34歳，妻姪29歳，娘孫よし3歳，家内4人，褒美金1両，14年前の捨子
8	1844（天保15） 5月22日	女 しゅう	2歳	下之町 丸亀屋重助 居宅戸口				重助，養女に （安政2＝1855年6月8日）	14歳	12年前の捨子
9	1845（弘化2） 12月17日	女 いく	1歳	上之町，名主 因幡屋重右衛門 分家因幡屋伊太郎 居宅戸口		頼書一通	重右衛門方に取揚げ養育	重右衛門，養女に （安政4＝1857年5月8日）	13歳	重右衛門70歳，同人子孫恒太郎19歳，同人娘孫しゅう6歳，請込人娘かめ41歳，家内6人 褒美金1両，13年前の捨子
10	1847（弘化4） 10月15日 夜	女 みつ	1歳未満	紙屋町 松田屋忠兵衛 居宅戸口				忠兵衛，養女に （嘉永7＝1854年10月26日）	8歳	8年前の捨子
11	1847（弘化4） 11月25日 夜	男 松之助	1歳未満	山崎町 吉岡屋彦五郎 居宅戸口				児島屋松次郎，子に （安政2＝1855年12月12日）	8歳	8年前の捨子
12	1850（嘉永3） 1月23日 夜	女 はる	1歳	高砂町 平島屋甚之助 居宅戸口				瀬尾町，橋本屋崇吉，養女に （安政2＝1855年6月8日）	7歳	6年前の捨子
13	1850（嘉永3） 5月23日	男 染八	2歳	石関町，名主 山田清左衛門				瓦町船屋徳右衛門 借家塩屋清次郎養子に	10歳位	8年前の捨子

	夜			居宅戸口				（安政4＝1857年10月2日）		
14	1850（嘉永3） 6月晦日 夜	女 はる	1歳未満	西大寺町 福岡屋与兵衛 居宅戸口				与兵衛，養女に	8歳	7年前の捨子，褒美金1両
15	1850（嘉永3） 10月7日 夜	女 さと	1歳未満	西大寺町 島屋藤三郎 居宅戸口				御野郡西古松村弥三郎，養孫に	5歳	5年前の捨子
16	1850（嘉永3） 12月27日 暁	女 のせ	2歳	石関町，名主 山田屋清右衛門 居宅戸口				広瀬町荒物屋幸之助，養娘に （安政3＝1856年5月12日）	8歳	7年前の捨子，幸之助55歳，妻49歳，子勝次郎10歳，家内3人褒美金1両
17	1851（嘉永4） 2月5日 夜	男 銀之丞	1歳	中之町 中野屋栄松 居宅戸口				栄松，養子に （安政3＝1856年6月17日）	6歳	5年前の捨子 褒美金1両
18	1851（嘉永4） 3月16日	女 小ひで	2歳	丸亀町 平岡屋兵之助 居宅内庭				兵之助の引請人に	9歳	7年前の捨子，褒美金1両
19	1851（嘉永4） 9月5日 夜	男 鹿之助	1歳未満	西大寺町酢屋 酢屋甚吉 居宅戸口				東中島町灰屋八百蔵，養子に （安政2＝1855年7月8日）	4歳	4年前の捨子
20	1851（嘉永4） 11月1日	男 太左衛	2歳	古京町 大工定次郎				定次郎，養子に （嘉永7＝1854年10月	5歳	3年前の捨子

	夜	門		居宅戸口				26日）		
21	1851（嘉永4） 11月8日 夜	女 きく	2歳	山崎町途中				塩見町松本屋万吉，養娘に （安政2＝1855年12月8日）	8歳	6年前の捨子
22	1852（嘉永5） 4月23日 夜	女 つね	1歳	山崎町 中屋与三郎 居宅戸口				上道郡湊村奉公人金十郎弟芳助，養娘に （安政3＝1856年4月8日）	5歳	5年前の捨子
23	1852（嘉永5） 8月晦日 夜	女 みつ	1歳	西大寺町 冨士屋佐五郎 居宅戸口				備中窪屋郡子位庄村石五郎徒弟松之進，養娘に （安政5＝1858年正月8日）	6歳	6年前の捨子
24	1853（嘉永6） 2月3日 夜	男 金蔵	2歳	丸亀町，名主 備中屋弥吉 居宅戸口				弥吉，引受人に （安政4＝1857年7月2日）	6歳	褒美金1両 5年前の捨子
25	1853（嘉永6） 7月15日 夜	女 小ぎん	1歳未満	上之町 東横町途中		与助あての頼書	上之町 中野屋友三郎方へ取揚げ養育	中野屋友三郎が請込人に （安政4＝1857年3月8日）	4歳	4年前の捨子，友三郎33歳，妻29歳，子吉三郎，＝1857当歳，姉婿与助39歳，妻さと33歳，父長三郎69歳，母67歳，家内7人 褒美金1両
26	1853（嘉永6） 9月2日	女 こと	3歳	深屋清次郎 居宅戸口				津高郡野殿村，新三郎，養女に	6歳	3年前の捨子

	夜							（安政3＝1856年6月17日）		
27	1853（嘉永6） 11月2日 夜	女 この	3歳	古京町町内 通り筋土手途中			町内へ取揚げ養育	古京町，川口屋房治，借家，紺屋きせ養女 （安政2＝1855年3月20日）	6歳	3年前の捨子，褒美金1両
28	1853（嘉永6） 11月10日 夜	男 柳之介	1歳未満	尾上町福岡屋 福岡屋籐吉 居宅戸口		真介宛ての書付		上道郡瓶井門前町村平四郎倅安五郎養子 （安政2＝1855年6月2日）	3歳	3年前の捨子，籐吉の親類で，籐吉の裏借家に逗留していた上道郡竹原村，真介あての書付
29	1853（嘉永6） 11月24日 夜	女 きち	1歳未満	西大寺町 新丸屋恵介 居宅戸口				下之町，中屋うさ，養女に （安政3年）	4歳	下之町福岡屋与吉が媒酌
30	1854（嘉永7） 正月11日 夜	女 きの	2歳	橋本町小豆島屋 小豆島屋伊三郎 居宅戸口				上道郡高尾村，勝次，養女に （安政2＝1855年7月2日）	3歳	1年前の捨子
31	1854（嘉永7） 2月1日 夜	女 かよ	1歳	上出石町名主 亀屋音五郎 居宅戸口				難波町井上屋仲蔵養女に （安政2＝1855年8月8日）	2歳	1年前の捨子，仲蔵51歳，妻40歳，請込人弟覚之介33歳，家内3人，褒美金1両
32	1854（嘉永7） 2月15日 夜	男 弥介	2歳	森下町 置人権次郎 居宅戸口				権次郎，引受人に （安政元＝1854年12月21日）	2歳	10ヶ月前の捨子
33	1854（嘉永7）	女	3歳	小原町				御野郡辰巳村，初次郎，	3歳	5ヶ月前の捨子

	3月21日 夜	はる		足守屋与四郎 後家借家，戸口				養女に （嘉永7＝1854年8月17日）		
34	1854（嘉永7） 5月1日 夜	男 伊三吉	1歳	上之町新木屋 新木屋佐兵衛 居宅戸口				佐兵衛，請込人に （安政6＝1859年7月12日）	6歳	佐兵衛52歳，妻30歳，養子千代介20歳，請込人与喜蔵16歳，家内4人　6年前の捨子
35	1854（嘉永7） 6月27日 夜	女 みき	1歳未満	上之町 児島屋幸介 居宅表宅桟橋 半格子之内				幸介，請込人に （安政4＝1857年4月26日）	3歳	3年前の捨子，幸介52歳，妻46歳，子源四郎22歳，子利吉12歳，弟八重吉34歳，同人妻弟姪32歳，同人子甥幸次郎8歳，家内7人 褒美金1両
36	1854（嘉永7） 8月19日 夜	男 嘉七郎	1歳	今屋弥七郎 居宅戸口				東中島町，児島屋甚吉養子に （安政2＝1855年7月2日　　　）	2歳	褒美金1両
37	1854（嘉永7） 9月14日 夜	女 しげ	1歳	富田町 井福屋卯兵衛 居宅戸口				赤坂郡下塩木村，五三兵衛悴，冨士太，養女に （安政2＝1855年11月8日）	2歳	
38	1854（嘉永7） 10月10日 夜前9つ時辺	女	生　後 100日ばかり	小坂甚左衛門 居宅戸口	木綿縞の袷1枚，同小紋襦袢1枚着せ，みかん籠に入れ捨子	鰹節1本，古小蒲団1つ，同むつき4ヶ，別	甚左衛門方に取り上げ養育			捨子添書あり 甚左衛門方の下人が発見 ＊甚左衛門は用達

						紙				
39	1854（安政元） 12月24日 夜前5つ半辺	女	生後 2ヶ月	西中島町，名主 角屋惣五郎 居宅戸口	木綿茶嶋袷と木綿襦袢を着せ，座蒲団に包み捨子	守巾着 書付	角屋惣五郎方に取り上げ，養育			「10月2日生」との書付
40	1855（安政2） 4月2日 夜前5つ半時ごろ	男	生後 4，5日	尾上町 児島屋はや 居宅戸口	木綿縞袷を着せ，丸盆にのせ捨子	木綿縞袷1枚 銀札2包	児島屋はや方で養育			
41	1855（安政2） 7月18日 朝6つ時頃	女 ゆき	生後 25日	上之町山本屋 山本屋武兵衛 居宅角屋敷の西横町裏口	小紋着物を着せ，古柳合利に入れ，捨子	小紋椎子1つ，鰹節2本，扇子2本，書付	武兵衛方で養育	備中浅口郡玉島村，林吉，養子 （安政3＝1856年3月26日）		「6月24日生，酒折宮氏子，名ゆき」との書付
42	1855（安政2） 8月29日 暁6つ前	女	生後 1日	西大寺町 平野屋吉之介 居宅戸口	縞木綿単物2枚着せ，籠に入れ，捨子	縞木綿袷1枚 書付	吉之介方で養育			「昨28日生」との書付
43	1855（安政2） 9月21日 夜前5つ時辺	男 宗右衛門	生後 2ヶ月	中之町岡本屋 岡本屋瀬介 居宅戸口	木綿絣綿入を着せ，張文庫の蓋に捨子	木綿縞継之袷1木綿小紋襦袢1紅木綿枕1つ座ふとん1つ，扇子1本，鰹節1本，臍之緒，生髪，書付	瀬介方で養育			「7月15日出生，名は宗右衛門」との書付。安政5＝1858年，煩い，松原曼省様の治療を頼み，服薬などしたが，10月21日，病死。

44	1855（安政2） 11月6日 夜9つ時頃	女 かめ	生後 3ヶ月	上之町 表具屋理介出店 戸口	木綿布子を着せ，古柳合利に入れ，捨子	木綿袷5つ，単物4つ，椎子1つ，羽子板2枚 臍之緒	理介方で養育	高砂町奥田屋吉兵衛，弟，秀次郎，養女に （安政4＝1857年3月14日）	4歳	「戸隠宮氏子かめ」と臍之緒包紙に書付
45	1856（安政3） 正月14日 夜	女 すへ	2歳	上之町，八幡屋松三郎，借家玉屋文十郎，居宅戸口				文十郎，請込人に （安政3＝1856年6月17日）	2歳	文十郎42歳，母60歳，家内2人 褒美金1両
46	1856（安政3） 5月4日 夜前9つ時頃	女	生後 3日	小畑町，木屋安吉同人居宅北隣空家の格子	古袷を着せ，竹籠に入れ捨子	単物1つ 書付	安吉方で養育	御野郡南方村亀吉方へ里子に，しかし病弱のうえ，胎毒で辻吉補様を頼み，療治したが，夜前5つ時ごろ死亡 (安政3年10月23日)	1歳未満	「5月1日出生，伊勢宮氏子」の書付 生後5ヶ月で死亡
47	1856（安政3） 9月4日 暁	男 近蔵	1歳	西大寺町 中屋伝四郎 居宅戸口				御野郡宿村，兼右衛門，養子に （安政3年12月17日）	1歳	3ヶ月前の捨子
48	1856（安政3） 9月28日 夜	女 てる	1歳	上之町，河原屋しゅん，借家山北屋豊吉，居宅戸口				豊吉，養女に （安政6＝1859年3月2日）	4歳	4年前の捨子，豊吉34歳，妻34歳，弟定吉10歳，父喜作74歳，家内4人，褒美金1両
49	1856（安政3） 11月4日	女 きぬ	1歳	野村屋平左衛門				御野郡下出石村御蔵百姓，徳蔵，養女に	4歳	4年前の捨子

	夜			居宅戸口					
50	1856（安政 3） 11 月 24 日 夜	男 藤吉	1 歳	上之町，岡島屋茂兵衛，借家仁尾屋市五郎，居宅戸口				中之町，自分借家 備中屋太郎吉の養子に （安政 4 = 1857 年 5 月 8 日）	2 歳	半年前の捨子，褒美金 1 両
51	1857（安政 4） 3 月 27 日 夜	女 うの	1 歳未満	山崎町 中屋与四郎 居宅戸口				御野郡辰巳村，六之介弟宇三郎，養女に （安政 4 = 1857 年 5 月 8 日）	1 歳未満	2 ヶ月前の捨子
52	1857（安政 4） 3 月 28 日 夜	男 八十吉	2 歳	難波町 伊島屋伊左衛門 戸口先			伊左衛門居宅見世を借受けていた滝本町小串屋鶴蔵が養育	鶴蔵が引請人に （安政 4 = 1857 年 7 月 2 日）	2 歳	3 ヶ月前の捨子
53	1857（安政 4） 4 月 15 日 夜 5 つ時辺	女	生　後 6 日	広瀬町，年寄西屋庄吉，居宅戸口，表通り軒下	古座蒲団敷と継之袷 2 枚を着せ，骨柳に入れ捨子	小紋単物，紅木綿枕，鰹節 1 本，扇子 1 本，生髪，臍之緒，書付	庄吉方で養育			発見したのは「往来之者并子供とも」「4 月 9 日出生，酒折宮氏子」と書付あり
54	1857（安政 4） 12 月 7 日 夜前 5 つ時辺	女	生　後 4 日	上之町，年寄黒金屋嘉兵衛居宅戸口	木綿継々之綿入を着せ，張文庫に入れ捨子	紅木綿枕 1 つ扇子 1 本鰹節 1 本臍	嘉兵衛方で養育			「12 月 3 日出生」との書付

						之緒，書付				
55	1858（安政5） 正月9日 夜	男 馬之介	1歳	惣年寄 河本忠五郎 居宅内庭				栄町桜屋久右衛門，借家独身，平井屋万介，養子に （安政6＝1859年3月2日）	2歳	
56	1858（安政5） 正月11日 夜前4つ時辺	男	生後 7ヶ月	小畑町 木屋安吉 居宅戸口	もめん綿入，袷，襦袢を着せ，古い柳古里に入れ捨子	着物2つ 鰹節2本 安吉あての書付	安吉方で養育			昨年の「閏5月17日出生，新宮氏子」あることと，安吉あてに頼むという書付
57	1858（安政5） 6月29日 夜	女 たけ	1歳	西大寺町 桔梗屋善蔵 居宅戸口				桜町独身，金岡屋亀之介34歳，養女に （安政6＝1859年6月12日）	2歳	1年前の捨子
58	1859（安政6） 2月9日 夜	女 ふて	2歳	広瀬町，名主 高田屋三五郎 居宅戸口				津高郡横井村，久米八養子婿，又六養女 （安政6＝1859年7月12日）	2歳	6ヶ月前の捨子
59	1859（安政6） 2月20日 暮6つ時辺	女	生後 2，3日	岩田町 東南手西川端	紅木綿袷を着せ，そのまま捨子	書付	富田町名主，現金屋理右衛門方で養育			理右衛門あての書付が糸で結びつけてある
60	1859（安政6） 4月22日	女 うめ	生後 6ヶ月	岩田町，名主 魚屋半次郎	木綿継々袷2枚を着せ，座ふとんに	地目小紋単物1，扇子	半次郎方で養育			「去年10月生うめ」との書付

	夜前4つ半頃			居宅戸口	巻き，捨子	1本，鰹節1本，書付				
61	1859（安政6） 5月7日 夜	男		上出石町 八百屋次郎兵衛 居宅戸口				下市町，多摩屋清吉 この男子を養子に （安政6＝1859年11月17日）		6ヶ月前の捨子 褒美金1両
62	1859（安政6） 9月26日	男 勇太郎	3歳	丸亀町 通り筋途中	古い木綿袷を着せ，古帯に書付がぬいつけてある	書付	町内で養育			一人で歩いているところをみつかり役人宅に連れ帰り改めたところ，捨子の様子。「9月出生，勇太郎と名付け，今年3歳になる」という，宛名のない書付が帯に縫い付
63	1859（安政6） 10月23日 夜前4つ時頃	女 さと	生　後 2ヶ月	小畑町 近江屋吉五郎 居宅戸口	木綿嶋布子2枚を着せ，古張籠に入れ，捨子	嶋袷1枚 書付				8月7日出生の女子，さとと名付ける。母が病死し，難儀しているので，何とぞ養育してほしいとの書付
64	1859（安政6） 10月24日 夜5つ時ごろ	女	生　後 10ヶ月	山崎町伊田屋 伊田屋平右衛門 居宅戸口	木綿縞襦袢と古き嶋綿入を着せ，そのまま捨子		平右衛門方で養育			生髪，臍之緒をそえた書付なし。正月頃出生とみえる
65	1859（安政6） 10月29日 夜前9つ半時ごろ	男	生　後 2日	西大寺町常屋 常屋増蔵 居宅戸口	木綿襦袢と同縞綿入を着せ，張籠に入れ捨子	木綿綿入1つ，同小蒲団1つ，襦袢，扇子，鰹節，書付	増蔵方で，密薬をたべさせ，養育			「10月27日出生」との書付

66	1859（安政6） 10月20日 夜前5つ時前	女	生　後 5日	西大寺町 中奥屋久蔵 居宅戸口	縞綿入1枚，同袷2枚絹頭巾を着せ，柳合利に入れ，捨子	枕1つ 古綿蒲団1つ 扇子，鰹節，書付	久蔵方で養育			「10月15日出生」との書付
67	1859（安政6） 11月2日 夜4つ時辺	男	生　後 11日	下市町東屋 東屋利喜蔵 居宅戸口	木綿襦袢と木綿縞肌着木綿縞綿入を着せ，古いこおりに入れ，捨子	生髪，臍之緒 扇子1本 鰹節1本，書付	利喜蔵方で養育			「10月22日出生」との書付，名付けはなし，利喜蔵からの申し出が遅れ届けが11月5日と遅れたことを断る
68	1859（安政6） 12月9日 夜前5つ時辺	男	1歳	五船屋源十郎 居宅戸口	古継合袷2枚，古頭巾を着せ，捨子	小紋単物1枚 守袋2つ	源十郎方で養育			召し連れの下人が発見 昨夏くらい出生とみえる
69	1860（安政7） 1月31日 夜5つ時辺	女 てつ	生　後 11日	山崎町 浜田屋庄右衛門 居宅戸口	木綿襦袢，木綿古袷を着せ，小ふとんをしき継まくらをさせ，張籠に入れ，捨子	木綿縞紅裏綿入1つ，生髪 扇子2本 鰹節1本，書付	庄右衛門方で養育			「1月20日出生，てつ」と名付けた書付
70	1860（安政7） 2月27日 暁7つ時頃	女	出生直後	小松屋嘉平 居宅戸口	木綿縞布子を着せ，座蒲団をしかせ，古張籠に入れ，捨子	書付				「今朝出生之女子川西筋何某」と書付，「通り懸り之者」が捨子があると戸をたたいて知らせる＊小松屋嘉平は町役人
71	1860（安政7）	男	生　後	岩田町	木綿縞袷を着せ，	五日市縞木	和吉方で養			「3月1日出生，益三郎と名

	3月11日 夜前5つ半ごろ	益三郎	10日	竹屋和吉 居宅戸口	綿の守袋を抱かせ，古い柳骨に入れ，浅黄風呂敷に包み，捨子	綿生着，同茶絹裏地浅黄絹なわを添え，袖縞継合袷1つ，生髪 臍之緒，扇子1，鰹節1本，書付	育			付けた」との書付
72	1860（万延1） 4月3日 夜4つ時辺	女 ふさ	生後 10日	樋屋町 吉田屋武助 居宅戸口	木綿継々縞袷を着せ，箱を添えて，捨子	箱の中に木綿縞袷2つ，生髪，臍之緒，扇子1本，書付	武助方で養育			「3月24日出生，ふさと名付けた」との書付。武助方に取り上げ，乳を与えたが，「手弱に」みえたので，武助からの届け出が遅れた。（4月12日に惣年寄に届出）
73	1860（万延1） 6月3日 朝	女	生後 1日	瀧本町 綿屋常吉 居宅戸口	古いこおりに入れ，捨子	椎子1つ 扇子1本 鰹節1本 書付	常吉方で養育			「6月2日出生」との書付
74	1860（万延1） 7月19日 夜前4つ時半時辺	男	生後 4日	西大寺町 門田屋敷吉兵衛 居宅戸口	小紋木綿単物を着せ，櫃に入れ，捨子	縞木綿袷1つ 同腹掛2つ 同小蒲団1つ 紅木綿単物	吉兵衛方で養育			「7月14日出生」との書付

						1つ 同枕1つ, 熨斗，鰹節, 扇子				
75	1860（万延1） 7月19日 夜前4半時頃	男	生　後 7ヶ月	槙屋文次郎 居宅戸口	岸縞継合単物を着せ，捨子	木綿縞単物 鰹節，扇子 臍之緒，産髪 小風呂敷, 書付	文次郎方で養育			「昨年12月17日出生」との書付 ＊槙屋文次郎は町役人
76	1860（万延1） 8月23日 夜4つ時頃	女	生　後 4ヶ月	下出石町 多賀屋喜介 居宅戸口	縞袷を着せ，骨柳に入れ捨子	縞袷1枚, 単物2本, 椎子2枚, さらし1枚, よだれ掛1つ，腹当1つ，書付	喜介方で養育			「4月26日出生」の書付
77	1860（万延1） 8月27日 夜4つ時ころ	男 増吉	生　後 7ヶ月	山崎町 中屋輿八郎 居宅戸口	木綿縞袷を着せ，古い張籠に入れ，捨子	木綿縞単物 1つ 扇子1本 するめ，書付	輿八郎方で養育			「正月28日出生，増吉と名付けた」との書付

出典：河本家文書（事例1，2，3，4）
国富家文書　諸願留（事例5～37，41，44～45，47～52，55，57，58，61）
被仰渡書下留（事例7，9，14，18，24，25，31，35，36，45，48，50，61）

捨子書上（事例28, 38, 39, 40, 41～44, 46, 53, 54, 56, 59, 60, 62～77）
※国富家文書「請願留」「被仰渡御書下留」（岡山県［1986］）
「捨子書上」（岡山市立図書館所蔵）

第五章　捨子の運命

はじめに
――捨子への視点――

本章の目的は、津山藩領内に残された捨子関係の史料を手がかりに、天保飢饉下の捨子の実像にせまることにある。津山藩の捨子関係史料は、天保七（一八三六）年から天保九（一八三八）年にかけて集中してみられる。この時期は、天保の飢饉の時期にあたる。自然条件に頼る農業がおもな生業であった近世社会では、飢饉は避けられない災害であった。気象状況の悪化は、食料の欠乏や疾病の流行、貧困をもたらす。享保、天明の飢饉とならび、江戸の三大飢饉と称される天保の飢饉は、天保四年、天保六〜八年の冷害による凶作を頂点に、前後六年間におよぶ。なかでも、天保七年の飢饉は、津山では「古今無類」と言われるほど厳しく、津山城下でも、多数の餓死、疾病死、飢民、行き倒れ、流民が生じたことは、当時の飢饉記録に詳しい(1)。しかしここで捨子を取り上げるのは、飢饉の惨状を明らかにするためではない。本章の目的は、この時期に集中的に見られる捨子関係史料をもとに、捨子の実像に接近することにある。

ところで、捨子をめぐる研究は、時代のなかで具体的に生きる子ども像を明らかにするという関心のもとに、一九八〇年代から、おもに日本中世史の分野で登場してきた。前章で述べたように、近世についても、生類憐み政策の重要な局面としての捨子取締りに注目した塚本学の研究、捨子禁令を受けとめた近世京都の町のあり方に焦点をあてた菅原憲二の研究、捨子をめぐる事件と近世女性が置かれた社会的位置の関わりを明らかにしようとした妻鹿淳子の研究、捨子取締りのなかで生み出された捨子をめぐる記録のなかから母親たちの思いと子育ての実相を浮かびあがらせようとした立浪澄子の研究など、様々な角度から捨子の問題に迫る研究が蓄積されてきた。しかし、塚本と菅原の研究は、生類憐れみ政策の特質や捨子禁令を受けとめた地域の性格を明らかにすることに重点が置かれており、捨子そのものを問題にしたものではない。また女性に焦点をあてた妻鹿と立浪の研究では、捨子をめぐる問題が母と子の閉じた関係のなかで論じられる傾向がある。

その意味では捨子の実像そのものを、母と子の関係にとどまらない、広いコンテクストのなかで明らかにすることが捨子研究の課題として残されている。捨子の実態や捨子が生み出される社会的背景、すなわち飢饉や貧困による家族の危機や家族と共同体の関係に焦点をあて、当時の死生観、とくに子どもの生命に対する観念や、性と生殖、女性の身体観という広いコンテクストのなかで、捨子の具体像を考察する必要がある(2)。

そうしたなかで、捨てる側の問題に焦点をあてて捨子の具体像にせまることを意図したのが菊池勇夫である(菊池 [2001])。菊池は、「飢饉のリアルな認識への一助」という観点から「ほとんど手付かず」であった東北地方の大飢饉下の「捨子・子殺しの実相」に、「捨子・子殺しがどのような状況のもとで、誰によってなされ、どこに捨てられたのか。また、捨子・子殺しについて当時の人々はどのような感覚をもっていたのか」という観点から接近を試みている。菊池のもう一つの目的は、「江戸時代の間引き・堕胎は常習とはいえず、凶作・飢饉時の異常事態下のできごとが記憶され語り伝えられてきたものにすぎない、とする千葉徳爾・大津忠男の主張」に対し、「飢饉時に頻発する特異な現象として間引き・堕胎を理解するのは果たして正しいのか」を検討することにある。

本章も、捨子の実像にせまるという点では、菊池とその問題関心を共有する。本章の目的は、捨子の実像や捨子の背景を探ることを通して捨子に対する人々の意識を明らかにすることにある。しかし、私がここで天保飢饉下の捨子を取り上げるのは、「飢饉のリアルな認識への一助」のためでも、飢饉時の堕胎・間引きの検討のためでもない(3)。藩の堕胎・間引き禁止政策が対峙しようとしていたのは、子どもの生命に対する人々のどのような意識であったのかを明らかにすることにある。なぜなら津山藩の堕胎・間引き禁止政策において天保期は、藩の側が人々の生命観を問題にしていく重要な画期にあたるからである。

二章でみたように津山藩では、天保五（一八三四）、六（一八三五）、七（一八三六）年と、相次いで堕胎・間引き禁止をめぐる法令が出され、藩の堕胎・間引き禁止政策は、天保期に大きな転換をとげる。その転換は、財産刑から「恥」へという罪意識を内面化させる方向への転換であった。と同時に、共同体の連座制から、家族の罪、とくに当主のみならず妻の罪を問う方向への転換であった。津山藩の堕胎・間引き禁止政策は、堕胎・間引きに対する罪意識を内面化させ、「産むこと」に倫理的意味を与えていく方向へと重点を移していく。

では、藩の側は、どのような民衆のモラル、とくに子どもの生命に対する意識と対峙しようとしたのだろうか。そのことを明らかにするうえで、捨子をめぐる史料は、他の史料からは把握しがたい部分、とりわけ、子どもへの人々の意識、母親と乳児の関係のありかた、子どもの社会的位置、その背景としての家族と共同体のありかたを推測する重要な鍵となる。そこで本章では、捨子は親たちのどのような状況のもとで、どのような選択としてなされるものであったのかに焦点をあて、捨子の実像を追究していくことにしたい。

捨子の実像にせまるために、天保期に記録された「町奉行日記」「郡代日記」「国元日記」という三種の史料のなかから捨子に関する記述を抽出し、それらを相互につきあわせるという方法をとる。これらはいずれも、支配層による記録である。そのため、町奉行、郡代、藩にとって意味を持つ記事のみが記載され、記載内容にはかたよりがある。これらの史料は、実態そのものを表しているというよりは、支配層の関心によってバイアスのかかった記述となっているとみたほうがよい性質の史料である。

捨子についても、天保六（一八三五）年から天保一〇（一八三九）年にかけては記録があるが、それ以前、また以後については、いずれの日記にも、まったくといっていいほど記録がない。実際に天保六年から一〇年にかけて捨子が多かったとしても、それ以前の、すでに飢饉状態に入った天保四、五年に捨子がまったくなかったとは考えにくい(4)。その意味でこれらの史料は、捨子の実態そのものを表しているというよりは、捨子に対する支配層の関心を示すものととらえるべきだろう。また三つの史料から可能な限り史料収集をしたが、それでも五四例にとどまる。またなかには、ごく簡単な記述にとどまるものもあり、これだけでは史料不足であることは否めない。しかし、それでもなお、これらの史料に記載された捨子の事例は、捨子の実像にせまるための多くの情報、とりわけ親たちが捨子に至ったプロセスや、子どもの生命に対する親の意識、産んだ女性たちの子どもへの意識について貴重な情報を提供してくれる。また三種の史料をつきあわせることで、津山藩領内の都市＝城下町と農村の双方を視野に入れることができるだけでなく、捨子をめぐる都市と農村の関係を考える手がかりを得ることができる。そこで以下では、天保飢饉下の津山藩領内に焦点を絞り捨子の実像にせまってみたい。

1　捨子への対応

「町奉行日記」「郡代日記」「国元日記」のなかから、捨子に関する記述を抽出したものが章末の「捨子一覧」である。捨子の事例分析に入る前に、藩の側の捨子への対応にふれておこう。捨子をめぐる藩の側の対応は「御定書」に記載されている。「御定書」には、「郡内で起こった大小諸事件の取計方、過去に起こった事件の終始の記録」など「過去の処置、判決文」などが記録されているが、このなかに「捨子取計方之事、但、行倒人召連候子供貰候者共」についての記載がある（岡山県［1981：991-993］）。

七歳、一〇歳の節目

捨子に対する処置として、最初に取り上げられているのは、文政一三（一八三〇）年三月六日のものである。ここでは捨子があった旨の訴えがあった場合は、「心を用養育」するよう村方へ申し渡し、貰い受けたいものがあったならば、すみやかに申し出るよう、また「市・郷」に触れを出すことや、心懸りがなかった場合の措置が記載されている。注目したいのは、捨子の取り扱いの方法が、捨子の年齢によって異なる点である。捨子に対する措置の最初の節目は七歳である。「小児六・七歳迄者大概乳を給候ものも有之候ニ付、七歳迄之内ニ貰受度もの之有候ハヽ、先例之通為産養米三俵差遣可申」とある。ヨーロッパ諸国と比べ、「日本は母乳哺育期間が他に例をみないほど長」く、「一九世紀中期には母親は子供が六歳か七歳になるまで母乳を与えていた」ことは、すでに歴史人口学で指摘されてきた点である（マクファーレン［2001：319-324］）。「六・七歳までは大概、乳を飲む」という記述は、そのことを裏づけるものとしても興味深い。

二つ目の節目は一〇歳である。貰い受けた捨子は「外之もの」へは遣わさないよう、もし巳むを得ない事情があって（無拠子細有之）「外之もの」へ遣わす場合は、「拾歳迄之内」は申し出ることとされる。しかし、「拾歳以上ニおよひ候ヘ者、幼年なからもか也ニ働も出来候ものニ付」申し出るには及ばないとしている。また、もし「七歳内ニ候共」、貰請けるものもなく、「村方養」になっている場合は、「村方人」からその旨を差し出すこと、その場合は、「手当米」は「欠所銀之内」から遣わすこととされている。このように、捨子の「取計」については、捨子の年齢が考慮され、六・七歳、一〇歳が重要な節目になっていることがわかる。乳を飲む六・七歳まで、そしてまだ労働力という点で不十分な一〇歳まで養育したことが、産養米支給の対象となる。一〇歳以後は、届け出る必要なしということは、一〇歳まで養育したことが、その子どもに対する親権・主人権を生じさせることになるということだろうか(5)。「御定書」には、捨子に関する措置の例として、以後享和二年、天保六年、八年の事例があげられている。捨子をめぐっては、文政一三年以降天保八年に至るまで、ここにあげられた「捨子取計方之事」にそった措置がとられたことがわかる。

天保六年の事例については、「国元日記」にも記載があるので、それらも参考にしながら捨子をめぐる措置を追ってみよう。

天保六年七月九日の朝、大庭郡久世村地内字長屋組の藪のなかに、産み落として間もないと思われる男子（産落候間も無之位之男子）の赤子が、古帷子の切れに巻いて捨てられていた（事例一）。同郡下河内村下分から、この久世村原方にきて房蔵の借家に住んでいた甚右衛門というものが、この赤子を世話したいというので、甚右衛門に赤子を預けるという届出が村役人たちから出されている。この件については、もし甚右衛門から貰い請けたい者がいた場合は申し出ること、七歳まであれば、「養育御手当」を下さること、しかし、もし貰請けた者がまた他の者に遣わした場合は「御手当」を与える必要がないこと、貰い請ける者がいない場合は、この捨子を村内の人別に加えるべきことが大庄屋から村役人に伝えられている。八月一三日には、甚右衛門からこの赤子を養子にしたい願い出が出され、当分の手当として米三俵が甚右衛門に与えられている。

乳の重要性

おそらく甚右衛門は単身者であろう。「貰乳」で捨子の世話をしたいと申し出ている。捨子の措置にあたって、乳をどうするかは重要な問題であり、とくに乳児の捨子が発見された場合は、まず乳を与えることが取られるべき重要な措置であった。天保八（一八三七）年八月二四日の夜半、三船八郎右衛門の門先の石橋の上に、二歳くらいと思われる女子の捨子があった（事例三二）。この場合、発見されるとすぐさま「乳手当」がなされている。捨子事例のなかにはしばしば、捨子が発見された場合、取り上げ「手当」をしたと記されているが、それは乳を与えることであったことが、この事例から明らかになる。

一方、赤子を貰い請けたものの、乳が出ないために、その捨子がかえされる場合もあった。乳が出ないことは、先にみた巳むを得ない事情（「無拠子細」）として認められるものであったらしい。天保八（一八三七）年一〇月二九日の夜九時分、玉置宇左衛門の名代、三室屋文蔵の戸口で子どもの泣き声がした。出てみたところ、三歳ばかりの男子が捨てられていた（事例三八）。この男子には「三歳、八月八日出生、伴吉」と書いた書付が添えられていた。

この捨子を引受け養育したいと申し出たのは上之町の作人亀太郎である。亀太郎について、どんな人物か糺したところ、「実正」な人物であるというので、一一月一八日には願い出が出され、亀太郎が、この捨子を貰い受け養育している。ところが、亀太郎の妻が煩い、乳が出なくなってしまったため「極貧者」である亀太郎は、ことの他難渋し、文蔵や亀太郎の親類・組合とも相談のうえ、捨子をかえしたいと言ってきた。

天保九年三月二一日には、三室屋文蔵から、捨子を亀太郎から取り戻して養育したいとの願い出が出されている。さらに同年一一月一五日には戸川町の明石屋ひさが、この捨子を引受け養育したいと言ってきていること、「身元慥成もの」なので遣わしたいとの願い出が三室屋文蔵から出されている。一一月一八日、ひさに養育料として米三俵、三室屋文蔵には捨子を長い間養育してきたことへの賞詞が与えられている。

これらの事例から、乳児の捨子が育つ条件として、いかに乳が重要視されていたかを知ることができる。また貰い親のなかには極貧でありながら乳が出るという条件で貰い受ける者もあったことがわかる。こうした極貧者にとって、米三俵という養育料は大きな魅力であったろう。

2 捨てられた子どもたち
——城下町と農村——

発見された場所と状況が語るもの

四八人の捨子について発見された場所が記されている。二九人の子どもが津山城下町で、一九人の子どもが農村部で発見されているが、親たちは、どんなところに子どもを捨てたのだろう。捨子が発見された場所を城下町と農村にわけて整理してみたのが表5―1である。「捨子」発見場所と状況を整理すると、屋敷関係（戸口、門先、門口、表口、居宅前の石橋の上、店先や居宅の縁をふくむ）が三二件（城下町二七件、農村五件）、土手の上が一件（城下町）、寺社関係が三件（城下町一件、農村二件）、山や藪などが四件（農村）、路が五件（農村）、門や木戸口が二件（いずれも農村）となる。城下町と農村では捨てられる場所が異なり、城下町では居宅の前や石橋、土手、農村部では野山や路などが多い。

では、捨子が発見された場所からどのようなことがみてとれるだろうか。まず、居宅の前に捨て

表5—1 「捨子」発見場所と状況

【城下町】

事例番号	町名、人名	場所	状況(もの,書付)
2	西新町，高松屋平兵衛	戸口	籠裏,書付
3	上之町，勘太郎	門先	
4	西寺町，本行寺	寺の表門	
5	中之町，甲屋幸助	戸口	蒲団
6	京町， 秋田屋久蔵	戸口	塩籠,書付
7	茅町， 岡島屋佐助	戸口	
9	伏見町，錦屋源治郎	石橋の上	塩籠,書付なし
12	中之町，平岡屋忠兵衛	戸口	
13	京町 秋田屋久蔵	門口	
17	茅町， 広原屋嘉兵衛 借家住，松助	戸口	
19	三丁目，永田屋恒四郎	戸口	
22	二丁目，川口藤十郎 名代庄助	表口 表口	古籠,書付
23	西今町，永野屋安兵衛	店先小縁	
30	古市隼人	門先	
31	二階町，茂渡庄右衛門名代	戸口	守袋に書付
32	坪井町，三船八郎右衛門	門先石橋の上	
34	西今町，寺野屋権次郎	戸口	
36	西今町，永野屋清十郎 家守，名田屋房助	店先小縁	書付
37	東新町，槙屋佐右衛門	戸口	
38	中之町，玉置宇左衛門名代 名代三室屋文蔵	戸口	
39	西新町，如月屋つた	戸口	
43	東新町土手	土手	
44	坪井町，市場弥右衛門	戸口	
45	伏見町，錦屋源次郎	戸口石橋の上	
46	二丁目，川口藤十郎 名代庄助	表口石橋	古ふとん,塩籠
47	藤間田町，栄屋与惣左衛門	表口	
49	三丁目，沼田屋善右衛門	戸口	
51	東新町，鍋屋養五郎	表口	小駕籠,書付
53	中之町，三室屋文蔵	表口	書付

【農村】

事例番号	町名、人名	場所	状況(もの,書付)
1	大庭郡久世村原方	藪の内	
8	勝南郡河辺村大庄屋 河辺村，土居太郎右衛門	門前	深笠
10	新田村字本房谷野山	山	
11	新田村野山	山	
14	西北条郡山北村新右衛門	門先	書付
18	東南条郡東一宮村山方西組 法院山	山	
20	東南条郡林田村松原往還場	往還場	
21	大庭郡上河内村下分下組 斉右衛門	表口	
24	大庭郡久世村原方下見屋 下見屋幸助	表口	
25	大庭郡上河内村下分上組 宇岩角	東之門	
26	勝南郡河辺村東坂口往還場	往還場	
27	久米南条中嶋村氏神拝殿	氏神拝殿	古筵
28	西西条郡二宮村宮下往来場	往来場	
29	勝南郡西吉田村大崎往還場	往還場	
35	久米南条郡香々美村 中村番所	番所木戸口	
40	西西条郡山北村大庄屋 大谷茂助	門先	
48	勝南郡福力村兵衛	居宅縁	
50	西北条郡小原村地蔵堂	地蔵堂	
52	西北条郡二宮村，往還松原	往還松の根	

備考：網かけをしたのは有力町人、町年寄、大庄屋など
なお　　は,なかでも上層,　　は,町年寄クラス

られた事例からみていくことにしよう。捨子たちは、見知らぬ者の親切に期待するよりは、拾って育ててもらえることが期待できそうな家の前に捨てられる場合が多かったことがわかる。捨てられた家には、城下町であれば豊かな町人や上層武士、農村であれば大庄屋などの名前を見出すことができる。

茂渡庄右衛門、玉置宇左衛門、川口藤十郎、三船八郎右衛門はいずれも、藩から礼元本役を仰せつけられた有力町人であり、錦屋源次郎、三室屋文蔵は御用達町人、甲屋幸助、平岡屋忠兵衛、栄屋惣左衛門は町年寄である(6)。また京町の秋田屋久蔵は、有徳のものとして知られる人物であった。秋田屋久蔵は、非人躰の子どもが毎日多人数町へやってきて物乞いをし、夜は雨露にうたれて不憫なので、町内の有徳の者たちと相談し、追い回し河原（宮川と吉井川の合流地点付近に広がる広大な河原）に小屋掛けをして、この子どもたちが夜露を凌げるようにし、また少々の扶持米を与えるよう、天保八（一八三七）年一二月一八日、町奉行に願い出ている(7)。また古市隼人は天保一一年には五〇〇石を拝領する大番頭格の大目付であった。

また有力町人ではないが、すでに捨子を養育している人間のもとに捨てられる場合もあった。天保七（一八三六）年に、生後一九日の女の捨子を貰い請けた（事例二）西新町の如月屋つたのもとへは、翌天保八年、二歳くらいの女の子どもが捨てられている（事例三九）。つたの生業は不明である。しかし後家でありながら、わずか生後一九日の赤子を貰い受けていることから推測すると、おそらくつたは里子を引き受ける乳母、あるいは乳母を世話する人物だったのではないか。津山では産婆は「取上婆」とも呼ばれ既婚者や寡婦の生業であったが、出産を終えた女に乳母の口を世話する役割も果たしていたとすると、つたは産婆を生業とするものであったのかもしれない。

　農村部についてみると、河辺村の大庄屋、土居太郎右衛門、山北村大庄屋、大谷茂助の居宅で捨子が発見されている。居宅戸口に捨てられた子ども三二人のうち、実に半数以上の一八人が有力町人、上層武士、あるいは既に捨子を養育している家、大庄屋のもとに捨てられているのである。このような家が捨子をする場所として選ばれたのは、子どもが生き延びることを願ってのことだったのだろうか。

　これらの捨子が生き延びることを期待した捨子であったことは、とりわけ城下町の有力町人や村の大庄屋の居宅前に捨てられた捨子に、しばしば、赤子の生年月日をしるし、養育を頼む書付が添えられていたことから明らかになる。天保八年三月二〇日夜前五半時分、四歳ばかりの女の子が、三丁目の永田屋恒四郎のもとに、「うま（食べ物、乳）をくれ」（うま呉候様申候）と言ってやってきた（事例一九）。「うまはない」と答えたが、戸口で呼ぶので出ていったところ、連れてきた者がいない。尋ねたけれども、どこの子どもか一向にわからない。そこで家のなかに連れ帰り改めたところ、この捨子には細々とした書付が結び付けてあった。書付には、次のように書かれていた。

　御願申上候、私義甚だなんきに此子壱人今日之処、致方御座なく大キニこまり、何卒此子壱人を御んたすけ被下候偏ニ相願候ハヽ、此御おん者かけなからわすれも不申、何分宜敷奉願上候このように、書付には「なんき」(難儀)のために、「大キニこまり」、致し方なく、この子を捨てるという捨子の理由と、「此子壱人」を「たすけ」てほしいとの願いが記されていた。「大キニこまり」、「今日之処」という文面からは、切羽つまった、その日一日を生き延びることさえ困難な困窮の様子が伝わってくる。

また天保八(一八三七)年一二月九日夜五半時分、山北村大庄屋、大谷茂助の門先に捨てられた赤子(事例四〇)には、次のような書付が添えられていた。

此男子未歳七月十三日誕生、渡世相凌兼候故、御慈悲を以御役介与成被下候様奉願上候、以上、
天保八年酉年

この捨子は書付だけでなく、脇差しを帯びていた。脇差しには、息災無事な成長を祈る守刀とでもいった何か象徴的な意味があったのだろうか(8)。当時、脇差しを持てる人間は限られていた。また、脇差しを金に換えれば、養育のための金銭を捻出することもできたであろう。しかし、どのような事情があったのか、この赤子は捨てられた。この捨子に添えられた書付にも、「渡世」が困難であるという捨子の理由と、「御慈悲」をお願いしたい旨が記されている。この二通の書付をくらべてみると、その書きぶりの違いから、前者と後者では、おそらくその階層を異にすることがうかがえる。しかし、その内容については、親の生活の苦しさを訴え、慈悲にすがって養育を頼む願

いを記すなど、その書式に共通点がみられる。特定の個人を頼んでの捨子の場合には、親の困窮の様を訴え、拾い主の慈悲を願う書付を添えることが、捨子の作法となっていたのではないだろうか。そのためだろう。天保八（一八三七）年二月二三日、伏見町に住む御用達商人、錦屋源次郎の表戸口の石橋の上に捨てられていた生後二〇日ばかりになる女の赤子の場合（事例九）には、書付などが添えられていなかったことが、わざわざ注記されている。

捨子が、どのような状態で捨てられていたかも興味深い。一歳未満の赤子たちは、籠裏（事例二）、塩籠（事例六、七、九、四六）、深笠（事例八）、古籠裏（事例二二）、小賀籠（事例五一）に入れ、あるいは古帷子の切れに巻き（事例一）、古蒲団に包み（事例五、四六）、古筵を懸けて（事例二七）捨てられている。捨子、とくに生後間もない赤子たちが布にまかれ、容器のなかで保護される形で捨てられていたという事実は、間引きと捨子では親の意識が異なっていたことを示す。間引きには様々な方法があったが、その一つが赤子の放置であった。明治期の聞き書きによれば、間引きの方法の一つが「赤ん坊を……ムシロをしいてその上さ転がしとく。蒲団だの着物なんぞはかけない」という産まれたばかりの赤子を「まったく裸のまんまで」放置するというものであった（マクファーレン［2001：345］）。このような「裸のまんまで」の赤子の放置と、産み落としたばかりの赤子であっても「古帷子切レニ巻き」捨てる行為とのあいだには距離がある。そこには幼い赤子をせめて守ろうとする親たちの心情がうかがえる。

これら赤子が入れられていた容器のなかで津山に特徴的なものは塩籠である。塩籠がたんなる容器として用いられたのか、あるいは塩籠に子どもを入れることに何か象徴的な意味があったのかはわからない。塩籠は、塩であれば一斗二、三升は入る籠であり、赤子を入れるには充分な大きさであった。天保七年の一〇月末から一一月初めには、この塩籠壱籠の値段は六匁六、七分にもなっていた（柵原町［1987：406］）。

塚本学によれば『柳多留初編』（明和二年〔一七六五〕）には「出てしやう　なんじ元来みかん籠」という「みかん籠が、捨子の容器として用いられ、捨子がみかん籠とよばれたことを示す句」がおさめられているという。塚本は、みかん籠が捨子の容器として認識されていたのは、その形が親の農作業中に幼児がいれられていた用具であるエズメと似ているからではないかと推測している（塚本学［1984→1997：169-170］）。塩籠も形状はみかん籠と似ており、同様なことが指摘できよう。また塩籠は、樽のように、流通業者がリサイクル品として回収するものではなく、ごみとして放置されていたものを拾って利用したものと思われる(9)。これら塩籠に入れて捨てられた子どもたち。また捨子に添えられた蒲団、筵、帷子が古いものであると記されていることも、捨子をした親たちの生活を映し出すかのようである。

境界の子どもたち

居宅以外の捨て場所、橋や土手、寺社、山や藪、路、門や木戸口といった場所は何を示しているのだろう。中世の捨子について研究した大喜直彦は、網野善彦の研究を手がかりに、中世の捨子の捨て場所である路、山、橋、松、門、屋敷は、「ほぼすべて境界の場、『無縁』の場であり、したがって捨子はすべて境界の子といってもよい」と結論づけている（大喜［1999］）。捨子が「境界の子」であるという意味は、捨て場所が境界であることを意味するだけでない。境界に子を捨てる、いわば「現世との縁を切ること」は、「捨てた子が死んで他界に帰る、また現世で新たな縁を結ぶ＝拾われる」という二重の意味をおびていたという。その意味で、捨子は「生と死の境界の者」であった。

では、天保期の捨子たちの捨て場所も同様な意味をおびていたのだろうか。これらの捨て場所を選んだ親たちの意識が、どのようなものであったのかはわからない。しかし、いずれにしても路、山、橋、門、路における境としての木戸などが捨て場所として選ばれている点が興味深い。文化年間の津山城下町の生活空間に関する川名禎の研究によれば、橋や土手、神社は、城下における行き倒れ人及び死人の発見場所であったという。これらの発見場所は、行き倒れ人が自ら志向した場合と誰かが移動した場合とが考えられるが、川名は、これらの場所は「無縁の場」としての側面を持つととらえている（川名［2000］）。

城下町で発見された二九人の捨子のうち、三人は居宅の前の石橋の上で、一人は土手の上で、一人は寺の門で発見されている。津山の城下町に入るには、必ず川を越さなければならず、陸上交通のうえで橋は重要な役割を果たしていた。また町方の大溝、小溝にも橋がかけられていた（津山市［1995：124］）。津山城下の捨子たちも、川名が無縁の場と指摘する橋、土手、寺などで発見されている点が興味深い。

一方、農村部に眼を向けると、一九人の捨子のうち、五人は道路（往還場）で、四人は山や藪のなかで、二人は門や木戸、氏神拝殿、地蔵堂で発見されている。これら城下町、農村部の捨て場所を考えあわせると、天保期についても、捨子の捨て場所として境界の場が選ばれた可能性が高い。しかし境界と言っても、都市と農村では、その捨て場所を異にする。山や藪、路、門や木戸口は農村部にのみ見られる。

天保一〇（一八三九）年八月四日の夕、二歳くらいの女の赤子が西北条郡二宮往還松原に捨てられていた（事例五一）。この赤子は、白地小紋の単物と古継々の袷を着せ、松の根に捨てられていた。往還松原に捨てられていた例は、他にもある。天保八（一八三七）年三月二六日夕五半時分林田村松原往還に三歳くらいの女の子が捨てられていた（事例二〇）。この女の子は、何を尋ねてもわからず、病身者のようにみえると記録されている。あるいは障害を持った子どもだったのだろうか。柳田國男は「赤子塚の話」のなかで子敦盛が「下松の樹下」に捨てられていたこと、その場所は「左右に人家無く松など立竝び、棄児の便宜の有りそうな場所」であったと述べている（柳田［1920→1963：242-243］）。同様に、天保一〇年の事例でも、赤子は松の根に捨てられていた。柳田が指摘するように、境界の場とはまた、人に見られずに捨てることのできる場所でもあった。

次に捨てられた子どもの生死について見てみると、割合からすると農村部に捨てられた子どものほうが多く死んでいる。城下町では二九人の子どものうち三人、農村部では一九人の子どものうち四人の捨子が死んでいる。農村部では、天保八（一八三七）年三月一四日、東一宮村法院山に捨てられていた四歳くらいの非人の捨子が六月一九日に病死し、大庄屋が見分吟味を行なっている（事例一八）。また同じ年の四月一八日暁に、久世村原方の幸助の表口に捨てられていた出生から六〇日ぐらいたつ女の赤子は、五月九日に病死し、怪しい義はないことを申し出ている（事例二四）。さらに四月二三日、中嶋村氏神拝殿に木綿縦縞の古袷を着せ、上に古筵を懸け、仰向けに寝せて捨てられていた二歳くらいの女の子は、四月二八日に死亡し、見分のうえ仮埋をしている（事例二七）。九月四日、香々美村、中村番所の西木戸口に捨てられていた三歳くらいの非人の子は、村番が養育していたが、九月七日に病死し、大庄屋が見分吟味し、怪しい義はないという旨の書類を出している（事例三五）。

一方、城下町で死んだのは、三人の捨子である。天保八年三月二日の夜九半時分、中之町、平岡屋忠兵衛の表戸口に捨てられていた出生後六〇日ばかりの男の赤子は、四月二三日、病死している（事例一二）。この赤子は胎毒で腫物ができ、医師の手当をしたけれども死亡したため、医師の容躰書を添えて届書が差し出されている。この件については、目付の孫助が出向き、死骸見分をし、病死に違いない旨の一礼を取り、川向うの惣墓に埋めるよう申し付けている。

もう一つは同年七月二日の夜に古市隼人の門先に捨てられていた五歳ばかりの女子の事例である。この捨子は吹屋町の山口屋安兵衛が引き取り育てていたが、九月二一日に死去している（事例三〇）。この場合も年寄が見分し、葬りたい願いが出されている。

また同年八月二四日の夜、二階町茂渡庄右衛門の名代、養六の戸口に、「天保三年秋生女子、八月二四日」という書付を入れた守袋を添えて捨てられていた女子は、一〇月二二日の朝病死し、医師、川島周安の容躰書を添えて届書が差し出されている（事例三一）。この捨子についても、年寄の見分が行なわれ、病死に間違いないことが確認されている。これらの事例からは、捨子の死に際しても、医師の容躰書を添え、役人が死骸見分するなど、流産、死産の場合と同様の厳しい見分がなされていることがわかる。

子どもの生存を願う人々は、農村部ではなく城下町に捨てたほうが子どもの生存の可能性は高いと考えていたのだろうか。図5－1は、城下町の捨子について、捨子が発見された町名と、その件数を示したものである。捨子は津山城下町のなかを東西に延びる出雲街道にそって捨てられていたことがみてとれる。捨子が発見された町別にみてみると、宮川と藺田川にはさまれた内町（伏見町、京町、二階町、二丁目、三丁目、坪井町）で一一件、宮川の東に位置する城東（東新町、西新町、中之町、勝間田町）で一一件、藺田川の西に位置する城西（西今町、茅町）で七件、そして武士町（上之町）、寺町（西寺町）でそれぞれ一件となっている。捨子たちは、城下町の中心部、そして農村部から城下に入る出雲街道沿いの城東、城西の町々に多く捨てられていた。

では、捨子が発見された場所から、捨てた人々について何らかの情報を得ることができるだろうか。有力町人たちの居宅は、宮川と藺田川にはさまれた内町のなかにあった。内町には関貫（木戸）が一七ヵ所あり、それぞれ、一～二人の番がいた。その役割は関貫の大扉を、暮六ツ時（午後

図5-1 津山城下町の捨子

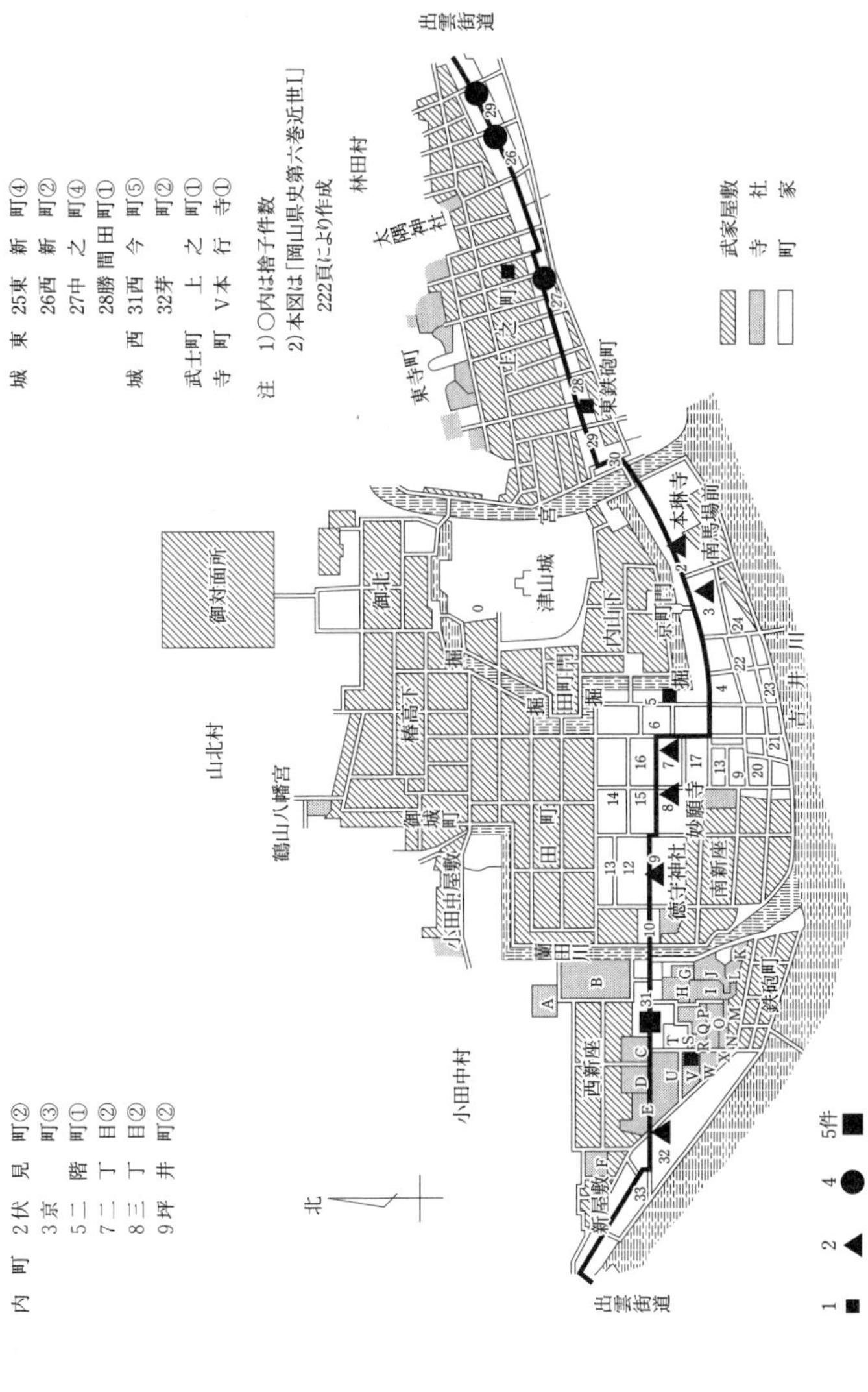

注 1)○内は捨子件数
2)本図は「岡山県史第六巻近世I」222頁により作成

六時ごろ）に閉じ、閉じた後の通行は、馬・賀籠のほかは脇の小門（くぐり戸）を通行させ、九ツ時（午前零時ごろ）には、小門を閉じて、それ以降は通行止めにし、もし不審な者が通りかかれば留めおき、大年寄に通知することにあった（津山市［1995：124］）。これら内町での関貫による管理をくぐり抜け、有力町人の居宅に捨てるには、城下町の事情に詳しい者でなければ不可能であったろう。

捨子が発見された時刻が記されている事例について、内町とそれ以外の城東、城西について整理してみたのが、表5―2である。内町の場合、捨子はすべて関貫が閉じられて以降小門が閉じられるまでの時間に発見されている。こうしたことからも、内町に捨てられた捨子の親たちは、同じ津山城下に住むものだったのではないだろうか。一方、城東、城西に捨てられた捨子は、農村から出雲街道を通って城下町にやってきた人々による捨子であった可能性もある。しかし、これは今のところ実証不可能であり、あくまで推測の域を出ない。以上、捨子たちの発見場所や状況など、捨てられた子どもたちについてみてきた。次に捨てた親たちについて考えてみることにしよう。

表5―2　捨子発見の時間

	捨子発見の時間		内　町	その他
夜	夜5つ時	(午後8時ごろ)	1件	1件
	夜前5つ半	(午後9時ごろ)	2	1
	夜前4つ時	(午後10時ごろ)	1	
	夜前4つ半	(午後11時ごろ)		2
	夜前9つ時	(午後12時ごろ)		1
	夜前9つ半	(午前1時ごろ)		
朝	暁7時	(午前4時ごろ)		1

3　捨てた親たち

親たちの輪郭

子どもを捨てた親たちの事情を知ることはできるだろうか。今まで見てきたように、捨子は見られてはならず、また人に知られてはならない行為であった。そのため、表5—2「捨子発見の時間」からも明らかなように、捨子たちは人目につかない夜や早朝に捨てられた。五四件の事例のうち、捨子の親が目撃されているのは、ごく数例にすぎず、たとえ目撃されたとしても、「面体不相知」男としるされている（事例四四）ように、素性のわからない場合が多かったであろう。

親の素性がわかる事例となるとごくわずかである。天保八年九月四日の夜に香々美村、中村番所西木戸口に三歳ぐらいの男子の捨子があったことが六日に村役人から届け出られている。この捨子は「乞喰之子」かもしれないということであったが、四日の日に「非人躰四拾才斗之男」が、この子を背負っていたことが目撃されていたため「非人ニ相違無之」として村番人に養育が命じられている。しかしこの捨子の場合も、非人であるということ以外、親の素性はわからない。

さらに捨子の多くは幼く、捨てられた子どもたちから親についての情報を得ることは難しかった。捨子に関する情報に比べて、捨てた親についての情報ははるかに少ない。また捨子に添えられた書付にも、捨子の生年月日や名前は記されていても、親の名前が記されることはなかった。捨子という行為は、親の名を秘してなされる行為であった。書付のなかに捨子をする理由が書かれていることは稀であり、書かれていたとしても、困窮のためという理由以上に個別の事情まで推し量ることはできない。しかも、ここで史料として用いている三種類の日記は、支配にたずさわる者たちによって、捨子の「取計方」を記す目的で書かれたものである。そのため、これらの史料から捨てた親たちの子どもに対する願いや感情を読み取るのは難しい。しかし数は少ないが、これら捨子をめぐる史料のなかには、捨子をした親たちの事情、捨子にいたった経緯、さらには親の子に対する感情をも知ることのできる記述がある。では親たちは、どんな動機で、子どもを捨てるという行為に及んだのだろうか。

天保八（一八三七）年三月四日、京町年寄から、昨夜五つ半時分、町内秋田屋久蔵の門口に三歳ばかりの男子が捨てられていたとの届出があった（事例一三）。また、その後、今出屋半兵衛が、女を一人連れて町奉行所へやってきた。女は、播州佐用西条屋善助の妻のたみという者だという。たみは、夫の善助が二月三日に津山へ銀札の両替に出かけたきり戻らないので、伜の政吉を連れ三月二日に津山にやってきたのだという。その日は、津山城下の勝間田町、英田屋横町瀬蔵方に一泊したたみは、翌三日夫の善助を尋ね、昼時分、袋町で善助と出会っている。しかし、善助と話し合っているうちに喧嘩となり、子どもを善助に渡し、別れてきてしまう。が、やはり子どものことが気がかりで、その夜、善助に会いに行き、子どものことを尋ねたところ、今、京町の秋田屋の門口に捨ててきたという。そこでたみは早速秋田屋に尋ねていき、その夜は秋田屋久蔵の家に一泊し、四日になって子どもを引取りたいと願い出るために、今出屋半兵衛とともに町奉行所までやってきたのであった。たみは、この日、子どもを連れ帰っている。

たみが夫を尋ねて子連れで津山までやってきた理由は女の手一つでは生活していけないことにあったのだろう。夫婦と子どもだけで構成される家族にあっては、夫婦のうちのどちらかが欠ければ、家族が生活しえなくなる可能性は大きかった。この事例は、当時の夫婦と子どものみの家族に存在するこうした潜在的不安が、捨子が生み出される背景の一つとしてあったことを示す。たみの場合は、一ヵ月近く夫の不在に耐えたあげく、子連れで夫を探しにやってきた。しかしおそらく、夫が不在の間の子どもをかかえての生活困難や不安のなかで鬱積した思いがあったのだろう。夫と喧嘩のあげく、子どもを押しつけて帰ってきてしまう。しかしたみは、子どもを夫に押しつけて帰ってきてしまったものの、子どものことが気がかりで「うろ〳〵」していたと申立てている。子どものことが気がかりな母親の心情が、たみ自身の「子之事心懸に候故、うろ〳〵致候」という言葉で記されている点が興味深い。

一方、夫のほうは、一ヵ月も家を留守にしたあげく、耐えかねて尋ねてきた妻と喧嘩し、その日の夜には子どもを捨てている。子どもに対する母親と父親の感情の違いがうかがえる点も興味深い。しかしこの事例から、一般的に母親と父親とでは子どもに対する感情が異なり、母親のほうが子どもに対する愛情が深いといった結論を導き出すことができないのはもちろんである。この事例では捨てたのは男親であるが、女親が捨てる場合もあった。ただ明確にしておきたいことは、その後、善助が捨子の罪で罰せられたという記録は、「町奉行日記」をはじめどの日記にも記されていない点である。捨子に対して寛容な社会であったのだろうか。しかし、捨子は悪であるという意識は、すでに当時の人々のあいだにはあった。そのことを示す事例をみてみたい。

親の手紙

天保八（一八三七）年四月四日夜前五時半時分、二丁目、川口藤十郎の名代、庄助の家の表口に、男の赤子が古籠裏に入れて捨てられていた（事例二二）。川口藤十郎あての書付には、次のように記されていた。

書添申候、弥壮健奉賀候、然ル処、某義、有故浮運之身罷在折節、去ル申初冬十五日、つる出生致候得共、極手元養育致事難、元手薄、依之我々母子共迫困窮、法外不埒之取計らひ候へとも、貴家之御憐愍以御助生長可致、御厄介被成下候ハヽ、広大無量之御厚情御蔭をも奉頂条、頓首

天保八酉年　　月日　　　　子主

川口御氏

世のことわさに、子を捨る藪はあれと身を捨るやふはなきと伝侍りて
なさけなき浮世のために子を捨て　我身を立てる親の心そ

書付には、赤子は昨年の一〇月一五日に生まれたこと、しかし飢饉のために「我々母子共」困窮し、手元において養育することが難しくなったこと、捨子は許されない行為だが、あなた様のお情けで育ててくださるようお願いしたい旨が記してあった。この書付からは、育てる意思を持ち、つるという名までつけながら、飢饉のために困窮し、育てきれなくなってやむなく手離す事情がうかがえる。書付の書き手は自らを「某」と称し、「子主」と署名している。「某」というのは、「男性が用いる」自称（『日本国語大辞典』小学館）であることからすると、この手紙を書いたのは父だろうか。いずれにしても、書き手が赤子の親であることは間違いなく、また「我々母子共」の文面からは、捨子の判断が両親の合意によるものであることがうかがえる(10)。

注目したいのは書付に記された「子を捨る藪はあれと」という諺である。もともとの諺は、「子を棄つる藪はあれど身を棄つる藪はなし」というものであった。「困窮すれば最愛の子でも藪に捨てるけれども、自分の身を捨てることはできない」という、多くは貧しいために我が子を手放した親が、自分のふがいなさをせめていう諺であり、俗語であった（『故事・俗信ことわざ大辞典』小学館）。そこでの「子を棄つる」の意味は、必ずしも捨子を意味するものではなく、子どもを奉公や養子に出す形で、手放すことを意味していた。しかし、この書付では、もともとの諺とは異なり、子を「捨る」捨子の意味に変化している点に注目したい。このことは何を意味しているのだろうか。

貞享四（一六八七）年に端を発する「生類憐れみ政策」は、それまであまり悪とみなされていなかった捨子を悪とし、捨子を禁じるものであった（塚本学［1993］）。津山藩の「捨子取計方」をめぐる最初の措置は、先にみたように文政一三（一八三〇）年にみられるが、それから七年たった天保八年の津山城下では、「子を捨る藪はあれと」という諺は、捨子を意味する「世のことわさ」として人々のなかに流布していた。そうした事情が、この書付からはうかがえる。と同時に、この諺が「世のことわさ」となる背景として、天保飢饉下での捨子の増加があったといえよう。

この諺は、菊地勇夫によれば、東北地方の天明、天保の飢饉記録にも記されている。菊地は「子を捨てる藪はあっても、その身を捨てる藪はない」という諺は、「その行為に多少非難がましい態度を示しているといっても、状況次第では子を捨てることにひどく寛容な社会であったこともうかがわせる」と述べている（菊地［2001：92］）。

しかし、この親の手紙では、諺のあとに「なさけなき浮世のために子を捨て　我身を立てる親の心そ」という親の手になる歌が添えられていることに注目したい。「子を捨る藪はあれと」という諺が流布していたからといって、捨子が無条件に許容されていたわけでもないし、人々が捨子を悪と認識していなかったわけでもない。書付に添えられた歌からは、子を捨てなければ生きていけない親の苦悩がうかがえる。歌を現代語訳すれば「無情な世間を渡るために、子を捨ててでも、我が身を立てざるを得ない親の心をお察しください」となろうか。

ところで、先にも述べたように、川口藤十郎は津山城下では誰もが知る裕福な有力町人であった。しかも捨子が発見された午後九時ごろというのは、人目につかず、かといって人通りがまったく絶えてしまうわけでもない、実に微妙な時間帯でもあった。またこの捨子には生年月日を記した書付や、綿の守袋に入れた臍之緒と初髪が添えられていた。生年月日は赤子の身元を示す印であると同時に赤子の運命を暗示する手がかりでもある。また臍之緒と初髪は前章でみたように赤子の生命力の強さへの願いを込めた品々でもある。

親は、赤子の未来への重要な手がかりを残しておいたのである。赤子が捨てられた場所、時間、所持品から、この親にとって捨子は、子どもの生存の可能性を高めるための選択であり、自分では養育できない子どもを他者の手にゆだねる行為であったことがうかがえる。それは赤子と共倒れになることを避け、自分自身の生活の道を切り開くために、自分と子どもがともに生き延びるためにとられた選択であった。捨子発見の後、捨てた者を見た者、また怪しい者がいた場合は申し出るよう町触が出されている。しかし捨てた親はついにみつからなかった。天保一〇（一八三九）年には、拾い主の庄助が養育願いを出し、宗門人別改帳に入れることを願い出、養育料として米三俵を受け取っている。捨子は四歳になっていた。

飢饉と貧困の二重苦のなかで、自分の身を、そしてできることなら子どもも生かそうとするこの親の、とくに母の姿は、「産む性」であることに翻弄される受け身の犠牲者という印象からは程遠い。また「子を捨て　我身を立てる」との言葉は、自己犠牲や献身により子育てをする母という観念とも無縁である。一九世紀前半のこの時期、妊娠中の病気や出産によって母が命を失う率は高く、産後の肥立ちの遅れ、母乳の不足や欠乏も珍しいことではなかった。また家族の成員は重要な労働力であり、幼い子どもをかかえた母親も例外ではない。こうした状況は、家族や地域共同体が協力して子育てすることを求めるものであり「母一人の手による子育て」という観念は生まれようがなかった。この親の「子を捨て　我が身を立てる」ために捨子をするという意識や、当時の人々の捨子に対する寛容さも、こうした状況との関係で考える必要があろう。

次に、女親が捨子をした事例を紹介しよう。天保九（一八三八）年一月一一日、東新町の表土手に出生から五、六〇日ばかりになる赤子が捨てられていた（事例四三）。町奉行所は、この赤子は病気なので、乳を与えるものを探し出して大切に手当するよう申し渡している。翌一月一二日、西北条郡下田邑村の夫右衛門という者が町奉行所に尋ねてきた。夫右衛門が言うには、一月八日「夫婦分れ」をし、赤子を妻に与え、妻は赤子を連れて出ていったという。夫右衛門は、捨子はこの子ではないか、別れた女房が捨子をしてどこかへ行ったのではないかと、町奉行所を訪ねてきたのであった。そこで夫右衛門に赤子をみせたところ、夫右衛門の子に相違ないという。しかし夫右衛門も極貧の様子にみえ、早速に小児を連れ帰るとも言わない。そこで町奉行所から知らせを受けた村役人がさしむけられ夫右衛門に糺したところ、実子に相違ないので引取り、村へ連れ帰りたいと言うので、赤子を引き取るよう郡代から村役人に申し付けている。

この事例は、離縁され家を出た女性が、生後間もない病気の赤子を城下の土手に捨てたというものである。離縁して女の手一つで乳飲み子を育てなければならない状況、しかもその赤子が病気になるという状況は、子育てへの意思を失わせるものであったのだろう。土手の上に生後間もない病気の赤子を捨てるという行為は、そうした女性の心情を物語る。一方、極貧の父親が、実子ではないかと尋ねてきたものの、実子と確認できてもすぐには連れ帰ると言わずに逡巡している様子からは、男手一つで、しかも極貧の状況のなかで乳飲み子を育てていくことへの戸惑いがうかがえる。

捨てた親についての事情がわかるこれら三件の事例のうち二件は、他国あるいは農村から都市にやってきた親による捨子である。都市は、貧困な人々や、郷里を追われた人々など、社会の周縁に生きる人々が集まる場でもあった。そして捨子は、居住地を立ち去った、あるいは立ち去らざるを得なかった人々が、都市に流れてくるなかで発生した。次に、それらの事例についてみていきたい。

置き捨てにする親たち

天保八（一八三七）年四月一二日の朝、西今町永野屋安兵衛の店先の小縁に、五歳ばかりの男子が、竪横糸入縞の綿入れに、はおり紐付を着せ、小雪駄を添えて捨てられていた（事例一三）。安兵衛が「捨子か」と尋ねたところ、この子どもが言うには野川村（大庭郡）の加市という者の子で市蔵というものであると言う。去年の冬から、田中新兵衛という叔父のもとへ親子共「役介《（厄介）》」になっていたが、その叔父の新兵衛がここへ連れてきて捨てたという。しかし、この子どもの言うことはどうも覚束ないので、野川村に人をつかわしたい旨の届書が差し出されている。

もう一つは、村から立ち去るよう申し付けられた者が郷里を立ち去り、都市に流れ込む過程で捨子がなされている事例である。天保一〇（一八三九）年四月二一日の夜、三町目沼田屋善右衛門の戸口に捨子があった（事例四九）。捨てたのは院庄村の者で、先頃院庄村から立ち去るよう申し付けられた者の子であることがわかった。村方へ引き取るよう申し付けたところ、立ち去るよう申し付けた者の子なので、表向きは村で引き取るのは難しいが、村方へ渡してくれれば何としてでも養育すると申し出てきた。その後さらに村方から、親たちが引き取りたいと申し出ているので、渡してくれるよう言ってきた。そこで、親たちに引き渡し、ただし、院庄村には以後立ち入らないよう申し渡している。

三つめの事例は、天保八（一八三七）年三月八日に美作一宮として有名な、津山城下近郊の一宮の神官のもとに、三歳ばかりの男子が置き捨てにされた事例である（事例一五）。一宮の神官、松岡志津摩方へ久米南條郡山手村の者が、三歳ばかりの男子を連れて、一宮参拝のついでにたちよった。その男は、志津摩の父が遣わした者であると言い、しばらく休息させてくれと言う。しかし休息しているあいだに小児を捨てて出ていってしまった。あちこち尋ねたけれども行方がわからない。出所の山手村へ小児を連れていったけれども、一〇年前に村方除帳になった者だとのことで、親類もない様子で、村では引受けないという。そこで、また、その小児を連れ帰った旨、神主から届出があった。この事例も村方除帳になった流浪人が、村から都市近郊にやってきて子どもを置き捨てにした事例である。

これら置き捨ての事例は都市の性格と捨子が大きく関係していることを示す。捨子は、社会の周縁に生きる人々が、都市に流れ込む過程で起きている。しかも置き捨てにされているのは、いずれも独り立ちするにはまだ早く、拾われた場合には養育料をもらえることが期待できる、三歳から五歳までの子どもたちであった。

捨てた親の事情がわかるこれらの捨子事例が示すのは、夫婦と子どもだけで構成される家族のどちらかが離別その他の事情で欠けた場合や母のみの家族、あるいは帳外れその他の理由で共同体から離れた家族の脆弱さである。捨子は、そうした人々にとって、自分の身を守るための、あるいは自分の身と子どもの生命をともに守るための一つの選択であった。

おわりに

これまで天保期の津山藩領内の捨子事例を見てきたが、捨子の背景に生活の窮乏があることは間違いないだろう。が、だからといって生活が困窮すれば捨子をしたという単純なものでもない。

アンシャン・レジーム期のパリの捨子について分析した二宮宏之は、「生活の窮乏」と「捨児」の「この二つのファクターの間には、両者をつなぐものとして、社会的絆の問題」があり、「家の絆が強固であり、村にせよ町にせよ、共同体的つながりが強力に生きているならば、ある夫婦の苦渋は、全体が包み込む形で乗り切ることができる」と指摘している（二宮［1981］→［1995］）。

確かに、津山藩領内の天保飢饉下の捨子事例が示すのも家族の絆の脆さである。捨子事例のなかには、最初から育てる意思がなかったというよりは、育てる意思はあったものの、家族の絆の脆さや生活の困難、あるいは共同体から立ち去るなかでやむなく捨てるに至った事例が多く含まれる。

捨子の年齢からみても、二歳以上の捨子が三二件と、捨子事例の半数以上を占めている。親の側に育てる意思がなければ、もっと幼い年齢で捨てられていただろう。これらは親が育てきれなくなっての捨子と考えられるのではないか。捨子はこの時期の共同体の絆の弛緩、そして自立しはじめたとはいえ脆い家族の狭間で生み出された行為であったと言えよう。

天保期の津山藩で問題となっていたのも共同体の絆の弛緩という問題であった。天保期における堕胎・間引き禁止政策の転換の背景には、第二章でみたように、共同体の絆の弛緩により共同体による堕胎・間引きの相互監視が機能しないという問題、そうしたなかで、家族の堕胎・間引きへの意思そのものを問題にせざるを得ないという状況があった。

天保飢饉下の捨子事例は、この時期の親子関係や子どもの生命に対する観念、性と生殖や女の身体観を考えていくうえで、どのような手がかりを与えてくれるのだろうか。まず、子どもの生命という点について言うならば、親の意識のなかで、堕胎・間引きと捨子とは、子どもの生存の確認という点で一線を画するものであったということができる。五四件の事例のうち、産んだ直後に捨てられた事例は一件のみであり、これさえも産み落とした直後の赤子は古帷子に包まれて捨てられている。また一歳未満の赤子たちも、布でくるみ着物を着せ、容器に入れて保護されるかたちで捨てられていた。

二つには、捨子は親自らが養育できない子どもを他者に委ねる選択という意味合いを持っていたことである。生年月日を記した書付や臍之緒を入れた守袋には、子どもの生存と未来を他者に委ねるという親の意思が示されている。津山城下町の捨子のうち、捨てられた場所がわかる二九件の事例のうち、その六二％にあたる一八件は上層町人や上層武士の家の前の捨子であった。これらは、拾われ育てられることを期待しての捨子と言えよう。「子を捨てる藪はあれと」という諺が、捨子を意味する「せのことわさ」となっていた津山城下町にあって、捨子は「子を捨て　我身を立てる」ためにやむなくとられた選択であった。そこには、近代の母親たちを強くとらえた、産んだ母親が自らの身を犠牲にして献身的に子育てをすべきという観念も、また自らの子を自らの乳で育てるべきという観念(11)もみられない。出産の危険の高いこの時期にあっては母一人の手に子育てを託す観念は生まれようがなかった。また、捨子をするということは、捨子の側からすれば他人の乳によって育てられることを意味していたが、母乳の不足、欠乏も珍しくはないこの時期、他人の乳で育つことは珍しいことではなかった(12)。捨子の背後に、こうした当時の女性たちの身体をめぐる状況があったことを考える必要がある。

二宮宏之は、先の論文で「捨児の急増がみられた一八世紀という時代」は「伝統的な共同体の絆が弛緩し、しかもそれに代わる新しい市民的共同性がなお形成されるに到らない、狭間の時代」であり、この時期「捨児院の回転箱に生みの子供を委ね」た人々は「自らの手に余ることになった存在を、より高次の、より広大な共同体の手に委ねる想いだったのではあるまいか」と述べている（二宮［1981］→［1995］）。

実は、天保期の津山藩でもフランスの「捨児院の回転箱」にあたる「引出附の箪笥の如き箱を附置」き、親たちが「夜分竊に其箱江入置」き捨子できるような「育子院」の構想が町奉行から出されていた。この構想は天保二（一八三一）年一一月に津山藩主となった松平斉民が、堕胎・間引き禁止政策の一つとして、「西洋書」でみた「露西亜」の育児院のようなものが津山でも実施できるかと諮問したのに対し、町奉行の馬場簡斎が提出したものである(13)。

この構想では、捨子たちを「乳母」に養育させ、「何年何月何日より養育いたし候旨、掲榜《かけふだ》いたし置」けば、子を捨てた親たちも、その「成長するを悦」ぶだろうこと、また「成長に随ひ男子は小用なぞ申付、女子は子守なぞ」をして稼ぐように自立させていくことが計画されていた。

この構想は、簡斎の転役、そして市中有志の寄付を募る計画であったが資金調達の困難から実現には至らなかった。また、計画の時期は、簡斎の町奉行在職時からすると天保一五（一八四四）年から弘化三（一八四六）年の間であったと考えられる（渡部［1981：34］）。藩主による諮問の時期、また簡斎による構想提出の正確な時期は不明だが、天保期の津山では、藩主の諮問によってこのような構想が出されるほど、捨子は重要な問題となっていた。藩の側は捨子の原因について「其身困窮して飢餓に迫りしより無拠捨子いたし候なり」、つまり捨子は、育てる意思はありながら貧窮のために「無拠」なされるものととらえていた。このことからも、天保期の津山藩の捨子は、他者にその生存を委ねる選択であったことが裏付けられる。

では、「露西亜」をモデルとしたという、津山の「育子院」の構想は、どこからその情報を得たのだろうか。近世における西欧の「幼院」情報の受容を追究した湯川嘉津美は、津山の「育子院」

の構想は、その内容の類似性からして、桂川甫周の『北槎聞略』（寛政六〔一七九四〕年）や大槻玄沢の『環海異聞』（文化四〔一八〇七〕年）の「幼院」情報であった可能性が高いとみている。これらは、寛政・文化年間にロシア使節たちによって送還されたロシア漂流民、大黒屋光太夫や津太夫の見聞をもとに書かれたものであるが、そこには、公的な権力による「棄児を養育する」施設である「幼院」の情報が含まれていた。津山藩の計画は、この「幼院」情報をそのままの形で需要したものであった。また当時の津山藩には、宇田川玄随や蓑作阮甫といった蘭学者が藩医として挙用されており、ロシア情報はこのあたりからももたらされたらしい（湯川［2001］）。

この構想を諮問した松平斉民には、前藩主が行なった「養育料まで被下置、堕胎のもの厳敷御吟味成、妊娠より臨月に至年寄組合とも立合月調被仰付候へとも、古来よりの習風相改不申」（津山温知会編［1912：32］）という、懐胎・出産取締りが堕胎・間引き防止に功を奏していないという認識があった。家と共同体に養育責任を負わせるだけでは問題は解決しない。そうした認識のもとに、藩レベルでの捨子養育を意図する津山藩の「育子院」の構想は、二宮の言葉を借りるなら、捨子を「より高次の、より広大な共同体に委ねる」、より高次の公共性への志向を示すものとして、言いかえれば近代につながる性格を持つものとして位置づけることができるのではないだろうか。

注

（1）柵原町［1978］第五節「飢饉と騒動」には、福田家文書におさめられた天保八年の飢饉の詳細なとが記されている。

「記録」が掲載されている。このなかにも、天保八年、柵原村から出ていった極貧の忠蔵一家の孫、八歳ののぶが津山城下の宮川橋の上で置き捨てにされ泣いていたのを、「記録」の著者の父がみつけ、村に連れ帰ったものの、村人の大半が困窮していて「村中養育」できないため、庄屋が育てていることが記されている。

(2) 塚本学［1993］、菅原［1985］、妻鹿［1995］、立浪［1992, 1995］。

(3) しかし私自身も、堕胎・間引きと捨子を関連させてとらえる必要があると考えている。千葉、大津の説もその一つであるが、近年、「堕胎・間引きは貧困や飢饉によるもの」という通説の再検討がなされつつある。その代表的なものが、高橋敏、太田素子の説である。高橋は、堕胎・間引きと奢侈な消費生活の共存に、太田は堕胎・間引きの一方で子どもの通過儀礼に象徴されるきめ細かな子育てが存在していたことにそれぞれ注目し、堕胎・間引きは、生活向上のための家族計画の手段であったととらえる（高橋［1990］太田［1991］）。しかし、不思議なことにこれらの研究では、残した子どもに対するもう一つの選択、手厚い養育の一方に存在した捨子という選択については棚上げにされている。その理由はおそらく、間引きと捨子は、養育の拒否という点で同一の行為ととらえられているためだろう。しかし、結果としては同様に死に至ったにせよ、他者による養育をも拒否して殺す間引きと、他者に生存を委ね生きたまま捨てる捨子とでは、親の意識や生命観のうえで見逃せない違いがあったのではないだろうか。その意味で、子どもへの意識や生命観をトータルに問題にするためには、堕胎・間引きと捨子を関連づけてとらえる必要があると考えている。

(4) 守屋［1958］には、戦災で消失してしまった岡山県庁文書「天保度飢饉状況調書」（明治二〇年）の概要が紹介されている。それによれば津山では「乳児を他人の門戸に棄つるもの」は、天保六年中に「一七人の多きに上った」こと（守屋［1958：246］）、また西北条、東南条両郡では「富有の者並に社会救済家の戸口に乳児を捨てしもの、天保七年中三人、同八年中に一八人の多きに上った」という。しかし、三種の史料から抽出できた捨子事例は、天保六年は一件のみ、西北条、東南条両郡での天保七、八年の事例は三件にとどまる。このことからも、この三種の史料と捨子の実数とのあいだには大きな隔たりがあると言えるだろう。

(5) 黒田［1986］は、日本中世の子どもの七歳という年齢区分について、七歳という年齢は「七歳までは神の子」といわれるような象徴的な年齢であるばかりではなく、七歳まで養育すること、したことが、その子どもに対する親権、主人権を生じさせることになったと指摘している。近世のこの規定では、一〇歳まで養育した場合は、届出る必要なしとされるが、黒田の指摘に学び、親権、主人権との関わりを考える必要があるだろう。

(6) 玉置芳久家文書「町役諸家系譜」津山郷土博物館所蔵。

(7) 「郡代日記」天保八年一二月一八日。

(8) 大喜［1999］は、中世の捨子には守刀が添えられていたこと、守刀は息災無事な成長を祈るものであり、それを添えるのは捨子の生存を意識した、拾われることを期待しての行為であったと指摘している。

(9) 私は当初、捨子の親たちは、塩も買えない状態のなかで、塩籠に赤子を入れて捨てた、つまり塩籠は捨子の親が買ったものと推測していた。しかし、塚本学氏から、みかん籠と捨子の関連、また塩籠はみかん籠同様、リサイクル品として回収されるものではなく、ごみとして放置されるもので、それを拾ったものが適宜利用したものではないかというご教示をいただいた。塚本氏には、みかんを切り口に捨子の問題にも言及した興味深い論稿（塚本［1984］→［1997］）がある。そこでは、みかんの普及は、江戸で、とくに柿に代置されたかたちをとったのかもしれないこと、また「庭先で柿をもぐ景に対して、安値とはいえ購入を要するみかん、その差はまた、村中で子どもを養うかの空気が強く残っていた世界と、貧窮で子を養いかねるものの捨子をかなり多く生んだ世界との差ではなかったか」との指摘がなされている。

(10) この点について私は「我々母子共」という文面から、「我々」と「母子」を並列した表現と判断し、書き手は母であるとしていた。しかし、塚本学氏から、「母の文とするには、某という自称を男が用いるか、我々母子共困窮は、我々を母子と並列した表現ととるのが自然といった点について然るべき説明を用意」する必要があるとのご指摘をいただいた。確かに、「某」は男性の自称であり、故意に曖昧にしたり、わざとぼかして言うときに使われることもあるという。また「我々母子共」という文面は、捨子の判断は、父親、母親いずれかの意思によるものではなく、両親の意思によることをうかがわせる。書き手は母よりは父の可能性が高いが、いずれにしても、どちらと確定できるほどの材料はない。そこでここでは、親というにとどめておきたい。

(11) 「母性」が強調される近代になると、母乳は単なる「人乳」でないどころか「母乳」ですらなく、「実母哺乳」の名称を与えられ、産みの直接の母親に特定される(沢山 [1990b])。

(12) 当時の出産が母親にとって危険をともなうものであったことは、赤子が死んでも母親が無事であれば「安産」と表現するという言葉の使われ方にも示される。また母親が産後病気になったり病死した場合、赤子は共同体のなかで、貰い乳によって育てられた(沢山 [1998])。

(13) この構想については、守屋 [1958:550-552]『津山温知会誌』第五編簡斎馬場貞観稿『老人伝聞録附録』(津山温知会編 [1912:32-34])。

【付記】 本章作成にあたっては、史料収集について、岡山県総務部学事課文書整備班、津山郷土博物館の皆様にお世話になり、津山郷土博物館の尾島治氏からは貴重なご教示を頂いた。記して感謝したい。

捨子一覧

番号	西暦（和暦）月　日	性別	年　齢	捨　場　所	捨子の状況（所持品など）	拾い人	捨子の行方	出　典
1	1835（天保6）年7月6日朝	男	生後すぐ	大庭郡久世村原方長屋組藪のうち	古帷子の切れに巻いてある		同郡下河内村から来ていた甚右衛門	K
2	1836（天保7）年7月21日朝	女	生後19日（7月2日生まれ）	西新町高松屋平兵衛表通り戸口	籠裏の中	通りがかりの者がみつける	町内如月屋つたより7月23日貰い受けたい願	M
3	1836（天保7）年9月20日朝	男	3歳くらい	上之町勘太郎門先				M，K
4	1836（天保7）年10月1日	女	5歳くらい	西寺町，本行寺表門の内	どこの者とも，わからない		元魚町豊屋しけ借屋住正木屋武兵衛より，11月22日願	K
5	1837（天保8）年1月10日朝	女	生後40日くらい	中之町甲屋幸助戸口	古蒲団に包む		小姓町竹屋佐助借屋住中川屋源治1月24日願	M，K
6	1837（天保8）年1月27日夜	男	昨年4月2日生	京町秋田屋久蔵戸口	塩籠の中，昨年4月2日出生鶴太郎との書付		小姓町紅屋源助より，2月13日願	M，K
7	1837（天保8）	女	去年12月頃出	茅町岡島屋佐助戸口	塩籠の中		岡島屋佐助より	M

	年2月4日 夜半7半時分		生か				2月5日願	
8	1837(天保8) 年2月22日	男	生後5，6カ月	河辺村土居太郎右衛門門前	深笠に入れ捨子		橋本町後藤屋武市借屋吉蔵より3月25日願	M
9	1837(天保8) 年2月23日	女	生後20日くらい	伏見町錦屋源治郎表戸口石橋の上	塩籠の中 書付なし		源治郎が取り上げ養育	M，G
10	1837(天保8) 年2月23日	男	3歳くらい	新田村字本房谷野山		墨次郎借家住新兵衛に当日預け養育さす	本郷村西分才助より4月8日願	M，K，G
11	1837(天保8) 年2月23日	男	3歳くらい	新田村野山				M
12	1837(天保8) 年3月2日夜	男	生後60日あまり	中之町平岡屋忠兵衛表口	胎毒で腫物ができ 4月23日病死			M，K
13	1837(天保8) 年3月3日 夜5つ時分	男	3歳くらい	京町秋田屋久蔵門口	播州佐用西条屋善助とたみの子		母のたみが3月4日連れ帰る	M
14	1837(天保8) 年3月4日	男	天保6年12月8日生	山北村新右衛門門先	天保6未年12月8日寅之刻出生との書付			M
15	1837(天保8) 年3月8日	男	3歳くらい	一宮神官松岡志津摩方	久米南條郡山手村の者が捨てる		山手村に子を連れていったが，	M

							親類もなく引き受ける者なし	
16	1837（天保8）年3月11日	男	5歳くらい	林田村	羽出村奥谷分の代三郎の倅とのこと			G
17	1837（天保8）年3月11日暁7時分	男		茅町広原屋嘉兵衛借屋住，松助戸口			捨子，才五郎家出，行方知れず	K
18	1837（天保8）年3月14日	男	4歳くらい	東一宮村山方西組法院山	非人または穢多の子にみえる		村番人が養育していたが，6月19日病死	G
19	1837（天保8）年3月20日夜前5半時分	女	4歳くらい	三丁目永田屋恒四郎戸口	書付あり		京町辰巳屋熊治借屋住広嶋屋惣七3月26日願	M，K
20	1837（天保8）年3月26日夕5半時分	女	3歳くらい	林田村松原往還	何を尋ねてもわからず，病身者にみえる	村内，忠右衛門，届出		M，K
21	1837（天保8）年4月2日夕9つ時分	女	去申歳出生か	上河内村，下分下組斉右衛門表口			目木村茂七5月13日願	M，G
22	1837（天保8）年4月4日夜前5つ半頃	男	2歳	二丁目川口藤十郎名代庄助表口	去年10月15日出生との書付，守袋（臍の緒，初髪），古籠裏の中		天保10年庄助，人別入れ願出	M，K

23	1837（天保8）年4月12日朝	男	5歳くらい	西今町永野屋安兵衛店先小縁	竪横糸入縞の綿入れに，はおり紐付を着せ，小雪駄をそえる。野川村の加市という者の子，市蔵とのこと。			M
24	1837（天保8）年4月18日暁	女	出生から60日くらい	久世村原方幸助表口			5月9日病死	M，G
25	1837（天保8）年4月19日	女	2歳くらい	上河内村下分上組岩角の東の門			村内市之丞が養育	G
26	1837（天保8）年4月23日昼8時分	女	2歳くらい	勝南郡河辺村東坂口往還場	非人躰の小児			G，K
27	1837（天保8）年4月24日	女	2歳くらい	久米南條郡中嶋村氏神拝殿の内	木綿立縞古袷を着，上に古筵を懸け，仰向けに寝せて捨子		4月28日，落命	G
28	1837（天保8）年5月14日朝	男	3歳くらい	二宮村字宮下往来場		村内の蓑助に養育さす	同村，斉五郎が貰い養育，9月24日病死	G，K
29	1837（天保8）年6月7日	男	7歳くらい	西吉田村大崎往還場	備州の在の者とのこと	村方で養育		G

30	1837（天保 8）年 7 月 2 日夜	女	5 歳くらい	古市隼人門先			吹屋町山口屋安兵衛引受け，9 月 21 日朝死去	M，G
31	1837（天保 8）年 8 月 24 日夜	女	天保 3 年秋生	二階町茂渡庄右衛門名代養六戸口	守袋の内に天保 3 年秋生女子，8 月 24 日との書付		10 月 22 日朝病死	M
32	1837（天保 8）年 8 月 24 日夜半	女	2 歳くらい	三船八郎右衛門門先石橋の上	ひきあげ乳手当			M
33	1837（天保 8）年 8 月 28 日夜	女	2 歳くらい	西今町平野屋孫四郎戸口				K
34	1837（天保 8）年 9 月 4 日	女	2 歳くらい	西今町寺野屋権次郎戸口				K
35	1837（天保 8）年 9 月 5 日	男	3 歳くらい	香々美村，中村番所西木戸口	非人躰の 40 歳ばかりの男が背負っていた子で非人に間違いない		村番に養育させるよう達し，9 月 7 日病死	K，G
36	1837（天保 8）年 9 月 9 日夜	男	1 歳ばかり	西今町永野屋清十郎家守，名田屋房助の店先の小縁の格子	当年生まれとみえる		割場中間虎治，11 月 24 日願	K，M
37	1837（天保 8）年 9 月 21 日夜	女	4 歳くらい	東新町槙屋佐右衛門戸口			東新町因幡屋亀次郎，10 月 17 日願	K，M

38	1837（天保8）年10月29日夜9時分	男	3歳くらい	中之町，札元玉置屋字佐衛門名代三室屋文蔵戸口	3歳8月8日出生伴吉との書付		上之町作人亀太郎，11月18日願天保9年11月15日戸川町明石屋へ	K，M，G
39	1837（天保8）年11月17日夕4つ半時分	女	3歳くらい	西新町如月屋つた表戸口	子どもの泣き声	つた	つた，7月2日願	K，M
40	1837（天保8）年12月9日	男	未歳（天保6年）7月生	山北村大庄屋大谷茂助門先	未歳7月13日誕生との書付，脇差し		小田中村みつより12月21日願	G
41	1837（天保8）年12月18日	女		二宮村守岡	行き倒れて死んだ非人躰の女が連れていた子		芸州からきていた貫兵衛が願	G
42	1838（天保9）年1月8日	男	6歳	東新町	生まれは因幡というが名前もわからない			M
43	1838（天保9）年1月11日		生後5，60日	東新町表土手	下田邑村夫右衛門の子，1月8日に離縁した妻が捨てる		村方へ連れ帰る旨，1月12日申出	M，G
44	1838（天保9）年3月7日夕	女	2歳くらい	坪井町市場弥右衛門	面体のわからない男が捨てて逃げる		宮屋長兵衛家守，坪井町高嶋屋源右衛門，8月9日願	M，K

45	1838（天保9）年6月28日夕	女		伏見町錦屋源次郎戸口，石橋の上			上之町，美世9月28日願	M
46	1838（天保9）年10月14日夜4時ころ	男	出生後5，60日くらい	川口藤十郎名代，庄助，表口石橋の上	古ふとんに包み塩籠に入れる			M
47	1838（天保9）年12月26日夜4つ半時分	男	この5月頃出産か	勝間田町，栄屋与惣左衛門表口				M
48	1839（天保10）年2月7日夜9時分	女	4歳	福力村兵蔵居宅縁				G
49	1839（天保10）年4月21日夜			三町目沼田屋善右衛門戸口	捨てた者は立ち去るよう申し付けられた者		親たちに引き渡す	M
50	1839（天保10）年7月16日夜	女	この4月頃出産か	西北条郡小原村字平松地蔵堂			上河原村源右衛門7月21日願	M，G
51	1839（天保10）年8月4日夕	女	2歳くらい	西北条郡二宮往還松原	白地小紋の単物と古継々の袷を着せ，松の根に捨子	同村百姓弥右衛門方に預ける		M，G
52	1839（天保10）年8月7日	男	この6月頃出産か	東新町鍋屋養五郎表口	書付，小賀籠に入れ捨子		東北条郡阿波村，政五郎，願	M

	夕5つ半							
53	1839(天保10)年11月5日夕5時分	女	当年生まれ	中之町三室屋文蔵表口	9月21日出生という書付添える		今苗木村広原分千代蔵，願	M
54	1841(天保12)年12月16日夜	女	12歳くらい	西今町湯田屋太郎右衛門宅横物置前				M

年齢は，史料に記されているまま，数え年で記している。
出典　M:「町奉行日記」，G:「郡代日記」，K:「国元日記」

Ⅲ

第六章　性と生殖の規範化

はじめに

出産という事象をめぐる、人工授精や代理母といった近年の生殖テクノロジーの発達は、今まで普遍とされてきた子どもの出産という事象や家族の自明性の問い直しをせまるものである(1)。妻と夫の性行為によって、妻の卵子と夫の精子が結びつくことでできた受精卵が、子宮内で成長し、子どもが産まれる。そうした、性交、受胎、妊娠、出産といった生殖概念や、一組の夫婦とそのあいだに産まれた子どもからなる家族という近代家族概念の自明性が問われている。家族が、社会全体の関係性のなかで成立していることは言うまでもない。家族をとりまく諸関係が変化すれば、家族も変化する。また性や生殖、出産という事象も、これら家族をとりまく諸関係と密接に関わりながら変化する。性や生殖、出産という事象が、社会全体の諸関係や家族について考える糸口になるゆえんは、そこにある。そして本章のねらいは、近世の性と生殖、出産といった問題を糸口に、現代社会の家族の揺らぎの意味を考えることにある。

ところで、女性が産む機能を備えていることは、人類普遍の生物学的な事柄である。しかし、だからといって、すべての女性が産むわけではなく、産まない女性も、産めない女性もいることは言うまでもない。出産は、身体的・生理的現象であると同時に、文化的・社会的な現象でもある。また出産のあり方は、女性の社会的位置や、その社会の家族観、子ども観、さらには女性自身の身体観や、社会の出産観のなかで変化していく。その意味で出産という事象は、女性の生物学的な普遍性と、女性に与えられた文化的・歴史的・社会的意味の接点にある女性の身体の位置を、明示的に示す。

こうした意味をもつ出産という事象に焦点化するかたちで、家族をとりまく諸関係、言いかえれば普通の人々の日常生活世界を、浮かび上がらせることが、本章の課題である。とくにここでは、近代とは異質な価値を持つ近世の女性たちの生の現場に足を踏み入れて考えてみたい。それは、とりもなおさず、近代家族の自明性が問われている現代社会の問題を歴史の主題として問う試みでもある。

1　近代家族の自明性への問い

家庭は、近世にはなかったが、近代にはあった。母性を持つ母親という母親観は、近世にはなかったが、近代にはあった。このように言うと、現代の私たちには奇異に聞こえるかもしれない。それほど、家庭や母性という観念は、私たちにとって、ごくあたりまえの、いわば常識となってしまっている。しかし、家庭や母性という言葉はいつごろ登場したのか。また家庭や母性を持つ母親の存在があたりまえとなったのはいつなのか。歴史をさかのぼってみると、家庭や母性の観念は実は近代になってはじめて、人々にとって馴染み深いものとなったことに驚かされる。家庭や母性という言葉は、近代になって、日本が西欧社会にふれるなかで生まれた言葉であり、観念であった。

一八九七年、英語のhomeの訳語として日本の近代家族をさす言葉として登場した家庭は、夫＝主人と妻＝主婦と愛すべき子どもからなる核家族をさす（沢山［1987］［2003］）。家族成員相互の愛情を「一家団欒」のなかに確認しあう愛の巣を意味する言葉であった。この家庭の実際の担い手となる都市の新中間層が出現してくるのは、一九一〇～一九二〇年代のことである。近代の資本主義社会のなかで資本家と労働者の中間に新しく登場した新中間層の人々は、地域共同体や「家」といった地縁、血縁を離れ、都市に新しく核家族を形成する。そこで形成された家族は、生産手段を持たない職住分離、性別役割分担の家族、つまりサラリーマンである夫と、生産労働からは離れ、主婦として家事育児に専念する妻、そして健康と教育に配慮され愛される子どもからなる家庭であった。夫が稼ぎ手として職場に出ていき、妻は家庭にいて家事育児に専念する、この家庭のありようは、おのずと母親の役割をクローズアップさせていく。新中間層は、資本主義社会を生き抜いていく新しい財として登場してきた学歴、学力によって、より良い生活を切り開いていくという生活スタイルを持つ階層であった。彼らは、子どもに学歴をつけることを生活向上の鍵と意識し、夫のサラリーの枠内で子どもに学歴をつける必要から、他の階層にさきがけて少子化を選びとる。当時「産児制限」の名で言われた出生コントロールを行なっていったのである（沢山［1990a］）。

新中間層は、少なく限った子どもに学歴をつけることに熱心な教育家族でもあった。そうした新中間層の子育てを特徴づけるキー・ワードが母性と母性愛である。母性の語もまた、一九〇〇年代に、新しく登場した翻訳語であるが、これまた近代に新しく登場したloveの訳語である愛と結びつき母性愛の語で広く社会に流布していく。母性の語の登場のプロセスを詳細にみていくと、興味深い事実が浮かびあがってくる。母性の語は、母たるべき機能と「本性」を結びつけてつくられた言葉であった（沢山［1988］）。母性の語が発明されるプロセスは、女性の身体が、何よりも子どもを産む生殖器官をもつ〈産む〉身体としてとらえられ、産むことが女性の「本性」とされたことを意味していた。子どもを産む機能をもつ産む性である女性のごく自然な生き方、ライフサイクルは、子どもを産んで母になることである。そうした論理で、女性は母親役割に押し込められることとなったのである。少産を選びとった女性たちにとって、自らのライフサイクルのなかで、妊娠し、出産する期間は、ごく限られた時間となった。

にもかかわらず、女性の身体は産む性であることで覆われ、社会的に活動し労働する主体としての役割は捨象されてしまったのである。母性と自立は、相反する関係におかれる。当時の母性愛論では、産むべきなのに産まない女性は、自然の摂理に反するためヒステリーになると説かれる(2)。母性は、近代化の過程でつくられた、ジェンダーをめぐる一つの秩序であった。日本の近代の女性たちの自立への模索が何よりも、母性保護論争をはじめ、貞操論争、堕胎論争など、産む性、〈産む〉身体を問い直すかたちでなされなければならなかった（水田［1999］）歴史的背景は、ここにある。

しかし、母性愛論は、新中間層の母親たちに広く受け入れられていく。その理由は二つある。一つは、母性愛論は、母性の保持者、育児担当者として母親たちの権威を高める点で、母親たちの自己実現への期待と結びついた点にある。生理的に父親は母親にかなわないとする母性愛論はまた、父親不在の新中間層の実態を肯定するものでもあった。二つには、母乳も実の母の「実母哺乳」（塚本はま子［1900］）でなければならないなど、母と子の生理的結びつきを価値化する母性愛論が、少子化のもとでの母親たちの「我が子」意識の高まりに、よく適合するものであった点にある（沢山［1990b］）。

新中間層の人々に歓迎された書物の一つに、主婦の友社から出版された『新胎教』（下澤［1926］）がある。ここには、「胎教といふことは母体といふ大自然が、胎児に与える刺激と、感受とを研究して、胎児に優良な母体を保持させることであります」とある。母性が本能とされたのと同様に、母体は大自然とされる。そこでは、本能や自然という観念そのものが、つくられた観念であることは問われない。母は、何よりも優秀な子どもを産み出す母体としてとらえられ、胎児にとっての環境とされてしまう。受胎は、「男性の精子は自ら運動して一分間に一ミリから八ミリ位宛進出して、卵子のあるところに辿りついて受胎作用を完了するのであります」と説明される。男性の精子の能動性と、精子がたどりつくのを待つ女性の受動性が強調され、男は能動的、女は受動的といった男女間の性別役割分担というジェンダー秩序で、受胎も説明される。しかも「夫婦の性的生活は偏《ひとえ》に勝れた子孫を生み出すため」と、生殖の目的は優秀な子どもを産むことに求められる。性と生殖の一致が強調され、優秀な子どもを生み出す優生生殖のためのセックスの頻度が、「三十歳の人ならば六日おき、四十歳の人ならば八日おき」と大真面目に論じられる。

私たちが、ごくあたりまえの常識として思い描く家庭や、子育てを担う母親は母性愛を持つという母性観念、あるいは「つくるもの」としての子どもといったイメージは、実は思いのほか歴史が浅く、今世紀の初頭に生まれた近代に固有の現象なのである。しかし、こうした常識の形成は歴史的には新しいにもかかわらず、その相対化を困難にするほど現代社会のなかに根づいている。とりわけ子どもを「つくる」という子ども観は、生殖テクノロジーの発達や少子化社会、高学歴社会の圧力のなかで、より強まっている。では、こうした常識を相対化する手がかりは、どこに求められるのだろうか。

常識が制度化され、近代家族の自明性が、本能や自然として、人々を覆っていく一九二〇年代、その自明性に疑問を投げかけた人物がいる。野村芳兵衛という私立学校の教師である。彼は、新中間層家族にみられる性別役割分担家族は、男女の個性的差から生まれたものではなく、資本主義社会に適合的な家族形態として出現したとする。また、女=母性、男=父性とする母性愛論に対し、男にも女にも母性と父性の両者が備わっているとする。この野村の思想は、彼自身の生い立ちのなかで培われたものであった。野村は、近世民衆の生活を色濃く残す地域共同体のなかで、近代学校への就学の経験をもたない、夫婦で農業労働にあけくれる両親のもとで、家族ぐるみの労働をとおして成長する。父性の退化・頽廃の克服と「子どものよき成長」という観点から近代家族の性別役割分担を批判する野村の思想は、近世民衆の夫婦が共に働きつつ子育てをするというありかたに照らして、近代家族の自明性を問うものであった。それは、近世民衆のもっていた可能性を近代に批判的に継承することで近代家族のかかえる問題を、男と女、親と子の関係にまでふみこんで俎上にのせようとするものであった(沢山［1990b］)。

では、近代社会は、近世社会が持っていた多様な側面のなかの何を引き継ぎ、何を切り捨ててきたのだろうか。

2　近世における〈産む〉身体をめぐるせめぎあい
——支配層・共同体・家——

女性の身体が、何よりも〈産む〉身体として意味づけられ、公的監視の対象となるのは、近世後半に登場する出産管理政策＝懐胎・出産取締りにおいてである（沢山［1998］）。懐胎・出産取締りの登場は、女性の身体を〈産む〉身体として意味づけ、公的監視の対象として、藩、共同体、民衆それぞれの利害をめぐって争われる場とした。懐胎・出産取締りは、堕胎・間引き禁止政策の一環として取り組まれたが、政策の徹底が図られるなかで、しだいに民衆たちの性、生殖、婚姻への介入を強めていく。民衆の〈産む〉身体と、それに対する支配層の管理や介入とがぶつかりあうところに生み出された史料群からは、出産という事象を通して、民衆たちの日常生活や家族、共同体のありよう、さらに女性たちの身体観や胎児観を垣間みることができる。また懐胎・出産取締りの推移からは、支配層、共同体、民衆、三者の性、生殖、婚姻をめぐるせめぎあいを垣間みることができる。ここでは、生の営みの場を拠点に、女性たちの生の営みとしての妊娠・出産に焦点をあてながら、民衆たちの家族の姿、そして、女性の〈産む〉身体をめぐってなされた、性、生殖、婚姻をめぐる支配層、共同体、民衆、三者のせめぎあいを明らかにしていきたい。

諸藩、幕領の人口増加政策として取り組まれた堕胎・間引き禁止政策は、堕胎・間引きの禁止や

写真1　津山藩の懐胎書上帳（「嘉永七甲寅年　懐胎届生死人別出入月改書上帳　正月」より津山郷土博物館所蔵　山北村文書）

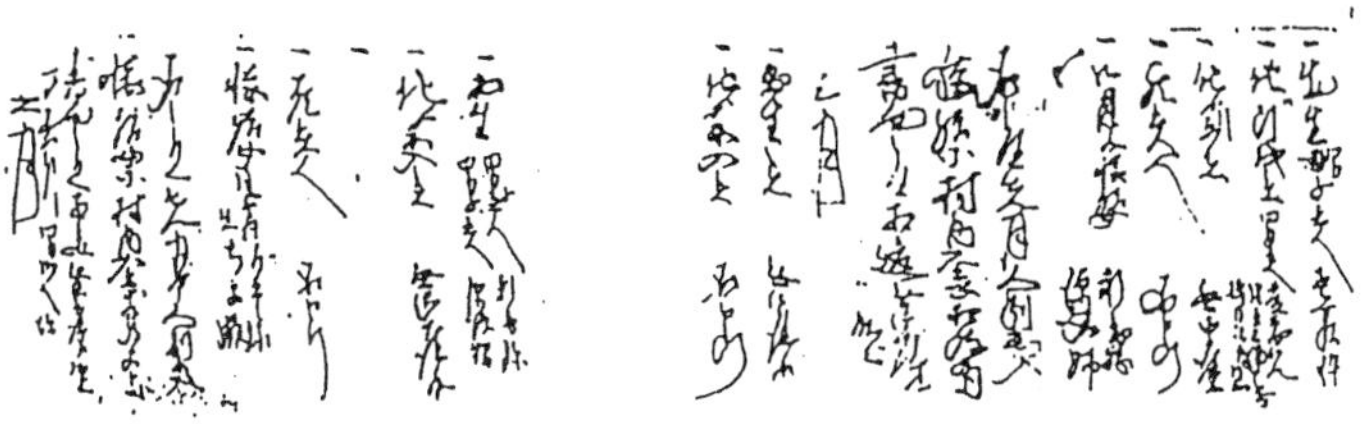

嘉永7（1854）年3月
四月め懐胎女　新兵衛嫁
　　　　　　　源治姉

嘉永7（1854）年6月
男子壱人　新兵衛孫
男子壱人　源治甥

写真2　仙台藩の懐胎書上帳（「弘化弐年　東山大龍村懐妊調」首藤康夫氏所蔵文書）

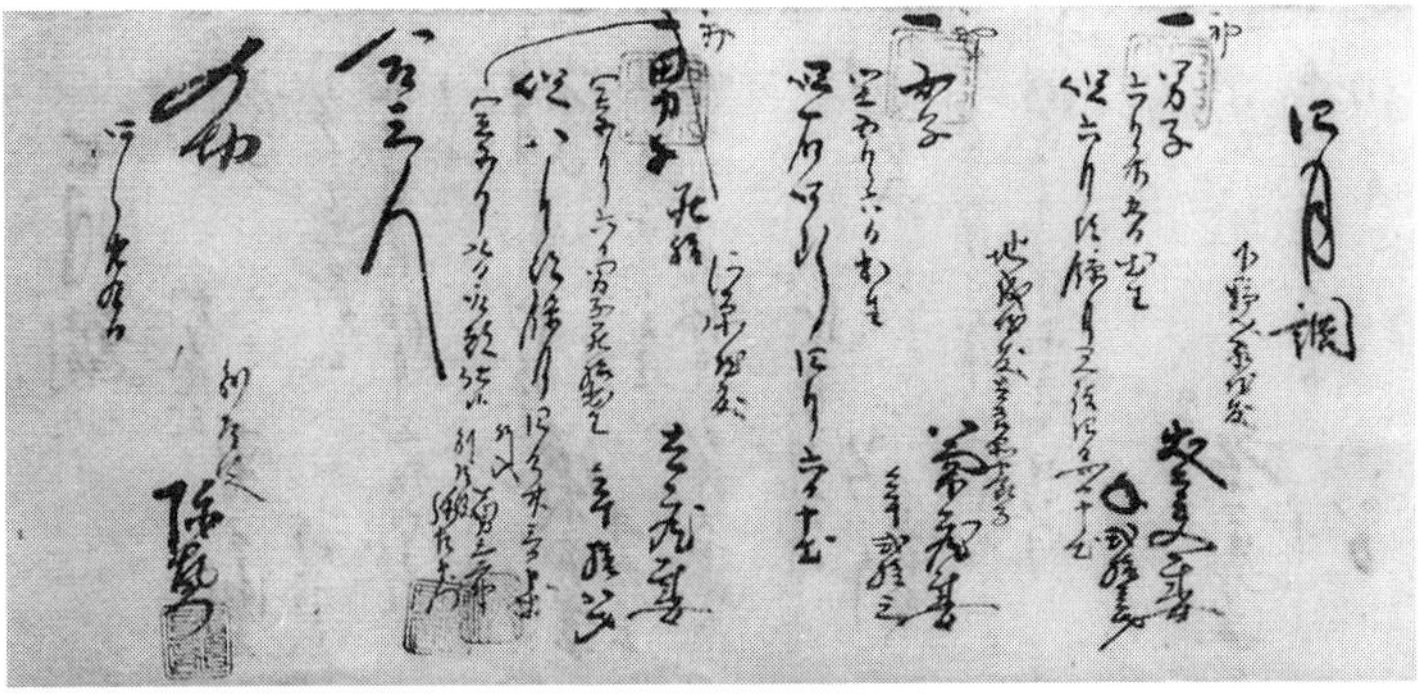

津山藩と仙台藩の政策の性格の違いは，懐胎書上帳の形式にもあらわれている。津山藩の懐胎書上帳（写真1）では，懐胎4ヵ月めの女性と，出産した女性が毎月記録され，妊娠，出産の過程が厳しく管理される。一方，仙台藩の場合は，懐胎書上帳は，年4回の調べにもとづいて作成され（写真2）出産の時点ではじめて記録される。臨月見込みの申し出も，実際の出産からさかのぼって記載された可能性が高く，妊娠，出産の過程の管理は，津山藩にくらべ緩やかなかたちとなっている。ただし何人目の子どもかということと妻の年齢が記載される。仙台藩では，養育料支給とも関わって，子どもの数に関心がよせられたのだろう。藩の側の人口への関心のありかた，出産管理のありかたが懐胎書上帳の形式にも反映していることがみてとれる。

懐胎・出産取締りなど産まないことの禁止、取締りに重点をおくありかたと、出産奨励のための養育料支給や教諭など産むこととの奨励や救済に重点をおくありかたとの、大きく二つに分けることができる。ここで取り上げるのは「赤子間引取締」(天明元〔一七八一〕年成立)の名称を持つ津山藩と「赤子養育仕法」(文化四〔一八〇七〕年成立)の名称を持つ仙台藩である(写真1・2)。名称からも明らかなように、津山藩は産まないことの禁止、取締りに重点を置いた藩であり、その史料からは、「産まないこと」をめぐるせめぎあいの様相が明らかになる。一方、産むことの奨励や救済に重点をおいた仙台藩の史料からは、産むことをめぐっての民衆たちの日常生活の様相がうかがえる。もっとも、これら堕胎・間引き禁止政策のなかで作られた史料には限界がある。すでに支配層、共同体の意思といったフィルターを通った史料であり、民衆の申し出が書き留められていても、堕胎・間引きの罪を逃れるための口実である可能性も高いからである。史料の読みとりにあたっては、支配層、共同体、民衆、三者の緊張関係のなかで読み解くことに留意する必要がある。

懐胎、出産取締りのなかで重要な役割を果たすことを求められたのは共同体である。津山藩の懐胎届、懐胎書上帳、出産届といった史料群からは、女性の〈産む〉身体が、妊娠四ヵ月めの懐胎届以後、毎月記録される懐胎書上帳によって、また出産の際の出産届によって管理されていたことがわかる。そこでは、共同体による相互監視が行なわれていた。懐胎の際には「懐胎証人」、出産の際には「産所見届人」などと名付けられた隣家、親類・組合の「証人」が懐胎、出産を確認し、出産は共同体の立会いのもとに、文字通り「産所」のなかにまで入りこんでの相互監視が行なわれている。

一方、仙台藩に残された、流産、早産、死産、新生児死亡が堕胎・間引きによるものではないことを申し立てた死胎披露書という史料群からは、出産、ことに難産の兆しがある場合は、家族のみならず、隣家、親類・組合が集まって見守り介抱したことがわかる。もっともそのことが、女性本人にとって苦痛でなかったかどうかまではわからない。仙台藩の法令では、係役人も分娩を見届けることとされたが、係役人への注意事項として、「初産の婦女」は恥じることがあること（高橋［1955：62］）、またあまり取締りを厳重にしたために、妊婦が「血暈《のぼせ》等」にならないよう、出生の子の命に別条がなければ、産所に入らなくてもよいといった注意がなされている（太田編［1997b：54］）。民衆の出産をめぐる日常的関係や産婦への慎重な配慮なしには、懐胎・出産への介入は困難であるとの認識が、藩の側にあったことがうかがえる。いずれにしても、近世の出産が近代のような核家族内部の私的な出来事でなかったことは確かである。

産まないことをめぐっても、共同体の相互監視、「友吟味」が求められた。堕胎・間引きの見分で重視されたのは、津山藩、仙台藩ともに、「疑敷風聞」や「唱」といった共同体のうわさであった。また罰則も共同体の連帯責任を問うかたちでなされた。このように共同体が大きく介在するかたちで、民衆の生殖への介入が行なわれた点に、近代国家による生殖への介入と、近世の懐胎・出産取締りとの大きな違いを求めることができる。

しかし、取締りに重点を置いた津山藩の懐胎・出産取締りは、第二章で述べたように一九世紀半ばの天保期になると、共同体の連座制から、家族の罪へと処罰の重点を移していく。その背景には、共同体が権力の末端機構として機能せず、むしろ人々の堕胎・間引きを黙認していく状況があった。それのみならず、そこにはおそらく共同体からの家族の自立という動向も関わっていた。家族の堕胎・間引きへの意思そのものを問題にせざるをえない状況がうまれていたのである。共同体の連帯責任から家族、夫婦の罪への転換は、二つの意味で注目すべき転換であった。一つには、この転換が、「過料」という財産刑から「恥」へという、罪意識を内面化させる方向への転換であった点、二つには、当主だけでなく妻の罪を問う方向への転換であり、しかも婚姻内にある妻には、婚姻外関係にある後家、娘よりも厳しい罰が与えられた点である。

このような転換が行なわれた理由は、懐胎・出産取締りが内包していた弱点にあった。妊娠四ヵ月の懐胎届が遅れた断書からは、女性たちが何によって懐胎を確認したかを知ることができる。懐胎は、経水が止まる、腹が大きくなる、胎動があるといった、何よりも女性自身の身体に感じるしるしによって多くは妊娠五ヵ月頃に確認された。これら女性だけが感じるしるしに依拠せざるをえないところに、懐胎・出産取締りの弱点があった。津山藩の懐胎書上帳からは、「懐胎届」が、実際には平均して妊娠六・六五ヵ月に出されたことが明らかになる。妊娠六・六五ヵ月といえば、誰の眼からみても腹の膨らみを隠せない時期にあたる。妊娠五ヵ月の懐胎の自覚とのこのズレは、産むか、産まないかの判断をくだすための、そして必要とあれば堕胎の可能性を探るための期間だった可能性がある。家族、とりわけ妻の堕胎・間引きへの意思そのものを問題にしなければ、懐胎・

出産取締りは有効に機能しえないという事情があった。津山藩では、「赤子間引取締」実施の当初から、「流産後、得心得難取計いたし候もの」よりも、「出生之子ハ別条無之候得共、懐胎届不致、甚不埒ニ相聞候もの」に、より厳しい罰を与えていた。この事実は、懐胎・出産取締りの徹底を図るためには、堕胎・間引きへの意思そのものを問題にせざるをえないことが、制度成立の当初から意識されていたことを示す。

では、妊娠を継続させるか否かの判断は、女性自身の意思によるものだったのだろうか。懐胎の確認は女性自身によるものであった。しかし妊娠を継続させるか否かの判断は、家族、とりわけ「農業渡世」の重要な担い手であった夫婦の意思であった可能性が高い。共同体の罪から家族の罪への転換以後に処罰された二件の事例をみてみよう。厠に赤子を産み落とした森蔵と女房のちよは、天保六（一八三五）年、「手鎖追込三日」を申し付けられている。また堕胎を試みたが失敗し、産所で赤子の息を止めて殺した柳治郎と女房のみなは、「兼々、申合無之との申立、信用難相成」、つまり、夫婦でかねてから申し合わせていたわけではないとの申立ては信用できないとして、天保一二（一八四一）年「村非人」とされたうえ、「牢舎十日」を申し付けられている。二件とも、夫婦ともに処罰されている。

仙台藩の養育料支給願のなかには「夫婦二人で」「夫婦両人にて」農業労働を営んでいるとの言葉がしばしば見られる。また、津山藩でも、死胎出産の見分吟味の際、夫は妻が臨月になるまで「平日同様農業之働并女手仕事抔《など》」を行なっていたと申し立てている。家族全員で「農業渡世」を営む農民家族にあっては、夫婦はともに重要な労働力であった。また農業労働にあっては、時節を違えないことが重要であった。そうしたなかでの妊娠、出産は、何よりも農業労働の中断を意味するものとして意識されたであろう。堕胎・間引きについて夫婦の意思が問題とされた背景には、農民家族のこうした状況があった。

婚姻外の男女の場合は、どうだったのだろうか。津山藩では、共同体の罪から家族の罪への転換をとげる天保期、懐胎届、出生届を出さずに、長い間、帳外れにしたり、縁談願なく婚姻すること を咎《とが》める法令(「郷中御条目」天保一四〔一八四三〕年)が出されている。これは、男女の性的関係が、婚姻関係におさまらず、家や共同体の外部で行なわれている状況への支配層の対応であった。懐胎・出産取締りでは、後家、娘や、借家人、奉公人といった都市下層民が問題のある層とみなされていた。その理由は、彼らの性交渉が家や共同体の外で行なわれやすいことにあった。当時の人々にとって、婚前交渉、婚前妊娠は配偶者を選択していく過程に組み込まれており、たとえ内縁であったにせよ、結婚へと連続している限りで、社会的に許容されていたものと思われる。妻を人別に加えず、懐胎、出産しても届け出をせず処罰された事例では、「相馴染相対ニ連帰り妻ニ」したことが処罰の理由としてあげられている。男女の互いの情愛によって性関係を持ち夫婦となる「相対婚」に許容的な人々に対し、藩の側は宗門改帳への記載というかたちで人々の婚姻を掌握しようとしたのである。

3　性規範をめぐるせめぎあい

——性・生殖・婚姻への介入——

近世民衆にあっては、婚外子を「恥」とする意識は弱く、婚外妊娠や婚外子に許容的な状況があったと言える。民衆のこうした状況に対し、藩の側は、性、生殖の一致、婚姻内での出産という性規範の浸透をはかっていく。そのことを示すのが、津山藩、西西条郡真壁村の間引き禁止令請書（享和四〔一八〇四〕年）である。そこでは「小児養育難成程之困窮者ニ候得者、夫婦之縁者結申間鋪筈、夫婦之かたらひ致し候得者子之生るゝハ定りたる事に候」（傍点引用者）と、婚姻、性、生殖の一致が説かれる。こうした性規範をめぐる、民衆と藩とのせめぎあいのなかで作られたのが、間引き教諭書である。津山藩に残存する間引き教諭書は、寛政期から天保期、一八世紀末から一九世紀半ばに集中している。藩の政策が共同体の罪から家族の罪へ、そして罪の内面化をはかる方向へと転換していった時期に間引き教諭書が多く出されている点が興味深い。罪の内面化を図るには、民衆のモラル、とりわけ胎児観や子どもの生命をめぐる倫理観の問題と対峙しなければならなかった。間引き教諭書は、民衆の倫理観を教諭する役割を担って登場したのである。

間引き教諭書の図像には、間引きの実行者として、夫婦や女性が登場する。このことの受け手に対するイメージ戦略としての意味はどこにあったのだろうか。まず、夫婦の図像である（図6—

図6-1　夫婦が間引きする図（年未詳――仁木家文書）

1）。ここに描かれるのは、蛇に変ずる女、猫に変ずる男である。なぜ、これらの女と男は蛇であり、猫なのか。それは、文章を読むと明らかになる。そこには「人道にあるまじき赤子間引き」とある。「人道にあるまじき赤子間引き」とは、堕胎・間引きという行為は人間としての逸脱であり、罪であることを意味していた。図像と文字の二つの伝達手段を用いながら、堕胎・間引きを逸脱として説くことで、罪意識を内面化させる。そこに間引き教諭書の狙いがあった。

しかも、堕胎・間引きが逸脱であるというメッセージは、とりわけ女性にむけて発せられた。そのことを示すのが、津山藩領内の「子そだてのおしへ」（二章図2－1－a）と「赤子間引停止刷物」（二章図2－1－b）の図である。ここに描かれるのは、立て膝で座産分娩を終えた直後に赤子を殺している女の姿である。座産という当時実際に行なわれていた出産の姿そのものので、出産直後の間引きを描く。その意図は、女性たちに、〈産む〉身体を持ちながら産まないことは、産むことからの逸脱に他ならないと説くことにあった。しかも「子そだてのおしへ」の女は、猫面の女である。動物のなかで猫だけが子猫を食う。そうした具体的イメージとも結びつけながら、〈産む〉身体を持つ女にとって、堕胎・間引きは、産むことからの逸脱であること、そして女性は何よりも産むべき存在であるとのメッセージが発せられたのである。

堕胎・間引きに対する罪意識の内面化は、さらに、家の存続、また家を存続させる子どもの将来と結び付けるかたちで行なわれた。堕胎・間引きの報いは、家の存続を脅かす行為として説かれる。堕胎・間引きをした人々の報いについて、間引き教諭書は、「末《すへ》の栄《さかへ》し者一人《ひとり》もなし」と説く。さらに堕胎・間引きという行為は、家の存続を保障するために「そたておきたる」子どもの命をも危うくする行為として説かれる。「さやうの人共ゆくすえを見るにそたておきたる子もかたわになりたり、病身になりたり、また成長しなから死果」るというのである。そこに示される子ども観は、子どもは家にとっての「宝」とする子宝観である。津山藩領内の神官が書いた間引き教諭書には、その名も「子寳辨」（子寳辨——子どもは宝であることを論ずる書の意。二章図2―1―c）という名がつけられている。その図像で描かれるのは、赤子から年かさまで、さまざまな年齢層の子どもたちが遊ぶ姿である。その図には「抑《それぞれ》子の胎内《たいない》に居《を》る時《とき》ハ顔貌《かほかたち》は見《み》えねども生《うま》れ出《いで》たらばいか計《ばかり》か愛《あい》らしかるべきを毒薬《どくやく》を用《もち》ひて殺《ころ》し或《あるひ》ハ刺殺《さしころ》しなどして堕《おろ》す人ハ鬼《おに》とも蛇《じゃ》とも譬《たとへ》ん物《もの》なし」という文章が添えられている。堕胎・間引きは、愛されるべき子どもを殺す行為として意味づけられる。こる子ども観である。

ここにあるのは、胎児も赤子も小児も、子として等しく命であり、子どもは愛されるべき存在だとする子ども観である。

堕胎・間引きは、三重の意味での逸脱とされる。子どもの命を奪う点で人間としての逸脱であり、〈産む〉身体を持つ女性にとっては産むことからの逸脱であり、家の存続を危うくする家の存続にとっての逸脱であるという点で。ここには、近代以降、堕胎罪をめぐる議論のなかにあらわれる三つの論点が、すでに萌芽的にあらわれている。それは、堕胎・間引きは殺人であること、母親は子どもを産み育てるべき存在であること、そして子どもは愛されるべき存在であることの三点である（田間［2000］）。間引き教諭書では、堕胎・間引きをせずに「命かきりに働き出生の小児大切に愛育」すべきことが説かれる。近代になると、「愛育」の語は、親子の私的な関係のもとで、情愛をもって子どもを育てる意味に変化していく。が、ここでは、子どもの「愛育」は、家の存続と結び付けられる。民衆の意識と接点を持つことで教諭の効果をあげようとした間引き教諭書の性格を考えるなら、こうした教諭の背後に、民衆たちの家存続への願い、そして家の存続を保障する存在としての子どもに対する「愛育」意識の芽生えをみることができよう。

間引き教諭書では、仏教や儒教の生命観にもとづき、受胎の時点、初生から命があるとして殺生の罪を説く。しかし、死胎披露書に記された流産、早産、死産の事例からは、民衆がそれとは異なる生命観を持っていたことが浮かびあがってくる。それは、女性の懐胎をめぐる身体感覚とも密接に結びついた生命観であり、胎児観であった。懐胎が確認される妊娠五ヵ月をさかいに「人形にも無御座物」、つまり「モノ」から「小胎」「小子」「小赤子」と、小さいけれども「人のかたち」をした「ひと」となるという胎児観、また妊娠五ヵ月以前の堕胎は「脱血」して危険であり、「人の形」になった妊娠五ヵ月以後に母体から「脱躰」する「子おろし」のほうが、安全だとする堕胎観。そこには、産む女性の身体感覚とも密接に結びつく形で、妊娠五ヵ月をさかいに胎児の生命を認識していく胎児観がみられる（沢山［1998］）。

堕胎・間引きをめぐる従来の通説では、近世の人々はあまり罪の意識なく間引きを行なってきたとされてきた。その根拠は、赤子が産声をあげるまえに行なう間引きは、「子返し」とも表現されるように、神からの授かり物としての子どもを彼岸にお返しするのであり、殺すのではないという近世民衆の再生観に求められた。しかし、懐胎・出産取締りの史料からは、妊娠五ヵ月以降の胎児を、命あるものとしてとらえる生命観がみられる。また生後間もなく死んでしまった赤子については、「小胎」で「乳養」もかなわなかったための申立てがなされている。生きては産まれたが、小さくて生きる力がなかったのだとの申立ては、赤子の死が間引きによるものではないことの釈明という以上に、子どもの命を認めたうえで、その赤子の生命力の強弱を問題にする生命観の存在をうかがわせる。

このような民衆の生命観は、間引きよりは堕胎のほうがましとする堕胎・間引き観ともつながっていた。津山藩で問題とされたのはおもに堕胎であるが、一九世紀前半の仙台藩領内でも、間引きよりも堕胎が出生制限の主要な手段となっていた可能性が高い。上層農民の家に残された民間療法の写本には、「若無是非事ニテ間引ナラハ前ニ云指薬ヲナスヘシ」という一文が書き加えられている。間引くよりは「指薬」による堕胎をせよ、しかも胎児に物理的刺激を与えて早産させる「指薬」の方が「服薬」よりも効果的であり、母体にとって安全だというのである（沢山［1998］：116)。明治後期の堕胎裁判資料によれば、堕胎件数の八一％（二二二／二七三件）が、さし薬、つまり草根、木片などの異物挿入であったことが示されている（友部［1996］→［2002］）。堕胎罪体制下の明治期にあって、さし薬が多く用いられたのも、その堕胎上の効果と母体の安全への配慮、そして、さし薬による早産が堕胎の結果であることの検証の困難さにあったとすると、写本のこの記述は興味深い。また、「若無是非事ニテ」の記述からは、妊娠五ヵ月を境に胎児の生命を認める胎児観を持ちながら、その胎児を殺す堕胎をめぐる民衆の葛藤の様がうかがえる。が、こうした民衆の胎児観、生命観と、受胎の時点から等しく命であり、堕胎も間引きも子殺しも、罪であることに変わりはないとする支配層の生命観との間には、なお距離があった。

懐胎・出産取締りの、支配層にとっての困難は、こうした民衆の、胎児観、生命観、女性の身体観に対峙していかなければならない点にあった。そうした、支配層と民衆のせめぎあいのなかで、民衆の家存続への願いに働きかけるかたちで、女性の身体は、何よりも産むべき存在、〈産む〉身体として、また子どもは「愛育」の対象となる存在として位置づけられていく。それは、支配層による、支配の基礎としての「家」の把握であるにとどまらず、性、生殖、婚姻への介入の開始でもあった。と同時に、女性の身体が女性以外の者による管理の対象となり、女性が自らの身体から疎外される状況が起きてくる出発点でもあった。懐胎・出産取締りの推移からは、そうした構図が見えてくる。

おわりに

——近世から近代への見通し——

最後に残された課題は、近世から近代への展開をどうみるかという問題である。近世から近代への展開の過程を追うことが、日本の近代、そして日本の近代家族＝家庭の性格を考える上で大きな手がかりになることは間違いない。しかし、ここでは、そのことを考える上で留意したい視点をあげるにとどめる。

一つは、近世から近代への重層的な展開を明らかにする必要があるという点である。近代の性と生殖の統制をめぐる藤目ゆきの研究（藤目［1997］）では、明治以降の生殖統制は、西洋の近代国家をモデルになされたものととらえられている。明治政府による子どもを産む・産まないといった生殖行動への国家による統制としての堕胎罪、西洋医学を導入し、産婆資格を国家が与えるかたちで国家の管理のもとにおき、出生の増強、富国強兵を図っていくなどの明治以降の生殖統制は、西洋の近代国家をモデルとするというのである。こうした近世と近代の断絶に注目する観点から、藤目は、明治になって「民衆の堕胎というのは日本史上初めて犯罪になった」（傍点引用者）とする。こうした見解は、藤目だけのものではない。金住典子も、同様なとらえかたをしている（金住[1983]）。金住は、近世と近代の断絶を次の三点に求める。一つは、「江戸時代後期には、江戸に限って堕胎業者の取締りを目的とする禁令が出された」が、「そもそも堕胎は近代に至るまで犯罪ではなかった」という点、二つには、「堕胎が処罰されるようになったのは、旧刑法の堕胎罪制定以後のこと」であり、それは「富国強兵策の重要な柱である人口増加政策として制定された」という点、三つには、「近代人の犯罪観のなかに堕胎や嬰児殺を導入したのはキリスト教」であるという点である。

しかし、こうしたとらえ方は、明らかに事実誤認である。今まで述べてきたように、近世後半には、藩や幕領のレベルではあったが、堕胎・間引きは犯罪として取り締まられることとなった。また堕胎・間引き禁止政策の背後にあったのは、支配の基礎としての人口への着目であった。さらに、生命観についても、西欧的生命観とは異質であるが、支配層の側には、儒教、仏教にもとづく堕胎・間引きを悪とする生命観と、堕胎・間引きを「人道」に反する罪とする犯罪観が存在していた。

藤目や金住は、近世と近代の断絶を強調するが、近世と近代は画然と断絶しているわけではない。とりわけ〈産む〉身体への権力の介入や、〈産む〉身体をめぐる様々なせめぎあいという面では近世と近代は連続している(3)。こうした歴史的事実をふまえるなら、むしろ問題にすべきことは、近世と近代の質的な違いということになるだろう。その際、近世の懐胎、出産取締りから近代国家による生殖統制への展開を考えるうえで重要となるのは、共同体の問題である。近世の生殖統制の特徴は、共同体を媒介として行なわれた点にあった。こうした近世の生殖統制のありかたが、近代国家のなかで、どのように変容していくのか、〈産む〉身体をめぐる支配層、共同体、民衆相互のせめぎあいの様相が、近世から近代への展開のなかで、どのような質的展開をとげるのかが問われなければならない。

二点めは、近世から近代への展開が、とりわけ女性の身体にとって持っていた意味という問題である。近年の出産の社会史研究では、出産の近代化の過程は、女性の身体が近代医学に絡め取られる出産の医療化の過程、あるいは男性の産科医による女性の抑圧の過程として、男女の権力関係でとらえられる傾向が強い。しかし、女性の身体は、男性の産科医と女性という男女の権力関係だけに還元されない、家族や共同体といった、もっと多様な社会的諸関係のなかにあったと考えられる。近代の堕胎罪の処罰例において、堕胎を正当化する理由としてもっとも多くあげられるのは「世間」体であった。このことが意味するものは何か（田間［2000］）という問題一つとっても、女性の身体をめぐる多様な社会的諸関係が解き明かされねばならない。

三点めは、身体史と関わる問題である。最近さかんになってきた身体史では、とくに近代の「衛生」観念によって馴致される女性の身体観が問題にされている。たとえば成田龍一は、近代の「衛生」観念による女性の性・身体の他律化を問題にする（成田［1990］）。そこでは、近代の「衛生・医学に立脚しつつ、身体と性の規範が形作られ」るなかで、「女性は自らの身体の変化を、衛生と医学の観点から自覚化」し、「身体が他律化される」様相が明らかにされる。成田の研究は、近代国家の「衛生」観念によって「他律化される」女性の身体観をとらえようとした近代批判の研究である。

しかし、女性の身体が国家によって他律化されていく側面だけをみていたのでは、近代を内在的に克服する道は見えてこないのではないだろうか。母性の語が流布していく一九二〇年代になると、女性たちは「産児制限」の語で、避妊や計画的妊娠への意思や、出産、育児への負担感を語りはじめる（宮坂［1990］）。女性たちは自己実現への期待を持って母性愛論を受容し、内面化していく一方で、家庭のなかで出産・育児の負担を一人で引き受けざるをえない負担感を「産児制限」の語に託して吐露しはじめる。近世の懐胎・出産取締りの対象となった、女性たちの産まないことへの意思は、近代にいたって女性自身によって、自らの意思として語られるようになる。その意味で、母性の受容も、「産児制限」への意思も、一面では女性自身の要求に根ざすものであった。とするなら、女性たちを「他律化され」る存在としてだけ見るのは、一面的にすぎよう。国家と女性とのせめぎあう関係、せめぎあう場のなかで、女性の側から、女性自身にとって、近代化過程が持っていた意味を考えていく必要がある。

近世から近代への展開を考えるうえで留意すべき視点としてあげた以上の三点は、近代化の過程が女性の身体にとって持っていた意味をより多様な側面から厚みを持って明らかにし、近代が抱える問題を内在的に明らかにするための視点でもある。それだけではない。近世の家から近代の家庭への展開が女性の身体にとって持っていた意味を問うと同時に、現代社会の揺らぎの意味、とりわけ生殖テクノロジーの発達が女性の身体と家族にとって持っている意味を、歴史の主題として問う手がかりを得ることを意味している。

注

（1）出口［1999］。なお、この著書が、現代社会における生殖テクノロジーの発達が持っている意味を考えるうえで示唆的であることについては波平恵美子の紹介（『図書新聞』二〇〇〇年四月八日）がある。

（2）母性愛論のオピニオンリーダーであった下田次郎は「独身生活は自然の賛せざる所であって、その心身に於ける影響は徹底的で……独身婦人にはヒステリーか、それに近い人が多い」（下田次郎『婦人と希望』実業之日本社、一九二八年）と、独身であることを、生物学的所与からの逸脱として語る。

（3）近世から近代への重層的な展開を問題にする必要があるという点に関しては、「支配的な意識と民衆的な意識との対抗関係に留意しながら近代社会への展開をみすえ」、「民衆における近代」とは何かを追究する視点を提起した倉地［1998］から示唆を得た。

第七章　女医の診察記録にみる女の身体

はじめに

身体と医療をめぐる研究動向

近年、身体と医療の社会問題化に伴い身体と医療への関心が高まっている。そうしたなかで、身体や医療の問題を、それ自体自立した世界を形成するものとしてではなく、社会や経済の時間的・空間的流れによって深く規定された存在として、社会性と歴史性のもとに論じ、とらえる見方が共有されるようになってきた。また身体と医療の領域で論じられるテーマも多岐にわたり、様々な接近方法が模索されている（望田・田村編［2003：i］）。

身体を対象とする研究のなかでも女性史・ジェンダー史では、「ジェンダー化される身体」（荻野［2002］）、言い換えれば女性の身体を子宮と卵巣を中心においてとらえようとする身体観の歴史的形成に関心がよせられ、とくに生殖、産育、売買春といったテーマが取り上げられている。医療という面からは、近代産婦人科学の登場により、女性たちが患者としてその身体が客体化されていったプロセス、あるいは、近代産科学のなかでクローズアップされていく婦人病は、女性の弱さを強調するのみならず、女性の性役割を規定する側面があったこと、また女性の出産機能が「肥大化」させられるとともに、妊娠・出産が「医療化」されていく側面に関心がよせられている(1)。しかし、史料的制約の問題もあり、産科学の対象となった女性の側の問題、とくに女性たちの出産と身体観に、十分踏みこめているとは言いがたい。また近世から近代への、特に農村における展開過程については、依然として空白のままである。

他方、近年の日本近世史研究においては、地域医療をめぐる研究の進展が著しい。そこでは、近世後期の在村医による医療の普及や医療をめぐるネットワークのあり方（塚本学［1982］［1998］）、医師養成の実態（岩本［1982］）、医家の蔵書を手がかりに医師の地域での役割を明らかにしようとする研究（横田［1997］）など、地域医療に関する研究の進展がみられる。また、今までほとんど明らかにされてこなかった人々の医療実態について、医療を受ける側の「医療環境」（海原［2000］）や、医療需要の具体的内容について（細野［2000］、長田［2002］）、地域での事例が蓄積されつつある。ここで対象とする美作地域（岡山県北部）についても、近世後期の在村医の組織化と医療活動の実態を明らかにした岩本伸二の研究（岩本［1982］）、医療行為を受ける側の実態と、近世後期における変化を考察した藤沢純子の研究（藤沢［1992］）がある。藤沢の研究は、岩本の研究にも学びつつ、在村医の診察記録を史料として用い、農村での医療状況を明らかにした貴重な研究である。しかし、医療を受ける立場にあった女性たちに焦点を当て、女性たちの身体観を明らかにするという魅力的で困難な課題には、まだ踏み込めていない。

本章の第一の目的は、美作地域の在村医の診察記録を手がかりに、医療を受ける立場にあった女性たちの出産と身体観を明らかにすることにある。主な手がかりとするのは、近世末の津山城下で産科を学び、近代初頭に津山近郊の農村で産科医として女性たちに関わった女医、光後玉江が残した診察記録である。医者と患者が出会う場に残された診察記録は、医者と患者の関係や、そこでなされた診断、そして当時の診療の歴史的性格を伝える貴重な記録である。ここで史料として用いる近世から近代の医者の記録は、近代的意味でのカルテ、つまり個人の病歴と医者の診断の所見の記録であるカルテとはその性格を異にし、医者自身の日々の施療、特に処方の記録である。本章で、現在一般的に用いられる「カルテ」の語を用いず「診察記録」の語を用いたのは、そのためである。

もっとも、それらは女性一人ひとりについての記録ではないものの、日々の施療記録のなかから、女性たちへの処方や女性たちの産をめぐる症状などを知ることができる。その意味で、これらの診察記録は、個別の女性たちの出産と身体観に迫る上でも、また地域に即して、特定の社会と文化およよび、歴史的段階のなかで、患者である女性たちと医者の関係や女性たちの出産と身体観に迫る上でも、貴重な手がかりを与えてくれることだろう。

第二の目的は、女性の出産と身体観が、近世から近代にかけて、どのように展開したかを明らかにすることにある。津山藩領内には、津山城下に近い籾山村の在村医仁木家に、近世後期の二冊の診察記録（文化一四年、天保一四年）、そして近代初頭の一冊の診察記録（明治三四年）が残されている。先にあげた藤沢の研究は、近世後期の二冊の診察記録を史料として用いたものであるが、藤沢の研究にも学びつつ、近世末の仁木家、そして近代初頭の玉江の診察記録と仁木家の記録を比較することで、美作地域の女性たちの出産と身体観の近世から近代への展開過程を探ってみたい。これら近世から近代への展開を明らかにすることは、産科医療の近代化が女性にとって持っていた意味を、女性の患者と医者との関係や医療の実態といった具体的側面で明らかにする手がかりを与えてくれるだろう。

欧米ではすでに、性差を持つ身体としての女性の身体に注目し、医者が残した女性の患者の病歴の記録を手がかりに女性の身体観を分析した、バーバラ・ドゥーデンの『女の皮膚の下』（ドゥーデン［1994］）のような優れた研究が登場している。しかし、日本では身体史の視点が弱かったこともあり、まだ史料の発掘や、その分析も、ようやく緒についたところである。その意味で、在村医の診察記録の分析は、日本の身体史研究を進める上でも、大きな意味を持つだろう。

1　近世の地域医療と女の身体

「主方録」と「処剤録」

藤沢の研究は、美作国東南条郡籾山村（岡山県津山市）の在村医、仁木家に残された「主方録」（文化一四（一八一七）年）と「処剤録」（天保一四（一八四三）年）の二冊の史料をもとに、庶民の医療状況を考察した研究である。「主方録」と「処剤録」は、診察記録、今で言うカルテにあたるが、先にも述べたように現代のカルテとはだいぶ趣をことにする。「主方録」「処剤録」ともに、形式は同じであり、横長の冊子に、月日ごとに、投薬名、村名、患者の名が記されている。患者名は、家長名を中心に、児、孫、母、内（妻のこと）、娘、嫁、親などといった続柄で記されている。この冊子の形式からも明らかなように、当時の医者の重要な役割は、見立てと投薬にあった。藤沢によれば、天保期、一九世紀の前半という時期に、仁木家の医療活動は、地域に密着した日常的なものとなったという。そのことは二冊の診察記録の比較から導き出される。

文化期と天保期の二冊の史料の比較から明らかになるのは、①患者数の増大、②患者の居村の範囲が、文化一四年よりも天保一四年のほうが狭くなったことに示される地域密着型の医療の進展、③医療活動の日常化、④患者の側の健康への意識の増大の四点である。「主方録」「処剤録」には症例が記録されていないため、質的な分析はできないが、人々がどのくらい頻繁に医者にかかっていたか、あるいは患者の居村を知ることはできる。藤沢は、こうした史料の特徴を生かしつつ、幕末期の美作地域の農村の医療状況を浮かび上がらせた。しかし、そこには幕末期以降の変化を探るという課題、また人々の病気に対する意識や、医療に対する考え方を明らかにするという課題が残されている。

女たちへの処方と身体観

もっとも藤沢の研究でも、人々の病気を探る試みは、なされている。しかしそこでは、診察記録に記された処方を、現代の「漢方医学」とつき合わせて探る方法がとられたため、「女には婦人病に効く薬が与えられる場合が多い」など、「効く」という今日の近代医学の基準からみた処方箋の効果や効能で見る結果となってしまっている。また藤沢は、「人によって与えられている薬がばらであり、また一つの薬でいくつもの病気に効果があるものなので病名が特定しにくい」と述べている。しかし、病名を特定するという発想そのものが、近代医学的発想といえるだろう。漢方においては、病名というより、「〇〇湯の證」というように、薬方をそのまま診断名とする、漢方独特の考え方があった。また近世においては、婦人科の病気は「血の道」、小児の病気は「むし」と総称され、近代医学のように、様々な病名に分類する発想がなかった（吉岡［1994］）。近世の処方で重視されたのは、症状であった。近世の民間療法の写本では、頭から足の先までの様々な症状に対して自らが自己判断し、自己治療するための処方が記され、病名の特定というよりは、人々が経験的に感じる症状への対処という意味が色濃い。産をめぐる民間療法の写本でも、妊娠、出産、産後という産の過程でおきる様々な症状への処方が記され、病名の特定というよりも、症状に対する処方が重視されている。

「主方録」（文化一四〔一八一七〕年）を記録したのは、仁木惟清（一七六三〜一八三一）と思われるが、仁木家には、惟清自身の産をめぐる処方の写本が二冊（「文政元年春出来　方書イロハ引秘本写　医本」（仁木惟清写本、文政元〔一八一八〕年）、「擲方記録目録」（仁木惟清写本、文政七〔一八二四〕年）残されている。惟清自身の手になるこれら二冊の写本と「主方録」とをつきあわせてみると、その処方は、経水など血をめぐる処方と、産の過程で起こる様々な障害への処方の二つに分けることができる。処方からは、女性特有の病である婦人病の独自性に対する認識や、産の過程で起きる様々な障害に対処しようとする意識を見てとることができる。

経水などの血をめぐる処方は、血塊や血積という過剰な血の蓄積や血漏という体外への血の流出を抑えるとともに、血虚に対しては、血の巡りをよくするなど、体内の血の適度な循環を促すためのものであった。たとえば逍遥散は、婦人栄血症という過剰な血の動きを抑えるためにも、また婦人血虚という血の不足に対し、血の巡りを導くためにも用いられる。逍遥散は散薬であるが、近世の薬種調合の指導書によれば、「散には体内において経路にめぐり、それによって血の順当な動きを促し、悪露の滞りを解き、気を体内に散せしめる効能」があると考えられていた（森下［1985］）。というのも、当時の医者の処方に見られる身体観は、女性たちにも共有されていたと思われる。

診療は、患者の身体に直接触れる触診ではなく問診であり、医者が見立てをし、処方をするためには、患者自身が、自らの身体に感じる症状について、医者に告げる必要があったからである。医者の処方は、患者の身体観にもとづいて、与えられていたのであり、これらの処方の背後に、医者のみならず、近世女性の身体観を垣間みることができる。では、こうした処方の意味や身体観は、近代以降に、どのように変化するのか、あるいはしないのか。そのことを、光後玉江の診察記録のなかに探っていくことにしよう。

2　近代初頭の女医と患者たち

光後玉江の生い立ちと医療活動

まず、光後玉江の生い立ちに触れておこう。玉江は天保元（一八三〇）年、光後荊淑、いよの長女として美作国久米北條郡錦織村《にしこり》（岡山県美咲町）に生まれた。父、荊淑は寛政六（一七九四）年に錦織村で生まれ、一八歳から江戸で医学を、二一歳から京都で医学、儒学を学び、二五歳のときに錦織村で開業し、医業学修所を開いた人物である。玉江の幼名は浪子。弘化元（一八四四）年、一五歳のときに、津山藩の医者、野上玄雄のもとで、医術、産科を学び始める。野上玄雄は、安政三年調「津山藩士分限帳」に「五人扶持」の「産科業」として、その名が記されている（岡山県医師会［1959：303］）。「津山藩士分限帳」には、一一人の医師（産科業は二名、針医が四名、

玉江の肖像画（明治期）

眼科が一名）の名前が記載されているが、そのなかでは、野上の持ち高がもっとも低い（津山温知会編『津山温知会談第弐編』[1909：78-95]）。それだけ民衆に近い位置にいた医師と言えよう。安政三（一八五六）年、玉江は二七歳で、野上玄雄のもとでの学問を修める。玉江が、野上玄雄のもとで学んだ期間は、じつに一二年にわたる。

玉江は、翌安政四（一八五七）年一月、大阪で開業する。開業したのは、玉江橋畔（大阪市北区中之島四丁目）とされ、その地名にちなんで玉江と改名したという。しかし、その仕事が軌道に乗りはじめた同年七月、故郷から、母いよの病の知らせを受ける。急いで帰郷し看病するが、母を失い、その悲しみを乗り越えて、同年、興禅寺の住職、戒般和尚に弟子入りを申し出て剃髪し、すでに安政元年に亡くなっていた父の居宅で開業する。以後、郷里での玉江の医療活動は、四七年間におよんだ（山陽新聞社編[1994]、「興禅寺のしおり」光後玉江碑文、一九七九年）。玉江は、興禅寺の住職、戒般和尚に弟子入りしたため「おびいさま」（帯医さま――出家した医者の意味、比丘尼からきたものだという）の呼称で呼ばれるが、玉江のこうした宗教者としての位置も、人々の信頼を勝ち得る大きな要素であったろう。

「近代化」と玉江の診察記録

玉江の医療活動を伝えるものとしては、「患者届書控」、そして玉江の診療記録である「処剤録」、蔵書、患者からの手紙などが残存している。ここで主な史料として用いるのは、「患者届書控」と「処剤録」である。「処剤録」は、明治一三（一八八〇）年から、明治三五（一九〇二）年（表紙）まで、明治一四、一九年を除き、一九冊残存している。「処剤録」全体の事例総数は七八四九件。病名記載のある事例は一四八七件だが、その大半は産や女の身体に関わるものである。他方「患者届書控」には、明治一二（一八七九）年一月から六月、一六（一八八三）年七月から一二月、一七（一八八四）年一月から一二月の「施治患者数」、明治一四（一八八一）年から一八年（一八八五）の「死亡届」「流産届」の控えが綴られている。

「処剤録」は横長の冊子だが、〔史料1〕は、明治一七（一八八四）年二月六日の記録である。

〔史料1〕

二月六日（「明治十七年度処剤録」興禅寺所蔵文書より抜粋）

一、小青龍湯正丁ニ杏仁　　神代村

二、家方ニ桃仁正丁　壱円五十銭旧盆前ニ入　　産前

三ッ葉一 天香湯正正黄連桂支　　今井音五郎内

婦王散正下　　治不祥

このように、「処剤録」には、月日ごとに、患者に与えた投薬名、投薬数、薬の代金が納められた日付、村名、患者名が記されている。日付については、「陽一月廿日、正月二日」などと、新暦と旧暦の両方が記されている場合も多い。また「処剤録」の表紙には年度が記されているが、その年度替わりはしばしば旧暦の正月になされ、妊娠、出産についての記載は旧暦でなされることも多い。また村については「下々」「下中」など略称で記されたものがある。これらは明治二二（一八八九）年の市町村制施行によって変更された村名ではなく、近世以来の地名の略称である。これらの略称が用いられるのは、玉江の居村の周辺の村々であり、他方、遠方の地域については、市町村制施行による行政区分にのっとった地名記載がなされている。近代化とは、新暦や市町村制の採用に示されるように、国家による空間と時間の組織化であり、地域の再編であった。「処剤録」からは、近代国家によって新暦という国家の時間が制定され、行政組織が整備されるなかで、人々や地域が、国が定める時間、空間と、近世以来の時間、空間との重層的な関係のなかに組み込まれていく様相を読み取ることができる。

また玉江の記録には、その患者が旧来からの患者か、新規の患者かを示す「新」「旧」の記載、そして治癒したか否かを示す「愈」「死亡」「治死不祥」の記載が、特に患者届書控が残存している年度にみられる。これは実は、近代国家が求めたものであった。そのことは「患者届書控」から明らかになる。「患者届書控」は、医務取締から毎月末に取り調べ、翌月の五日まで遅れずに差し出すよう求められた、「施治患者数」「死亡届」、「流産届」の控の綴りである。「流産届」は、郡長まで、「死亡届」、「施治患者数」は、岡山県令に当てて提出されているが、この「施治患者数」の届のなかに、「総患者数内旧患者」、「新患者」、「全癒」、「治死不祥」を記載することが求められたのである。「死亡届」、「流産届」は、「此届ハ死亡人ノ職業ト病名ヲ緊要トス故に、戸主其他肩書ノ業ニ不拘、当人限ノ職業ヲ必書也」とされた。この文面からは、近代国家が国家の富強の土台として個人（当人）の健康に留意したことがうかがえる。近代国家は、人的資源として、人々の身体に注目し、身体の管理をめざしていく。「処剤録」も、そうした国家の意思と無関係ではなかった。このように、「処剤録」の時間、空間、記録の書式のなかに、この記録が、近世から近代への移行期のものである特徴が刻み込まれている。

次に患者名についてみてみることにしよう。患者名は、「おりき」など名前や屋号（近田屋、西村屋）、職業（大工、かじや）が記載されている場合もあるが、基本的には家長を中心に、老母、内、娘、嫁、小児、隠居などの続柄で記される。この点は、近世の仁木家の診察記録とまったく同じである。ただ、「産」の場合は、「家」の子どもという意識があったのかもしれない。家長の名のみが記されている。また止まった月経を通すための薬「通経剤」は明らかに女性の薬であるが、その「通経剤」を与えられている患者の名が家長の名であったりする。そのため、記された続柄から、おおよその傾向はつかめるが、患者の性別を厳密に割り出すことはできない。

「処剤録」の主な目的の一つは、患者からの支払いのための記録という点にあったらしい。投薬の数については〔史料1〕に示したように「正」の字で綿密に記される。この玉江の診察記録と仁

図7-1　「処剤録」(明治17年〔1884〕)と患者からの手紙にみる患者の地域分布

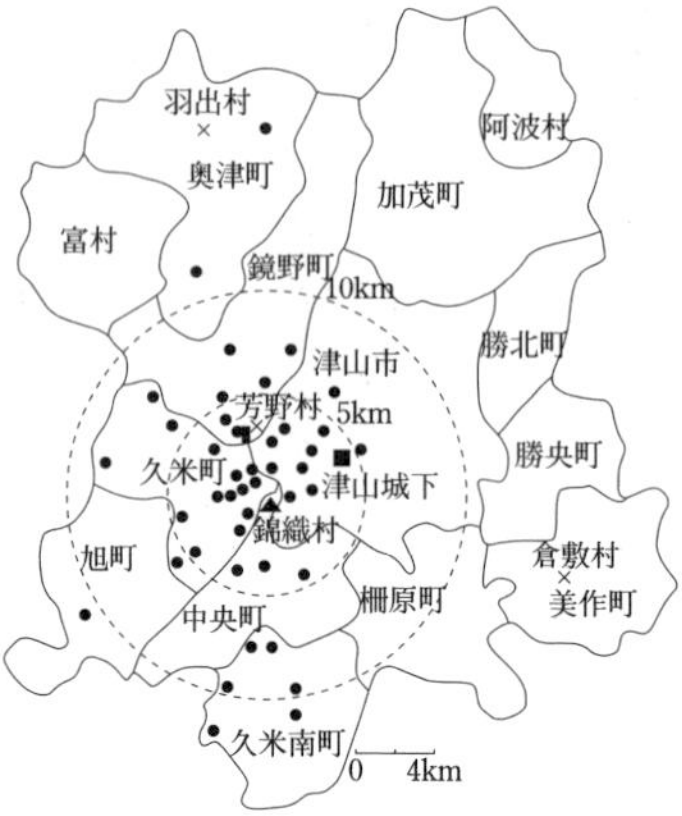

注 1　▲印は、光後玉江の居村(錦織村)を示す
2　●印は、患者の居村、■印は津山城下を示す
3　×印は、患者からの手紙に登場する患者の居村を示す
4　境界線は、1992年段階の市町村の境界線を示す

木の診察記録の違いは三点ある。一つは、仁木の場合には一人につき一つの薬であったのに対し、玉江の場合には多くの場合、複数の薬が与えられている点。二つには、仁木の記録には登場しなかったキニイネ、カロメル、ホフマン、モルヒネ、セメン散などの西洋薬[2]が用いられている点。三つには、仁木の場合には病名が記載されない処方記録となっているが、玉江の場合には「妊娠」「産後」「月経不順」など産や月経を巡る症状が記載されており、単なる処方記録というよりは施療記録となっている点である。

明治一七年の「処剤録」に登場する患者の地域的分布についてみてみよう。患者の地域的分布は、図7－1に示すように、大半が一〇キロメートル以内の範囲に収まっている。この傾向は、「処剤録」全体についても当てはまる。図7－2は、仁木家文書と『久米郡誌』(「寺子屋」教師のうち「医師」と記載されたもの)(久米郡［1923］)をもとに、玉江が在村の医者としての活動を開始した安政

図7-2　幕末期(安政4年～明治7年〔1857-1874〕)における医師の分布

注 1　この地図は美作全域を示している(藤沢純子氏作成の図による)。
2　▲は、現在の津山市中心部を示す。
3　地図中の境界線は、現在の市町村境界を示す。
4　■は、玉江の居村を示す。
5　×は『久米郡誌』天保期～明治7年の寺子屋教師として登場する医師の居村
6　──内は図7-1に示した1992年段階の津山地域。

四（一八七五）年から明治二（一八六九）年に開業していた医師（修業願を出した者も含む）の分布を示したものであるが、この時期、津山藩領域には医師が広く分布していたことがわかる。地域における医者の広がりは、それぞれの医者が、それぞれの地域の医療に責任を持つことを可能にするものでもあった。

玉江の診療地域で特徴的なことは、居村のみならず、居村から五キロメートル以内の村々に満遍なく患者が存在していることである。居村に限らない地域で玉江が支持された背景には、津山城下の藩医に入門して産科学を修め、大阪という都市で開業していた経歴や、仏門に入った仏教者としての性格が影響していたものと思われる。もっとも玉江が高齢化するにしたがって、その患者の範囲は、より近隣の地域にせばまってはくるが、玉江が地域の医療を支えていたことは間違いない。

玉江の診療活動は、具体的にはどのようなものだったのだろうか。藤沢の研究では、患者はすべて医者のもとに「通院」してきたことが前提とされている。しかし医療活動がすべて患者の「通院」によって成り立っていたとするのは、現代の医療のあり方からする思い込みだろう。事実、仁木の診察記録には、それが「通院」であることを証明する記述はない。では、玉江の医療活動はどのようなものであったのか。結論を先に述べてしまえば、玉江の医療活動は、医者による往診と、患者の通院、さらに、取次ぎの者による処方薬の送付からなっていた。患者からの手紙は、そのことを示している。

患者からの手紙——患者と医者の関係

患者から玉江のもとにきた何通かの書状が残っている。そのなかの一通は、西西條郡羽出村（岡山県鏡野町）の小椋亀蔵が、藤井梅之丞の家内の「ようだい」について「御医者様」である玉江に送った書状である。明治一五（一八八二）年の「処剤録」に綴られていたことから、同年のものと推測される。この書状には、梅之丞の家内の容態が詳しく記されている。書状によれば、去年の六月から八月末まで目を患い多いに難儀をしたが、そのときに診療した「いしや」（医者）は「血分さわり」という見立てをした。その後一〇月頃から白血（婦人病の一種、帯下）が少しずつおり、一二月一〇日頃には、血の塊が二つ三つ降りた。その後は白血ばかりおりることもあり、赤い血がおりることもあったが、今になってはそれがやむことなく、四、五日前には日中多くおり、今も白血がおりてやまない。そのため気分が悪く、ここ二、三〇日は床についている。このような容態であるので、よろしくお願い申し上げるというのが書状の内容である。これは床についている患者への往診依頼の書状と見て間違いないだろう。また医者の見立てが信頼できない場合、患者は医者を変えることがあったこともわかる。

もう一つは、英田郡倉敷村（岡山県美作市）の患者たち、高光周平、松浦中、名田そでの三人からの手紙である。この手紙は三通が一括して包紙に入っているが、その一通、高光周平の書状に、一五（一八八二）年一月一四日の日付があるところから、同年一月の書状と考えられる。この三通の手紙からは、患者の求めに応じて、玉江が倉敷村まで往診したことがわかる。そのことは高光周平の「遠路之処御苦労千萬」、あるいは松浦中の「御遠方之処御苦労御願申上」という文面から明らかである。医者が患者の家を訪問する往診という形は、医者が患者の家族の監視下に置かれることをも意味していた。そのことは、治療について、患者、あるいは患者の家族が医者に意見を言いやすい環境をもたらすものでもあったと思われる。患者たちは、医者に対して決して受身ではなく、自らの要求をつきつけている。

患者たちは、薬を送ってほしい、あるいは玉江が処方した薬が効かないので「治る」薬を送ってほしいと玉江に依頼している。ここからは、医者の医療活動が、遠方の場合は、往診のみならず、薬の送付という形で行なわれていたことがわかる。また「御薬津山京町茶や様迄御出運被成下候得者難有受領可仕」との文面から推測すると、津山城下の京町に薬を取り次ぐ「茶や」という業者が存在していたらしい。「処剤録」には、「取次」の語が記されている場合があるが、これらは薬を取り次ぐ業者に薬を渡したことを意味するものとみてよいだろう。

このように、患者の手紙からは、玉江の医療活動が、往診、そして手紙によるやりとりを通した薬の送付をも含むものであったことがわかる。ここでは、玉江に往診を依頼した三人の患者とその患者の家族が書状をまとめて玉江に送っているが、こうした地域のネットワークのなかでは、地域の評判が、医者の地位を決めたであろう。患者とその家族は、患者の容態を詳しく書き記し、容態にあった薬の処方を医者に求めている。高光周平は、娘が自分の症状は「月病同様」(月経の際におきる障害と同じような症状)だと述べていること、「背・手足、指、腿・膝・心肺」の「心持悪敷」様子を伝えている。また松浦は、病人が玉江に調合してもらった丸薬を「半ふく計り」服薬したところ、気分が悪く「からへすき」(嘔吐)し、大変苦しそうに見え、少し頭痛もするので、「治る」薬を送ってほしいと依頼している。さらに、名田袖《そで》という患者は、自らの症状について「虫六七十筋程下り、頭痛苦、目くらみ」がすると述べ、玉江に調合してもらった薬は「少シ呑にクシ」と訴えている。

患者、あるいは患者の家族が、その症状を詳しく観察して言葉で医者に伝え、症状が「治る」、しかも嘔吐をするなどの副作用のない「呑に」くくない薬を求めている。そして医者は、それらの訴えに対して薬の送付という処方で応える。このように患者からの手紙によって医者が判断を下し、薬が送付されていたということは、症状をめぐる患者、あるいは患者の家族の言葉や判断を医者が信用していること、また、薬の処方に際しても、患者や患者の家族の意見を重視していたことを示す。このことは、医者が日常の診察のなかでも、患者の話や訴えを病気の診断の重要な手がかりにしていたことをうかがわせる。患者の自己診断を信用していたからこそ、実際に患者に対面しなくても、手紙による診断と治療が行なえたといえよう。こうした関係のなかでは、医者の処方はしばしば、患者自らの身体に対する自己認識を確認するものとして位置していたのではないだろうか。

また玉江のもとには、年月日未詳であるが、妊娠中の妻の診察を依頼する西西條郡芳野村（岡山県鏡野町）の河田繁穂からの手紙が残っている。手紙の内容は、妊娠中の妻の様子が大いに変わって困っている、ついては、明朝、妻自身が玉江のもとに出かけていき、診察を受けたいので配慮をお願いしたいというものである。この手紙からは、玉江の医療活動のなかには患者による通院という形があり、その際、手紙で診察を依頼する場合もあったことがわかる。芳野村は、玉江の居村からの距離はほぼ四キロメートル、歩いて一時間程度の距離にある。それに対し、往診の依頼があった羽出村は約一八キロメートル、玉江が往診した倉敷村は、約一六キロメートルの遠距離にある（図7－1）。遠距離の場合は、往診を依頼していたのではないだろうか。それに対し、ほぼ四～五キロメートルの範囲の患者の場合は、妊婦であっても患者が通院してきていたことがうかがえる。

女の身体と関わって注目すべきことは、男たちが、自らの妻や娘の症状を医者に書き送っている点である。男たちは、女の身体から排除されていなかったどころか、女の身体に表れた症状の忠実な観察者であるとともに代弁者でもあった。身近にいて、女性たちの症状を観察できた男たちが、女性たちの症状を把握しているというのは、考えてみれば当たり前のことかもしれない。しかし近代産婦人科学は、男性産科医を除く男たちを女の身体から排除していくこととなる。

手紙のなかには、往診という診察のあり方が、患者と医者の関係に対して持った意味を考えさせるものもある。玉江の師である野上玄雄から玉江に宛てた書状がそれである。志戸部村（岡山県津山市）の常四郎の妻が、「傷産後瘧状之熱性」（傷産——妊娠七ヵ月未満の胎児が死んで生まれること、瘧——間欠熱の一種で、悪寒、発熱が隔月また毎日、時を定めて起こる症状）になり、「再三の発作」がおき、長引くにしたがい「衰弱」が激しく、野上自身が「三四度参り色々苦心」したが、ほとほと困ってしまったこと、ついては玉江に往診をしてほしいとの依頼状である。注目したいのは次の一文である。

就而ハ兼而其御許ニも診察相頼度様子ニ御座候へ共、是迄ハ多分気支も有之間敷と見合居候之処、両三日之模様ニ而追々危篤場合ニ向候とも被存候ニ付、家内類中一同大心配罷在、何卒一応其御許ニ廻貰ひ度、当人ハ尚更一同希望罷在候義ニ御座候間、遠路乍御苦労御診察ニ預り度、且御熟考之上御投薬御配意被下度、拙老よりも別而御頼申候

ここには、常四郎はかねてから玉江に診察してほしい様子だったが、野上に気兼ねしていたらし

いこと、しかし危篤状態にあるので、当の常四郎の妻はもちろん、家族や親類も玉江の診察を希望している様子が述べられている。この野上の書状からは、病む不安を抱えた患者やその家族の意向を重視しようとする姿勢を見て取ることができる。おそらく玉江も、野上のこうした患者に対する姿勢を受け継いでいたことだろう。しかし、それを野上や玉江個人の資質に還元してしまうことはできない。そこには往診という診察のあり方が大きく関わっていたものと思われる。

往診という診察のあり方は、患者と医者の信頼関係の上に成り立つものであり、医者にとっては患者の意向に敏感にならざるを得ない診察形態であった。野上の書状の末尾には、詳しいことは、この手紙を託した「使之仁、亭主等」に、聞いてほしいと記されている。おそらく、急ぎの書状は常四郎自身によって玉江に届けられたのであろう。ここでも、夫は妻の病状についての代弁者として位置しているが、これら患者からの手紙の背後には、当時の問診という診察のありかたがあった。問診は、全体としての身体を本人の愁訴から把握するものであった。診察の意味が、全体としての身体の把握にあったということは、その処方も不健康な部分を除去するというよりも、患者に本来備わっている自己治癒力を回復させようとするものだったのではないだろうか。次に、その点について診察記録のなかに探ってみることにしたい。

診察記録が語るもの・語らないもの

診察記録を分析するに当たっては、何が記述され、何が記述されていないかということにも注意をはらう必要がある。「処剤録」のなかで、患者の村名も家長の名も記載されていない事例が、一件だけある。明治一七年六月二五日の「一ヶ月流シ」と記載された一件である。村名も名前も空白のこの患者には「抵当丸、桂茯丸」の処方が与えられている。「桂茯丸」という処方は、明治一六年八月二九日、久田黒木村の本城作治郎の妻の「一ヶ月之滞り」に対しても用いられていることから、通経作用を持つ薬であったと思われる。とするなら、これは妊娠初期の堕胎だったのだろうか。

明治政府が最初に手がけた仕事は堕胎の禁止であり、明治元（一八六八）年、「産婆ノ売薬世話及堕胎等ノ取締方」が行政官布達として、東京、京都、大阪の三府に出された。また明治一三（一八八〇）年には刑法堕胎罪が制定され、明治一五（一八八二）年の実施により、堕胎は堕胎罪という犯罪として規定された。たった一件、患者を特定させる手がかりが残されていないこの事例が語るものは、果たして堕胎なのだろうか。診察記録の分析に当たっては、何が記載され、何が記載されていないかということにも注意を払う必要がある。

近世の仁木家の診察記録と比較したときの玉江の処方の特徴が、様々な処方を組み合わせて与えている点にあることは先にも述べた。玉江の見立てと処方には、師である野上玄雄も信頼を寄せていた。そのことは、志戸部村の常四郎の妻の場合で見たとおりである。野上は、熟考の上投薬の配慮をしてほしい旨の手紙を、玉江に書き送っているが、症状にあわせて、どのように薬種を調合し、また薬を組み合わせていくかが、医者の重要な技量であった。

たとえば明治一七（一八八四）年に診療を受けた妊娠八ヵ月の三人の女性たち、打穴《うたの》西村の鍛治屋の妻（四月二一日――当芎薬、三黄湯和気飲、桂茯当皈、紫円丸）、皿村の築山瀧蔵の妻（七月九日――八解散商陸、利水丸）中嶋村の安田実五郎の妻（一〇月一日――安胎散、三つ葉）をとってみても、その処方はそれぞれ異なっている。このことは、仁木の処方に比べ、より、その症状や女の身体の多様性に留意するようになったことを示している。

また「処剤録」には、服用量も記載されている場合があるが、同じ病名で同じ処方であっても、その服用量は異なる。たとえば、明治三四年の「処剤録」を見ると「産後」と記された管実太郎の家内、別角屋とも婦王湯が用いられているが、管実太郎の家内は七、別角屋は三と服用量が異なる。処方が同じでも服用量が異なるということは、疾病を固定せず、患者の体質によって異なった表れ方をする症状に応じた処方がなされていたことを示す。他方、異なる病名にもかかわらず、同じ処方がなされる場合も見られる。同じ明治三四年に診察を受けた津山城下、美濃職人町の女性は「子宮」、神戸村の女性は「月経不順」と記されているが、どちらも「桂茯ニ当瓜子」が処方されている。玉江の処方には、こうした例は数多く見られ、子宮、月経不順、産後、産に同じ処方が用いられることは珍しくない。

この点は、個々の症状に病名が付けられ、その疾病の原因を体内から除去することが重視され、同一の病名には、同一の処方が与えられる近代医学とは大きく異なる。そこには、身体をパーツに分けてみていく近代医学の身体観に対し、有機体として全体としての身体をとらえる身体観があるといえるだろう。また「処剤録」に記載された病名は、近代医学的な病名とは、そのニュアンスを異にする。悪阻、経閉、月経不順、妊娠、不妊、産後といった具合に、病名というよりは、女性の身体の状態を指す用語が用いられている。このことからも玉江の処方が、女の身体の状態を重視し、女の身体全体の回復をめざすことに重点が置かれていたことがうかがえる。

また診察記録には、女性たちの妊娠月数や妊娠した月日と出産予定日、また初診がいつであったかが記されている場合もある。たとえば、明治一三（一八八〇）年四月二四日に診察を受けた上打穴里村の林田姓の妻は、旧暦の一〇月八日頃妊娠し、七月一〇日頃出産予定であること、五月五日に診察を受けた馬方町の石工屋の妻は、旧暦の七月一〇日頃妊娠し、翌年の旧暦四月一三日に出産したことが記されている。また明治一七（一八八四）年一月二六日に診察を受けた高野村の車屋の妻の場合は、旧暦の一六（一八八三）年六月二〇日に妊娠し、明治一七年三月末ごろに出産予定であること、初診は、二月二〇日であったことが記されている。

ただこれら三例のうち、処方が与えられているのは、上打穴里村の林田姓の妻のみであり、経過が順調な場合は、薬は与えられなかったようだ。また妊娠月数が記載された事例からは、女性たちが、早い場合は妊娠二ヵ月から出産も間近に迫った妊娠九ヵ月までの時期に、診察を受けていることがわかる。しかし、これらの患者は、記録には一度しか登場しない。ということは、女性たちは、自らの身体に何らかの不調を感じたときにのみ診察を受けたのであり、それは現代のような妊娠中の定期的な検診といった性格のものではなかった。

近代初頭の家伝薬

次に、処方の効能のほうに目を向けてみよう。処方のなかで、たびたび用いられたのは「家方」「婦王」「婦王散」などと記された家伝薬であった。光後玉江は、明治二一（一八八八）年八月一日に、岡山県知事に「売薬検査御願」を出し、翌八月二日には、内務省の免許を得て、これらの家伝薬を「仙傳婦王散」「仙傳婦王湯」の名で製造、販売している。「売薬検査御願」には、その主な効能として、特に女性の産をめぐる病への効能があげられているが、身体のみならず、「気鬱」「気病」などの心の病にも効くとされている。玉江の家伝薬は、その効力はともかく、病む人を心身ともに健康にすることを意図するものであった。西洋の漢方、「ホメオパティー」の治療では、病を患っている人間そのものの回復が重視され、個々の症状に病名をつけて、その疾病を体内から取り去るのではなく、病んでいる人間そのものの健康を取り戻すことをめざしていたとされるが(3)、玉江の処方も、同様な性格を持つものであったといえよう。そこには、体内の異常部分を特定し病因の除去を意図する近代医学の身体観とは異なる身体観があった。

この家伝薬が、内務省から売薬として販売することを許可された近代初頭には、岡山地域においても、多くの家伝薬が販売されている。その背景には、明治初年に、堕胎とのからみで禁止された売薬が、明治一〇（一八七七）年に解禁されたという事情があった。これら再び家庭のなかに入り込むこととなった売薬のなかでもとりわけ多かったのが、女性や子ども向けの売薬である。岡山県和気地域の医療の歴史を丹念に追った貴重な労作『和気の医療史』には、近代初頭の和気地域で販売された家伝薬が紹介されている（和気医療史研究会編纂委員会編［2003：252-256］）。それらの家伝薬には、月経不順の薬「月さらえ」、「産前産後血の道一切」に効く「仙伝秘法八竜薬王湯」、難産を防ぐ薬「安産妙薬天本湯」、一名「さんのかるいくすり」ともいわれる「官許家伝安産薬」などがある。

家伝薬に付された「仙伝」の名が示すように、これら近代初頭に販売された家伝薬では、近世以来の長い伝統が、言い換えれば人々に長い間支持された効能のある薬であることが強調された。家伝薬は、その意味では、身体と医療をめぐる民衆文化の一部でもあった。「処剤録」のなかでも、近世以来の伝統を持つ折衝飲、和気飲、サフランなどはよく用いられている。効能のある薬は、近代以降も長く用いられたのであろう。他方、近代初頭の家伝薬には「官許」の名が付され、国家によって販売を認められた薬であることが強調された。近代初頭の家伝薬は、一方では人々の身体への関心の強まりと結びつく形で、他方では国家富強のもとは国民の身体にあるという国家の政策と結びつくなかで、その販路を広げていったといえよう。

この家伝薬が、内務省から売薬として販売されることを許可された明治二〇年代という時期は、売薬の世界のなかで、近世以来の伝統を持つ婦人薬と、欧米から入ってきた婦人薬との間のせめぎあいがなされた時期でもある。一例を挙げよう。明治二〇（一八八七）年に創刊された『女新聞』には、女の病を治す薬の広告が数多く掲載されている。これらの広告では「婦人病《おんなやまい》」の原因は「子宮病《しきうびやう》又は血の道より起こる」とされ、女の薬は、「血の道」、「子宮病」を治すことをその効能に上げている。「血の道」あるいは「子宮病」とは「月経不順《めぐりふじゆん》」「月経滞り《めぐりとどこほり》」「月役困難《つきやくこんなん》」などの生理不順や「こしけ又《また》はをり物」をさしていた。近世以来の女の病の総称である「血の道」、そして近代以降、女の病に印づけられるようになった「子宮病」。この二つの語が並んで現れている点に、近代初頭の特徴がある。

4　近代化のなかの女の身体

女の身体の分節化と子宮

女の薬の広告のなかには、近世からの長い系譜をひく薬に混じって、幕末以降、オランダをはじめとする欧米からもたらされた薬の広告が見られる。明治二二（一八八九）年の『女新聞』には、近世以来の長い伝統を強調する「加減順気散《かげんじゆんきさん》」「さふらん散」に混じって、「和蘭《をらんだ》」に起源を持つことを強調する「婦人薬王　子宮丸」の広告が登場する。その薬の効能の根拠が、一方は伝統に、一

図7-3　婦人薬王子宮丸の商標

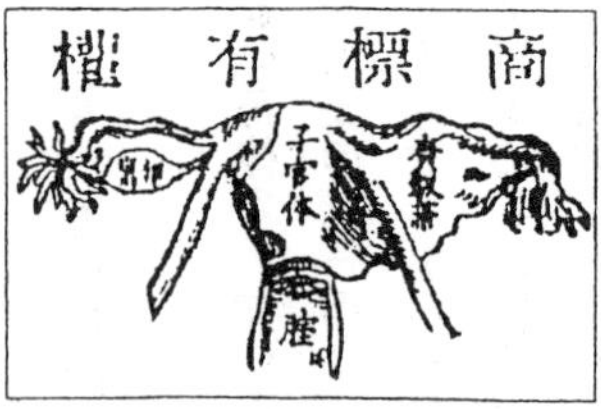

出典：『女新聞』15号，明治22年6月

方は文明に求められる。近代初頭の女の身体は、近世と近代、伝統と文明がせめぎあうなかにおかれていた。しかし、近代化の進行とともに、後者が優勢となっていく。女の身体を流れる「血」の病は、「開明」＝文明の「良薬」によって「改良」されなければならず、「良薬」の外からの侵入がなければ「血の道」は治らないとされていく（内藤［2000：75］）。「婦人薬王　子宮丸」は、その商標に、拡大された、子宮、卵巣、膣という女性特有の生殖器と性器の図（図7－3）を用いている。

西欧近代医学にもとづく解剖学的まなざしによって女性の身体は分節化されるが、なかでも「子宮」が注目される。福沢諭吉は、明治三二（一八九九）年、『新女大学』のなかで「西欧社会に於いては医師社会に限りて之を用い、診察治療の必要に迫れば、極内々に患者又は其の家人に之を告ぐるのみ」である「子宮」の語が、日本では、「血の道」に変わって一般に広がっていったことについて「我輩の耳障りなるは、『子宮』の文字なり」と述べている（石川編［1977］）。それはまた性差を強調する身体観の広がりを意味するものでもあった。「処剤録」にも、明治一六（一八八三）年から「子宮」の語が登場する。では、玉江における「子宮」は、果たして近代化のなかで分節化されていく解剖学的な「子宮」と同じ意味を持っていたのだろうか。

玉江における子宮——二木家のカルテとの比較

玉江の「処剤録」には、子宮に関わる「子宮塊物」「子宮不妊」「子宮タダレ」「子宮脱」「子宮衝迷」「子宮筋強」「子宮炎」「子宮欣衡病」「子宮カンクル」「子宮ガン」などの病名が記されているが、「子宮塊物」「子宮衝迷」「子宮カンクル」など、どのような病気を指すのか現代の私たちには皆目分からない。しかし、「産」や「産前」「産後」、あるいは「妊娠」「月経不順」などと区別する形で「子宮」の語が用いられていること、また、「子宮」に関わる病気については、様々な名称で分類されているという特徴がある。このことは、子宮をめぐる病は、産前や産後、妊娠、あるいは月経不順といった女性の身体の状態を示す語とは異なる状態、言い換えれば病的な状態として認識されていたこと、また子宮に関わる病名が数多く挙げられているということは、子宮が、女性特有の病気が発生しやすい重要な場所として認識されていたことを示すのではないだろうか。その意味で、玉江にとっての子宮の位置や意味を探ることは、その身体観を考える上でも、大きな手がかりとなるだろう。そこで、次に、仁木の診察記録に記された子宮をめぐる病と比較する形で、子宮をめぐる病の問題について考えてみたい。

仁木家には、「明治三十四年　列施布篤　享丑一月一日」と題する診察記録が残されている(4)。この診察記録を書いたのは明治三五（一九〇二）年九月に没した二木永祐と思われるが、一人ひとりの患者について、その「経過」と処方を記録している点で、現代のカルテに近い性格を持っている。また、その処方も、近世以来の薬である「折衝飲」「當帰芎薬散」などは共通しているものの、仁木と玉江では、その処方は、まったく異なる。このことは、近代初頭のこの時期には、それぞれの医者が、自分の経験に基づき、自分なりの治療法、処方で患者に対処していたことを示すといってよいだろう。

仁木の診察記録に記された「経過」の欄からは、子宮に関わる病が、どのような病であるかを推測することができる。それは、月経、妊娠、出産、つまり「経閉」、「半産」、「出産後」「妊娠」中に生じた「腹痛」や「頭痛」などの障害を指している。しかも、そこでの「子宮」は、解剖学的な生殖器としての子宮というよりは、「下腹」あるいは「下腹部」という、より曖昧な部分を指していたらしい。たとえば「子宮病」と診断された山根マサ、二六歳の「経過」の欄には、「年来時々下腹痙攣足部製硬」と記されている。子宮をめぐる病とは、必らずしも、解剖学的な子宮を原因とする病だけではなく、月経、妊娠、出産や「全身痙攣」「頭痛肩背硬急」「頭重、脚痛」など、女の体全体に関わる病でもあったらしい。しかし、女の病の原因を子宮に求める身体観は、女の身体を何よりも子宮を持つ身体としてとらえる身体観、子宮を持つ故の女性の弱さを強調する近代的身体観にも連続する側面を持っていたのではないだろうか。

このように仁木の記録には、すでに子宮を重視する近代的身体観の兆しをみてとることができる。では、玉江の記録は、血液の流れを重視する近世的身体観と子宮を重視する近代的身体観の間の、どこに位置していたのだろうか。実は、玉江の記録の記載様式は最後まで変化せず、仁木の記録のような近代的カルテの形式にはなっていかない。また仁木のカルテにはすでに、近世以来の女の病を指す「血の道」などの語はなく、出産についても「産褥」など近代的な医学用語で表現されている。他方、同じ明治三四年の玉江の「処剤録」には、血をめぐる病が記録されつづける。「処剤録」を見る限り、玉江の身体観は、近世的な身体観と近代的な身体観の狭間というよりは、より近世的な身体観に近かったように思われる。

玉江が処方する際に用いたと思われる写本「産科要畧方目録」では、「婦人の血しやく、平生月やくふ順、肩のこり、腰のはり、産後手足のいたミ、しびれ、かんしやく、これなどハ、とゝこふりめくらさるによりおこる也」と、女性の身体の特徴は、血液が循環している身体であることに求められている。また、処方の重要な役割は、この循環を円滑にするために、あるいは、体内にたまった「宿血」「悪血」などを対外に排出させ、あるいは「血を養う」ことによって胎児の「安胎」をはかることにあった。ここにみられる女性の身体観は、女性の身体を、子宮という女性特有の器官によって特徴づけ、子宮を持つゆえに女性はその身体に病を孕みもつ弱い身体とする近代的な身体観よりはむしろ、近世の女性の身体観と連続している。

明治七（一八七四）年、明治政府は「医制」を制定し、医師の免許制度を整えていく。医師には、医術開業試験が課され、免状によって医療活動が認可されることとなった。しかも、この試験は、西洋医学を対象としたものであったから、それまでの蘭方医も、履歴の提出・出願によって免許を下付されることとなった。蘭方医とされる玉江が、明治政府による「医制」の整備のなかで、それらをどのように潜り抜け、医療活動を継続していったのかは、残念ながら史料が残存していないのでわからない。ただ「処剤録」を見る限り、玉江は死のちょうど一年前の明治三七（一九〇四）年一月まで「処剤録」を記録し続けるが、最後まで、患者は減ることなく、医療活動を続けている。このことは玉江の産科医としての技量と処方が人々に支持され続けたことを示すといえよう。明治以降、医制がしかれ、近代西欧医学が持ち込まれたからといって、在村医と患者との関係が、急激に変化したわけではなかった。

5　診察を受ける女たち

産の季節変動

玉江の診察を受けた女性たちの多くは近隣農村の女性たちであった。近世の農村女性の出産に、農事暦と関わる季節変動が見られることについては、第三章で述べたが、近世から近代への長い時間軸のなかで、出産の季節性と地域の社会生活、とくに農事暦との関連に注目したのが、大柴弘子である（大柴［1983］［1985］）。

大柴は、米作と裏作に麦、菜種という二毛作地帯である近江農村を対象に、過去帳や文書資料、聞き書きをもとに、一九世紀以降昭和二〇年代までの月別出生数は、農繁期の旧暦六月、現七月と、農閑期の旧暦一月、現一～三月に集中していたこと、そして旧暦九月、現一〇月の農閑期受胎により生じた農繁期出生が母体に著しい健康障害をもたらしたことを明らかにした。農繁期の過酷な労働状況は受胎の可能性を少なくし、他方農閑期には受胎の可能性を多くした結果、春の農繁期にあ

図7-4　出生月と推定受胎月（明治13年〜37年〔1880-1904〕）

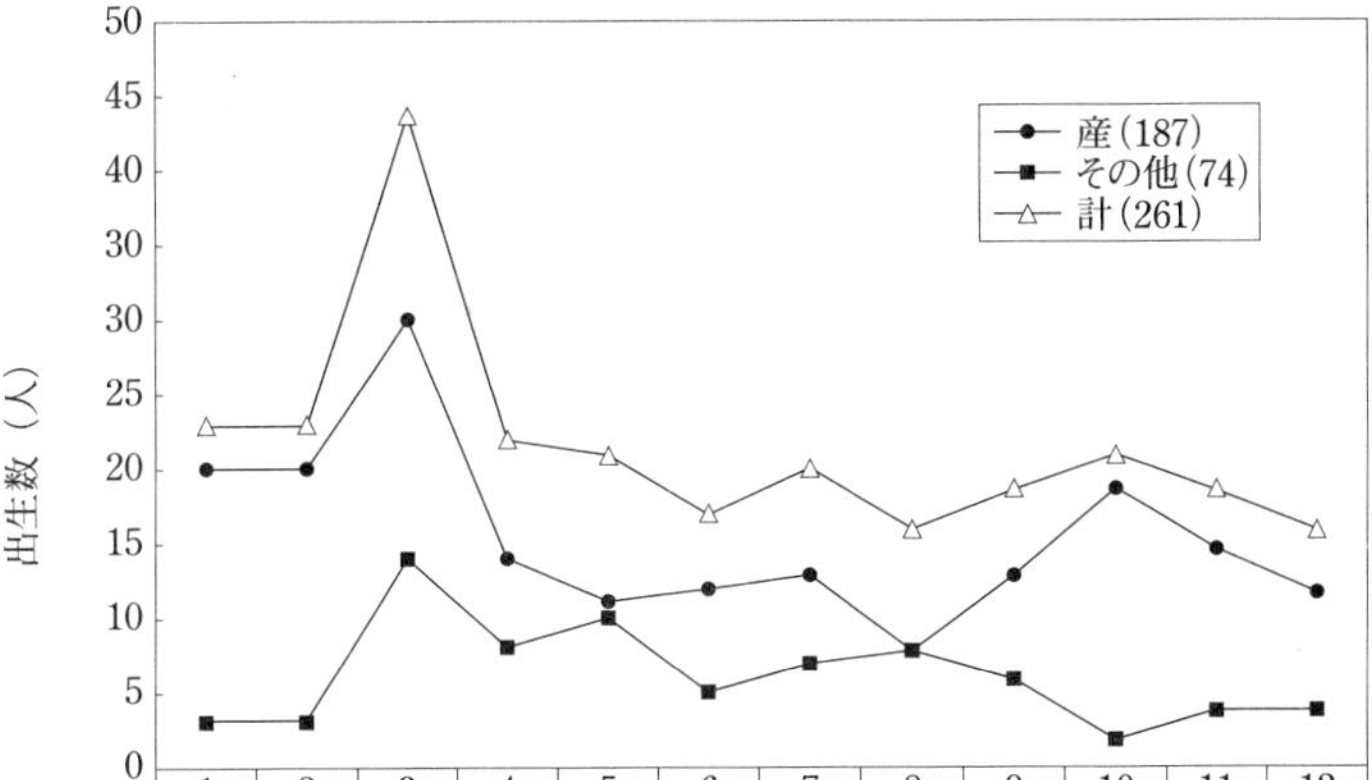

	1(4)	2(5)	3(6)	4(7)	5(8)	6(9)	7(10)	8(11)	9(12)	10(1)	11(2)	12(3)
●産	20	20	30	14	11	12	13	8	13	19	15	12
■その他	3	3	14	8	10	5	7	8	6	2	4	4
△計	23	23	44	22	21	17	20	16	19	21	19	16

出生月、(　)内は推定受胎月（新暦）

たる旧暦で六月、新暦で七月に出生数がピークを示すこととなったというのである。さらに大柴は、明治三〇年代に出生した女性たちへの聞取り調査から、この地域で生理や妊娠、出産に関する病をさす言葉として使われる「血の道」による死亡が、明治年間には多かったこと、また農繁期の極度の体力消耗やストレスが、妊産婦の栄養不良、貧血、消耗性疾患をもたらすとともに、妊娠中毒症や陣痛微弱、子宮復古不全、弛緩出血による大出血、流・早産や感染症の原因ともなったことを指摘している。大柴は、「妊娠、出産は生物学的、生理的現象でもあるが、月別出生数の諸相は社会的意味を持っている」と述べている。その研究は、出生の季節性は、農繁期、農閑期と深く関わっていたこと、また、農業労働と妊娠・出産の矛盾が何よりも女性の身体を損なう形であらわれたことを浮き

図7-5　女性の農業労働分配率

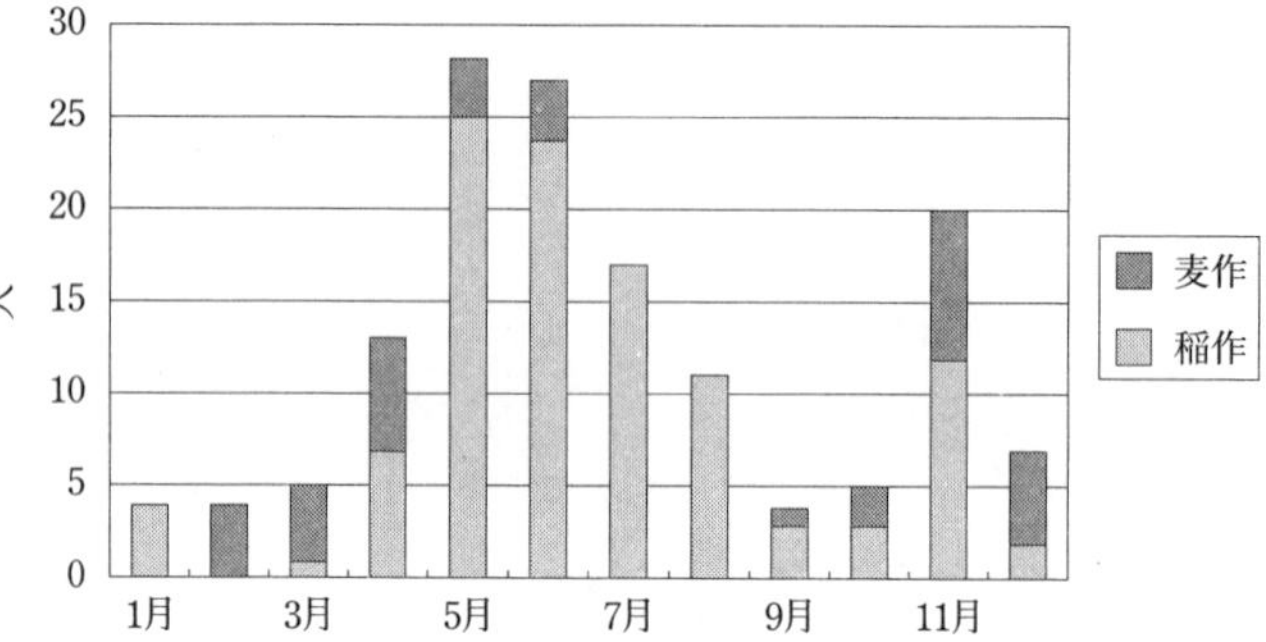

彫りにする。

玉江の「処剤録」にも、出産の季節変動がみられるのだろうか。図7―4は、出生月を特定することができた二六一件について、月別の出生数と推定受胎月を示したものである。ここから明らかなように、出生は一月から三月の冬場に多く、六月、八月は谷という結果となっている。これを受胎月で見ると、受胎は四月から六月の春に多かったことになる。この結果をこの地域の農事暦と重ね合わせてみたとき、どのようなことがわかるだろうか。玉江の居村、錦織村を含む『久米郡誌』(久米郡[1923])には、農作物とその作業内容を記した詳細な「農家年中行事」の記載がある。この地域は二毛作地帯であったが、この「農家年中行事」には、各月ごとに、稲作(水田一町歩)、麦作(水田裏作三反歩、畑一反歩)、その他(家内食事牛飼其他)に、男女何人分の労働を分配したらよいかを示す労力分配基準が記されている。図7―5は、その各月別の稲作、麦作についての女性の労力分配基準をグラフにしたものである。

このグラフからは、女性にとっての農繁期は、五月、六月、一一月、農閑期は一月、二月、九月であることがわかる。

図7－4と7－5、二つのグラフを重ねあわせてみると、出生の山である冬場は農閑期、逆に出生の谷である六月は農繁期であることがみてとれる。もっとも「処剤録」に登場するのは、この地域全体の出産ではなく、玉江が関わった出産という限定つきではある。しかし限定つきであるにしても、出生の山と谷と、農閑期、農繁期との間には、明らかな対応がみられる。これは、農繁期には出生が抑えられ、農閑期に出生が多いという、農事暦を念頭に置いた受胎調整をうかがわせる結果である。出生の谷となる六月は、「農家年中行事」によれば女性たちの作業量が最も増大する田植えの時期、同じく八月は炎暑期にあたる。

また、生まれたばかりの乳児にとって、出生後数ヵ月間の生育環境、とりわけ、その季節は、乳児の生存の可能性や育てやすさに大きな意味を持つ。農繁期後の一〇月の出生が多いのは、こうした季節性とも関わっていたのではないだろうか。農業労働を営む人々は作物の生育に密接に関わる季節性に敏感な人々であり、乳児の生育環境としての季節性にも敏感であったと思われる。「処剤録」にみられる出産の季節変動からは、玉江の診察を受けた農村女性たちの労働のありようもまた浮かび上がってくる。

農村女性の労働と関わってもう一つみておきたいのが、流産、早産の時期と季節性との関わりである。近世においては、妊娠七ヵ月未満の流産については、小産、流産の語が、また妊娠七ヵ月以後の早産については、半産の語が用いられていたが、玉江の「処剤録」でも、これらの語はおそら

図7-6　流産、小産、半産率（流産、小産、半産数／出産数）

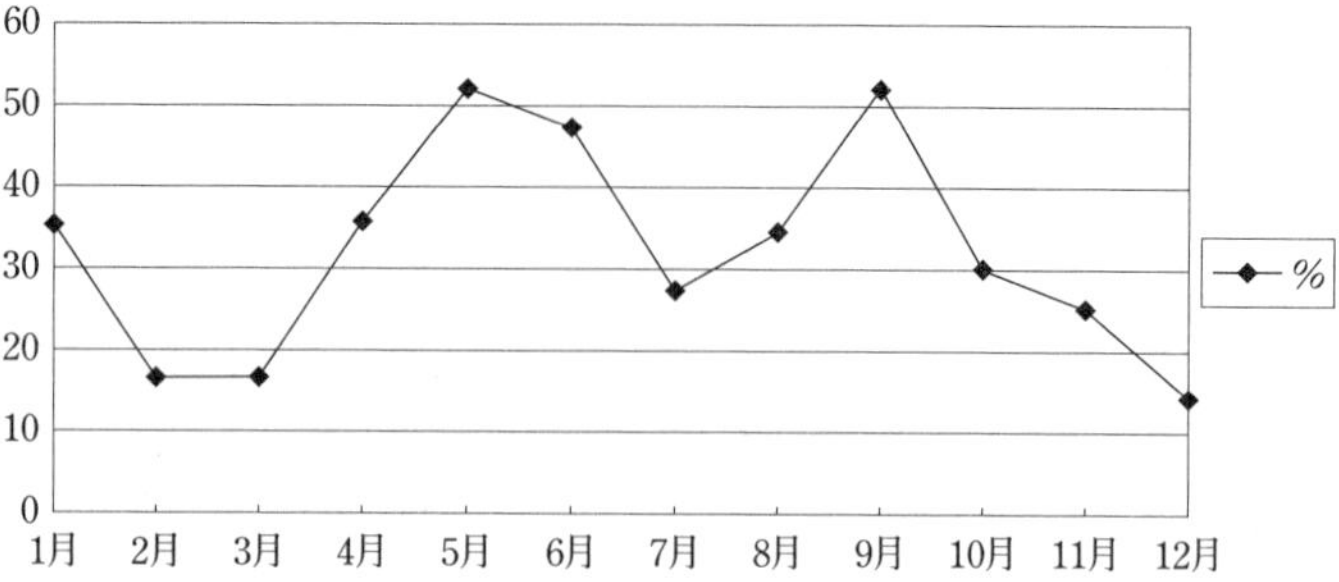

く同様の意味で用いられている。図7－6の「流産、小産、半産率」は、「処剤録」に記された月ごと出産数に対する流産、小産、半産数のパーセンテージを示したものである。

　これをみると農繁期である五月、六月の流産、早産、また「比較的農閑」とされる九月の比率が高いことがわかる。大柴は、「二毛作農業における表裏両作の労働が重複・集中する農繁期の体力消耗は、ほとんど極限状態に近」く、このため「受胎の機会が農繁期には著しく減少し、農閑期の体力回復を待って始めて、受胎の機会が増大した」（大柴［1985：495］）と述べているが、農繁期だけでなく、受胎の機会が増す農閑期の九月に流産、小産、半産率のパーセンテージが高まる背景にも、こうした事情があったのだろうか。また大柴は、農業労働の厳しさが「膣脱」などの病をもたらしたと指摘しているが、「処剤録」のなかに「膣脱」という病名が記された事例は八件。そのうちの半分にあたる四人の女性は五月に診察を受けている。五月は「農家年中行事」によれば、女性にとっては六月以上に忙しい、「苗代田手入及管理」や「堆肥運搬及撒布金肥」の時期にあたる。このように、出産の季節性、流産、早産の時期、農業労

図7-7　受診を受けた妊娠月数

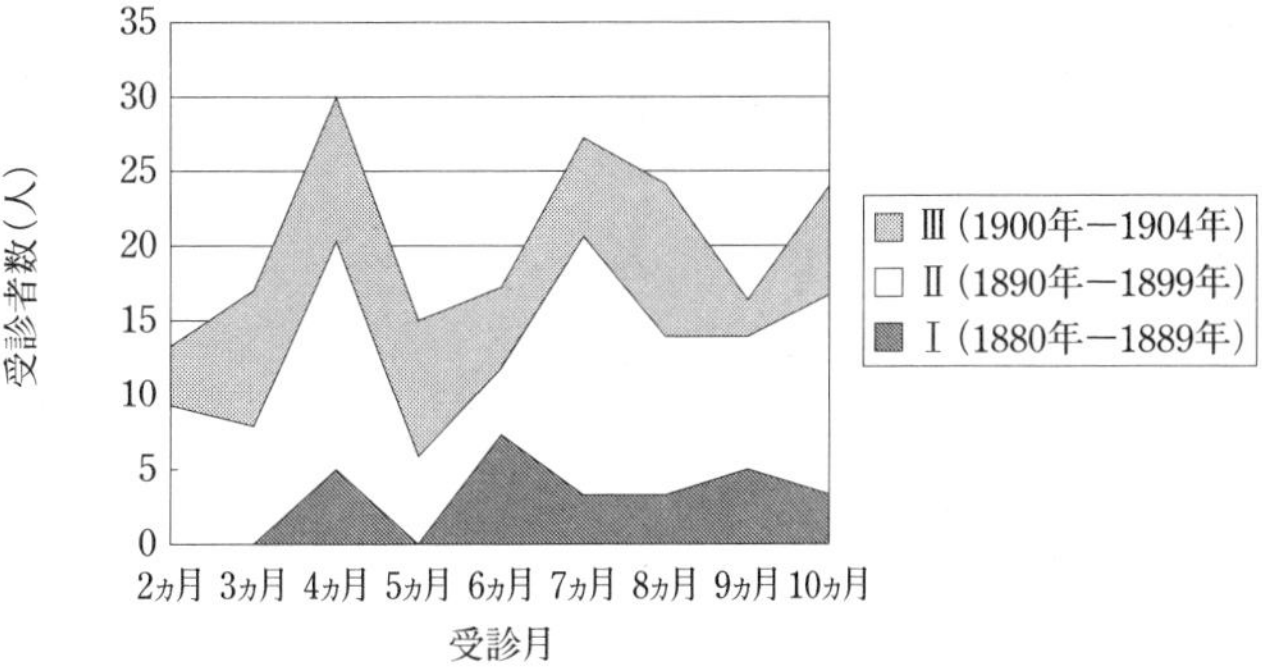

働の厳しさを示す「膣脱」の受診月からは、農業労働と深く関わる女性たちの生活のあり方が浮かび上がる。

これまで出産の季節性という側面から、診察を受ける女性たちの身体をめぐる問題を考えてきた。では、時系列による変化という点では、どのようなことが指摘できるだろう。時系列による変化という点で見逃せないのは、受診した妊娠月数の変化である。図7―7は、「処剤録」を大体一〇年ごと、Ⅰ期（一八八〇―一八八九年）、Ⅱ期（一八九〇―一八九九年）、Ⅲ期（一九〇〇―一九〇四年）に区切り、妊産婦たちが、妊娠何ヵ月で診察を受けたかを示したものである。

ここからは、Ⅰ期では、妊娠二ヵ月、三ヵ月に診察を受けた事例は皆無であったのに対し、Ⅱ期では一七件（妊娠二ヵ月が九件、三ヵ月が八件）、Ⅲ期では一三件（妊娠二ヵ月が四件、三ヵ月が九件）と、その数が大幅に増えたことがわかる。特に、妊娠二ヵ月で診察を受けた事例では、月経が二ヵ月止まっている、あるいは月経不順で診察を受けており、女性たちが自らの身体の変化に敏感になっている様子、受診の時期が早期化している様子が見て取れる。またⅠ期の明治一三（一八八〇）年、一六（一八八三）年の「処剤録」には登場しなかった妊娠初期の兆候を示す「悪阻」の記載も、Ⅰ期の終わりごろの明治一七（一八八四）年の「処剤録」から登場しはじめる。

しかも、Ⅰ期からⅢ期では、病名記載事例数全体のなかで妊産婦死亡数が占める割合は四・一％から一・六％へ、また流産、小産、半産の割合は七・六％から三・九％へと、いずれも半分に減少している。女性たちの自らの身体への関心の高まりが出産に伴う死亡や流産、早産の危険を低下させていったといえよう(5)。

診察記録に見る身体観／胎児観

「患者届書控」には、一七通の死亡届と、五通の流産届が含まれている。そのうち、産科婦人科の症状で死亡した事例は五件ある。近世の津山藩において医者は、流産、死産、赤子の死亡、産婦死亡の場合に、これらが堕胎・間引きの結果ではないことを証明する容躰書の作成者としての役割を担わされていた（沢山［1998：177］）。「患者届書控」に綴られた「死亡届」「流産届」からは、近代以降の医者にも、近世の医者同様、堕胎・間引きを監視する役割が課されたことが明らかになる。明治一四（一八八一）年四月一四日、妊娠八ヵ月で流産した士族、山田恒次郎の妻てつの流産届には「産状審按候処」、流産に間違いないことが明らかになったと記述されている。

しかし、「死亡届」「流産届」に登場する患者の名を、「処剤録」のなかに見出すことはできない。

おそらく、いずれの場合も、すでに重症となった時点で、医者を呼んだのであろう。「死亡届」には、死に至る直接の原因が「人事不省呼吸息吐」であったことが記されている。また流産の場合も、すでに流産してしまったか、流産しかけた段階で医者を呼んだものと思われる。「流産届」に登場する患者たちも、妊娠の過程で玉江の診察を受けた形跡は、少なくとも「処剤録」からはうかがえない。

ところで五通の流産届のうち、てつの「流産届」には原因が記載されていないが、ほかの四通のうち三通には、流産の原因が「停食」であること、一通には「子癇」であることが記されている。では「停食」とは、いったいどのような状態を指しているのだろう。実は、この「停食」が正確には何を指しているのかはよくわからない。しかし、二つの解釈が可能であろう。一つは、「停食」を漢方でいう「食滞」（しょくたい＝食あたり、食傷）（国分寺市史編さん委員会編［1984：15］）と解釈し、母親の側が「停食」となったと解釈する立場。もう一つは、胎児の側が「停食」となったと解釈する立場である。しかし、どちらの解釈に立っても、そこには、近世の胎児観、身体観との連続を認めることができる。というのも、流産や胎児の死の原因を、母親の食あたりに、また胎内の胎児が母親の乳を飲む、つまり食べることをやめたことに求めるとらえ方もともに、近世の流産、死産の届にはみることができるからである。赤子の死が堕胎・間引きの結果ではないことを証明するために提出された近世の「死胎披露書」では、胎児が死胎（死産）となった原因について、母親が「食傷ニ而死胎」となった、あるいは赤子が胎内で母親の乳房を放し、乳を飲めなくなったためと説明される。ここにあるのは、母親の身体と胎児の身体を一体のものとしてとらえる胎児観、身体観である。

玉江が作成した「流産届」には、いまだに、こうした胎児観、身体観との連続を物語る「停食」という言葉が流産の原因として記されている。しかも、「停食」が原因とする「流産届」の事例がいずれも妊娠六から八ヵ月という安定期に入った段階での流産であることも、「死胎披露書」の場合と共通している。もっとも、これらが堕胎の結果であったかどうかはわからない。しかし、たとえそうであったとしても、玉江がそれを告発するような医者でなかったことだけは確かである。その意味でも玉江は、人々とごく近いところにいた医者であった。

堕胎と関わって、「処剤録」からは、どのようなことが見えてくるだろうか。ここで注目したいのは、妊産婦死亡の事例である。妊産婦の死亡事例は、「処剤録」全体で三四件。そのうち、死亡原因がわかる二一件についてみてみると、出産時や産後の死亡が五件、妊娠中の死亡が一四件。その他、子宮塊物、卵巣水腫による死亡が一件、肥充血によるものが一件、長血によるものが一件ある。目を引くのは、妊娠中の死亡が、出産時、あるいは産後死亡のほぼ三倍と多い点である。というのも、近世の津山城下の産婦死亡で多いのは、妊娠中よりも出産時の死亡だからである。津山城下で産婦が死亡した事例は、天明一（一七八一）年七月から文化六（一八〇九）年一〇月までの二八年間で一七件。そのうちの一二件、実に七〇％が出産時の死亡による。他方、妊娠中の死亡は五件、そのうち妊娠月数が分かるものは三件あるが、これらは妊娠五ヵ月から八ヵ月に集中しており、突然の食あたりや痢病など、堕胎の際の症状に類似した症状で病死している（沢山［1998：143-149］）。

この近世の事例と比較したときの違いは、「処剤録」の産婦死亡の場合の妊娠中の死亡の多さ、そして妊娠中の死亡が、近世では妊娠五ヵ月以降であるのに対し、玉江の記録では、妊娠五ヵ月以前である点である。近世には、堕胎は、胎児が「人の形」になって以降の妊娠五ヵ月以後に行なうほうが母体にとって安全とする堕胎観が存在していた。またそうした堕胎観は、妊婦たちの妊娠の自覚が、妊娠五～六ヵ月になって自らの身体に感じる腹の膨らみや胎動といった印に依拠することによるものでもあった。しかし、近代初頭の妊婦たちは、先にみたように、もっと早い時期に妊娠を自覚するようになっている。近世の死胎披露書や懐胎届には、妊娠二～三ヵ月で自覚される「悪阻」の記載はみられないが、「処剤録」では、病名として「悪阻」が記録され、受診の妊娠月数も早期化していく。

これら妊娠中に死亡した妊婦一四人のうち九人に、制酸剤、健胃散など、胃の鎮痛・鎮痙薬があたえられている。制酸剤は、胃炎（急・慢性胃炎、薬剤性胃炎）に効果のあるものとされるが、これらの胃炎が、堕胎薬の服用の結果による薬剤性胃炎によるものかどうか、この限られた手がかりだけでは判断できない。しかし、仮にこれらの患者たちが、堕胎を試みた患者たちであったとしても、玉江が、その患者を救おうとしたことだけは間違いない。

おわりに
——在村医としての光後玉江——

玉江の位置とその後

出産や医療の近代化をめぐる近年の研究では、近世から近代の展開について、より多くの実態分析を蓄積することで、女性にとっての近代を問い直そうとする研究（高村［2002］）、あるいは、近代以降の医師社会から疎外された女性像を描くのではなく、男性医師と女医、両者のジェンダー・カテゴリーの構築という視点から、男性医師による女医批判の言説と、自らの存在意義を証明し社会的地位を向上させるための女医たちの言説戦略とのせめぎあいの過程を解明しようとする研究（山本［1995］）などが登場してきている。

たしかに、近世から近代への展開過程を、地域の側から、地域で医療活動を行なっていた医者や患者の側から見たときには、近世と近代の単純な断絶や、男性医師による女性患者の抑圧という二項対立的図式では描けないことは本章の考察からも明らかである。とりわけ、近代以降の展開を、近代社会や医者一般に解消せず、光後玉江という一人の在村女医に焦点をあて、その医療活動が地域社会のなかで成立していたという基本的事実に着目してみたときには、そのことが一層鮮明になる。近代西欧医学の成立以降も玉江のような女医（御女医師様）が人々の支持を得ていたのであり、医者イコール男というイメージが人々の間に固定していたわけではなかった。

　玉江の診察記録からは、玉江が女性たちの身体観や胎児観と近いところにいた医者であり、症状や処方をめぐる患者の訴えに耳を傾け支持をえた医者であったことが明らかとなった。玉江は異常産も平常産もともに扱う医者であり、その意味では、異常産については扱わない産婆とは異なる。他方、診察記録にその身元が記載されていない、しかも処方からは堕胎が疑われる事例や、すでに安定期に入った段階での「流産届」、そして出産時に比しての妊娠中の産婦死亡の多さは、玉江が、女性たちの産まないことへの選択や要請に直接、間接に関わっていたことも疑わせる。その意味では、玉江は産科医でありながら、産婆的な要素もあわせ持つ存在であった。近代初頭には、玉江のような、医者でもあり産婆でもあるような存在、人々の身体観や胎児観と接点を持つ在村医が、人々の支持をえながら医療活動をしていたものと思われる。

　しかし、西欧医学の導入により医療の本流が漢、蘭方医から西洋医に移り、人々との接点を持った医療行為が迷信や誤った治療として排斥されるなかで、地域の人々との接点を持った医者たち、また自らの症状を語る患者の説明に依拠した診察は、次第に医者自らによる患者の身体の診察で得られる証拠に取って代わられていく。それとともに、人々が自らの症状について語る言葉は信頼されなくなり、人々が持っていた身体観や胎児観も、文明の対極にあるものとして異端視されていったのではないだろうか。

　そうした動きは、地方よりも都市部で急速に進展していった。玉江より三年早い文政一〇（一八

楠本イネ（文政10年～明治36年〔1827～1903〕）

二七）年に生まれ、一九歳のときから岡山城下で産科を学んだシーボルトの娘、楠本イネは、オランダおイネと称されたが、玉江もまた美作おイネと呼ばれたという(6)。しかし、二人のおイネの晩年は異なるものであった。楠本イネは、明治六（一八七三）年には、明治天皇の第一皇子生誕のため宮内省御用掛に任じられるが、その後いったん長崎に帰り、明治二二（一八八九）年再び上京し産科を開業する。しかし近代医学教育を受けた近代初の女医が明治一八（一八八五）年に誕生するという状況のなかでイネは、旧式の産婆同然の存在とみなされ、受診者の減少により明治二七（一八九四）年には廃業に追い込まれる（吉村［1978］）。しかし、玉江の場合は、「処剤録」で見る限り明治三七（一九〇四）年、七六歳に至るまで、地域の人々の支持をえて医療活動を続けている。玉江が没するのは、「処剤録」の最後の記録が記された明治三七年一月一三日のちょうど一年後、明治三八（一九〇五）年一月三一日のことであった。

　かくも長い間、診察活動を続けることができたのは、とりもなおさず、地域の人々の信頼によるものだろう。またこの地域に、玉江のほかに、医師や産婆がいなかったことも、その理由としてあげることができよう。『久米郡誌』によれば、大正一二（一九二三）年二月の段階でも、錦織を含む三保村の医師、産婆数は、ゼロである（久米郡［1937：794］）。おそらく玉江が生きた時代には、この地域には、玉江のほかに、医師はもちろん職業的産婆もいなかったと推測される。こうしたなかでは、玉江は貴重な存在だったであろう。しかし玉江没後、玉江をめぐる伝承は、負の色合いが濃くなっていく。玉江の縁戚に当たる光後広恭（一九四五年生）、泉水壽真子（一九三二年生）が記憶する玉江をめぐる祖母の語りは総じて、玉江は疱瘡により結婚をあきらめざるを得ない容姿であったため医者になった、男勝りで髪も断髪でまるで男のようだった、あるいは、堕胎をしていたという負の伝承の印象が強いという。

負の伝承は、衛生観念からの逸脱（「血の付いたもん〔物〕を裏の川で洗う」）、近代の生殖統制からの逸脱（腹の子をかきだす、処置したものを庭先を掘って埋めた＝堕胎）、そして女らしさからの逸脱（男勝りの女医）として語られている点で興味深い(7)。では、没年の前年まで診察を続け、しかも患者が減ることがなかった生前の玉江と、玉江没後の負の伝承の間にある落差をどう考えたらよいのだろう。女性医師であった玉江をめぐる伝承が「堕胎」をする医者という近代「医学」からの、また男性ではない女の医者という「医者」からの、そして「男まさり」の女という「女」という規範からの逸脱として語られていること。そのことは、近代以降の産科医療の主流が男性産科医によって占められ、他方、国家の衛生政策による女性の性と生殖の管理が、子宮を持つ女の身体性を軸にすすめられ、さらには性役割までもが、そうした女の身体性を軸とした「女らしさ」の規範によって規定されていくこととと関連していたのではないだろうか。

近世から近代への転換期に生きた光後玉江の診察記録から浮かび上がる医者と患者の関係や玉江

に寄せられた患者たちの信頼、地域の医療を支えた玉江の姿と、玉江没後の負の伝承との落差は、光後玉江という在村の女医が、まさに、近世から近代への転換期に生きた医者であったことを象徴的に物語る。と同時に、近代医学が、医者と患者の関係性や女性の身体観、産むことと産まないことの選択に対してもたらした問題とは何であったかを考える手がかりをも与えてくれる。

注

（1）これら研究史の整理については、望田・田村編［2003］についての合評会での三成美保氏の簡潔、かつ明晰な報告から学ばせていただいた（三成［2004］）。

（2）これらは、シーボルトが門人の高良斎に和訳させ、大阪で数百部印刷して、各地の医師へお土産として配布したとされる『薬品応手録』に収録された西洋薬とも重なる（長崎大学医学部編［2000：170-181］）。

（3）服部伸［1997］は、ホメオパティーと近代医学では、前者は有機体としての身体の治療をめざすのに対し、後者は身体の各部分の病因の除去という異なる身体観を持つことを指摘している。

（4）この史料を複写したものが、岡山県総務部学事課文書整備班に『仁木家（津山）文書』（五）として保管されている。なお、この文書の所在については、山下洋氏にご教示いただいた。

（5）このことを考えるにあたっては、玉江と五歳違いの医師、東京府下北多摩郡国分寺村の本多雖軒（天保六〔一八三五〕―文久元〔一八六一〕年）が残した医療と死亡の記録をもとに明治前期の疾病と死亡について分析した斎藤修の貴重な仕事（斎藤［1987］［1991a］）から、多くを学んだ。

（6）光後広恭氏の父、徳太郎氏が、没する二年ほど前の一九九一〜一九九三年頃に記した手稿に記載されたもの。広恭氏により最近発見された。手稿に寄れば「当時は女の医者は殆ど無く又産科の修業が長く大阪に於いての経験も豊かなものとなり美作一国に名が知られるやうに活躍した。昔は難産のため母子共死亡する家も多く、(おびいさん)(玉江のしこな)に来て貰えば安心だと産に付いては優れた医術を持っていたといわれる」ことや、玉江は近所の人に担ぎ方を頼んで往診には駕籠を使っていたこと、往診の途中で山賊に会ったが、玉江は駕籠から出て着物を脱ぎ、腰巻一つになって「私は医者で子供の生まれる家へ往診に行く途中で金も持っていないどうするなりとお前の思うに」と賊に向かって言ったため、「賊は裸になった女を見て逃げて行った」事を、担ぎ方の子孫から聞いた話として記している。手稿には「独身で通した人で美作オイネとも云われる」とある。ただ、この呼称が、いつ頃から言われたものかは不明である。

(7) これらは、光後広恭(一九四五年生)、泉水壽真子(一九三二年生)氏の祖母、富代(明治二二〔一八八九〕年生)による玉江についての語りである。光後広恭氏が、その記憶に基づいて再現してくれた。富代は、玉江の居村から二キロメートル弱の桑村から、玉江没後四年ほど経ての明治四二(一九〇九)年頃に、玉江の縁戚である光後家に嫁して来ているが、玉江に関する負のうわさはこの時期にはすでに語られていたことになる。詳しくは、沢山［2004b］を参照されたい。

＊本章は、二〇〇一(平成一三)～二〇〇三(平成一五)年度日本学術振興会科学研究費補助金(基盤研究(C)(2))の研究成果の一部である。

終章　性と生殖の近代へ

1　「性と生殖の近世」の構図

本書の意図は、出産や堕胎・間引きといった局面だけでなく、それらがひきおこされる出発点となる性、そしてその意図的、無意図的回避をも含んだ生殖という広がりのなかで、女性の身体や生命の問題を考え、さらに近代への展望を探ることにある。それは、近世の女性たちが生きた現場を拠点に、一人ひとりの女性たちの歴史的経験として、性と生殖の問題を考えることでもあった。ライフサイクルという時間軸を設定したのは、性と生殖の問題を、妊娠、出産、育児期の問題に限定せず、女性たち一人ひとりがどう生きてきたか、女性たちそれぞれの具体的な一生という広がりのなかで考えようとしたからに他ならない。

そのため本書では、近世の一八世紀後半から近代初頭の時期を対象に、女性たちが生きた現場として、懐胎・出産取締りに取り組んだ東北日本の仙台藩、その支藩の一関藩、そして西南日本の津山藩を、さらによりミクロな地域として岡山城下、津山城下、津山近郊農村を取り上げた。その意図は、女性たちが生きた現場を主なフィールドに、地域に即して、また女性たちの身体に起きた具体的で歴史的な経験として性と生殖の問題を考えることにあった。

分析の手がかりとしたのは、懐胎・出産取締りと関わってつくられた史料群や捨子をめぐる史料群など、主に支配層の側が残した史料群、そして写本として残された近世民衆の性と生殖をめぐる民俗や在村女医が残した処方の記録など民衆の側が残した史料群である。前者は、支配層による記録、また後者は民衆の覚書という限界を持つ。そこで本書では史料が成立した場に留意し、前者については、支配層、共同体、民衆三者の緊張関係のなかで読み解くことで、後者については、断片的な記述をつき合わせていくことで、その限界の克服を意図した。そのようにして史料を読み解き、史料のなかに垣間みえる女性たちの姿や性と生殖をめぐる諸相を通して、性と生殖やその背後にある身体観、生命観への接近を試みた。

序章でも述べたように、性と生殖をめぐる問題は、ジェンダー史の視点から「ジェンダーの根幹」に位置する問題として注目を集めている。他方、堕胎・間引きに関する研究を蓄積してきた、歴史人口学、民俗学、産育史を架橋する試みのなかで、性と生殖の再考が進みつつある。また、これらジェンダー史、産育史の研究成果を取り入れた近世民衆のライフサイクルを探る研究では、性と生殖に、その重要な主題の一つとしての位置が与えられている。しかしそのなかで、ジェンダーの視点での研究の問題点もまた浮き彫りとなってきた。その一つは、ジェンダーの視点から性と生殖を問題にするとき、ともすると、男女の権力関係に還元し、あるいは女を言説によって意味づけられる客体として描く傾向である。そこでは男女のジェンダー関係なるものが前もって措定され、ジェンダーの視点で歴史を分析するはずが、再びジェンダーという枠組みの虜になってしまう陥穽に陥っているかのようである。二つには、そうしたジェンダー研究の問題点やジェンダーとセックスの二元論を克服する試みが登場してきてはいるものの、そこには性と生殖の問題を社会的歴史的文脈から切り離し、生殖器の問題に特化して語ってしまう危険が潜んでいる。

では、性と生殖の問題を、女の身体がジェンダー化される側面や生殖器の問題に還元することなく、また歴史的社会的文脈から切り離さずに追究するにはどうしたらよいか。研究史を辿りなおすなかで明らかになったジェンダー史が直面している「女性身体のゲットー化」(三成［2004］)という壁。本書では、それを乗り越えるために、女性たちが生きた現場を拠点にするだけでなく、性と生殖の場としての女の身体をめぐる様々な緊張関係や葛藤の様相を、一元的な閉ざされた層においてではなく重層的にかつ歴史のプロセスとして描き出すことを重視した。こうした視座のもとに本書は、三つの主題群を設定した。支配層の性・生殖統制と民衆の性と生殖をめぐる民俗の双方から、女性の身体が〈産む〉身体として注目される背景や、産むこと・産まないことをめぐる様々な葛藤を問うⅠ部、性と生殖の一連のプロセスの最終局面に位置する捨子と、その背後にある生命観、性と生殖をめぐる「家」、共同体、支配層の関係を問うⅡ部、性・生殖統制の近世から近代への展開と、在村女医の処方の記録のなかに浮かび上がる近世から近代への身体観の変容を問うⅢ部である。

さて三つの主題群の考察を通して何が明らかになったのか。性と生殖とその背後にある身体観、生命観を明らかにするという本書の課題に照らして整理する。次に、「性と生殖の近世」の構図を「性と生殖の近代」を展望しつつ振り返り、本書の問題の立て方そのものを問いなおすことで、新たな模索への糸口を探る。

性と生殖の射程

性と生殖という視点を設定することで新たに得られた知見、また射程に入れることができた問題は、次の四点に整理することができる。

一つは、支配層による性・生殖統制は、懐胎・出産取締りが抱え込んだ矛盾の克服を意図するものであった、と同時に近代の性、生殖統制を準備するものであったという点である（Ⅰ部一、二章、Ⅱ部四章）。懐胎・出産取締りは、共同体を媒介とした妊娠から出産までのプロセスの管理によって堕胎・間引きを取り締まろうとするものであった。しかし、妊娠の確認は当の産む女性自身に、また妊娠、出産の管理は「友吟味」という共同体の相互監視に依拠せざるを得ない矛盾、さらに赤子の死が堕胎・間引きによるものか否かの検証は事実上困難であるなど様々な矛盾を抱えていた。

それ以上に重要な問題は、人々の生命観と対峙しなければ堕胎・間引きの取締りは困難なことにあった。なぜなら人々は、妊娠五ヵ月以降の妊娠の自覚の後にはじめて胎児の生命を認める生命観、また間引きよりは堕胎のほうがましとする生命観を持っていたからである。そのため支配層は、一方では人々の「家」存続意識に働きかけつつ、他方では性と生殖についての人々の自律性を抑制するという困難な課題を抱え込まなければならなかった。この矛盾した課題を克服するために取り組まれたのが、性、生殖の一致、婚姻内での出産という性規範の教化であった。男女の情愛によって性関係を持ち夫婦となる「相対婚」や婚外妊娠に許容的な人々に対し、性、生殖の一致、婚姻内での出産という性規範の浸透をはかる近世後期の懐胎・出産取締りは、近代の性、生殖統制を準備するものでもあった（Ⅲ部六章）。明治政府が最初に手がけた仕事は堕胎の禁止であり、明治元（一八六八）年、「産婆ノ売薬世話及堕胎等ノ取締方」が太政官布達として出される。近代の生殖管理は「堕胎」禁止から始まったのである。

二つには、人々の出生コントロールへの意思を裏付ける事実が明らかになった点である。それは、近年の研究にも根強く存在する、近世にあっては自然にまかせた生殖の結果として堕胎・間引きが行なわれていたとするとらえ方を覆すものでもある。近世の性と生殖をめぐる民俗からは、性、生殖と農業労働の矛盾を解消するための、あるいは赤子の性別や生まれる季節を考慮した出生コントロールへの人々の意思が浮き彫りとなった（Ⅰ部三章）。これらの民俗は、避妊をめぐるこれまでの研究においても、その「効果」や「合理性」の点から検討の対象にはならないとされてきた(1)。

しかし、人々が写本として書き写し、また近代国家によって迷信、俗信として排除されながらも、なお近代以降も存続した民俗には、性と生殖への人々の不安や願いが映し出されていると言えよう。

出生コントロールへの意思は、農民だけにみられたわけではなかった。一関藩の武士層の妻の死胎、流産の記録からは、これら胎児、赤子の死が人為的にもたらされたことをうかがわせる不自然な性比と季節変動が浮かび上がってきた（I部一章）。また近代初頭の在村女医の診察記録からは、農閑期の冬場に出産が多く、農繁期には出産が少ないなど、出産と女性たちの農業労働とのつながりを示す事実が明らかになった（Ⅲ部七章）。

こうした事実は、近世の人々が、生物学的なリズムのままに子どもを産んでいたわけではなく、出生コントロールを意図し、また実際に実行していたこと、言いかえれば、性と生殖に対して決して受身であったわけではなく、自律性を持っていたことを物語る。その意味で、近世の性、生殖管理、そしてそれを引き継ぐ近代の堕胎罪は、人々の性と生殖の自律性を大幅に制約しようとする、生殖の再編成を意図するものであったと言えよう。

三つには、近世社会の性と生殖は、〈産む〉身体を持つ女や「家」に閉ざされたものとしてではなく、多様な社会的諸関係のなかにあった点である。一関藩の場合で見たように、出産と堕胎・間引きの周辺には実に様々な人々が関わっていた（I部一章）。その背景には、出産は生と死の境界に位置し、また人々にとって産むか産まないかは「家」の存続や農業労働との関わりで切実な問題であるという当時の現実があった。他方、第三子から、また母親の乳が出ない場合は三歳まで乳母を雇うための養育料を与える育子仕法は、家族のライフサイクルの初期に訪れる危機の局面を切り抜ける、支配の基礎としての「家」の維持を意図するものであった。

捨子もまた、家族のライフサイクルの初期局面の問題としてとらえることができる(2)。近世後期の捨子をめぐる事例(Ⅱ部四、五章)からは、自立しはじめたとはいえ脆い当時の「家」の状況が明らかとなった。岡山、津山城下の捨子についてみる限り、捨子は、今まで言われていたような婚外子、あるいは間引きに近い子殺しではなかった(3)。捨子は飢饉などの外的要因、あるいは家族の病気、離別などの内的要因と家族のライフサイクル上の要因との相乗作用によって生じている。とりわけ、捨子の多くが乳幼児であったこと、また岡山藩、津山藩ともに捨子養育料支給は七歳までとされていたことは、捨子が、家族のライフサイクル上の初期局面に現れる問題であったことを示している。捨子は、捨てる側からすれば自らの危機を乗りきるために他者の救済を求める、子どもの生命を他者に託す行為であり、間引きとは区別されるものであった。とはいえ、人々は罪の意識なく捨子をしていたわけではない。捨子が悪であることは認識されつつあったが、他方捨子を許容する共同体がそこにはあった。出産の危険が高く、母乳の不足も珍しいことではないこの時期、母一人に子育てを託す観念は生まれようもなかったのである。そこには共同体が媒介となって捨子の養い親を探すシステム、また「家」の存続のための養子や労働力として捨子を求める人々、あるいは養育料をめあてとする下層の人々が存在していた。

これらの事実は、性と生殖が「家」に閉ざされていたわけではなく、意図的な回避をも含んだ性と生殖を支える多様な社会的諸関係が、地域共同体のなかに存在していたことを物語る。しかし、近世末の津山藩で藩主の諮問にもとづき町奉行から出された「育子院」の構想は、地域共同体による捨子の養育が困難となってきたことをうかがわせる。と同時に、この構想は、養い親に捨子を委ねるのではなく、手に職をつけさせることによる捨子の自立が目論まれていた点で、地域共同体よりもより高次の公共性への模索としてもみることができる。明治政府は明治四（一八七一）年、「棄児養育米給与方」を太政官布告として出すが、近代の子どもの保護が「棄児」の保護から始まったこと、また、そこでは拾うものの存在をうかがわせる「捨子」ではなく「棄児」の名称が用いられた点が興味深い。

四つには、近代国家の性と生殖の管理が「堕胎」禁止から、また子どもの保護が「棄児」の保護から始まることに象徴されるように、近世と近代は画然と断絶しているわけではないことが明らかとなった。そのことは、在村女医の診察記録からも明らかとなる。西欧近代医学は、解剖学的まなざしのもとに、「子宮」という女性特有の器官によって女性の身体をしるしづけ、男性の身体と差異化する身体観をもたらすものであった。しかし在村女医に宛てた患者の手紙や女医の診察記録からは、そうした身体観が入り込みはじめた近代初頭にあってもなお、農村の女性たちとその家族が、自らの身体感覚に依拠する身体観を持っていたことが明らかとなった。また、地域に根ざし、産むことのみならず産まないことにも関与していたと思われる女医は、死に至るまで「御女医師様」の尊称で呼ばれつづけ、その信頼が損なわれることはなかった（Ⅲ部七章）。

性、生殖統制の近世から近代への展開ということで言うならば、性規範の浸透を図る手段の一つであった間引き教諭書には、すでに近代の堕胎罪をめぐる論点との共通性が見出される。その論点とは、堕胎・間引きは「殺人」であること、母親は子どもを産むべき存在であること、子どもは愛されるべき存在であることの三点である。この事実は、性、生殖の統制は近代になって西洋の近代国家をモデルになされたとする、近代の性、生殖統制をめぐる今までの研究を覆す発見でもあった(Ⅲ部六章)。ここで明らかになったことは、むしろ、性、生殖統制という面での近世、近代の歴史的連続性である。とするなら問題とすべきは、近世、近代の性、生殖統制の質的な違いのほうだろう。近世の生殖統制の特徴は、共同体を媒介にして行なわれた点にある。では、こうした近世の生殖統制のありかたは、近代国家のなかでどのように変容していくのか、〈産む〉身体をめぐるせめぎあいの様相は近世から近代への展開のなかでどのように変容するのか、これら近世から近代への質的展開が問われなければならない。

2 「性と生殖の近代」へ

性と生殖という広がりのなかで、また性と生殖の問題を、一人ひとりの女性のライフサイクル上におきた具体的で身体的な経験としてとらえることを意図した「性と生殖の近世」の構図を、「性と生殖の近代」を展望しつつもう一度振り返ってみることにしよう。そこからは、どのような新たな模索のための糸口を手繰り寄せることができるだろうか。最後に、そのことについて考えてみたい。

近世社会のなかで人々はどのように生きてきたか、また生きようとしてきたか。生きた人々の側に焦点をあてて再び本書を辿り直すとき、そこに圧倒的な重みを持って立ち上がってくるのは、生きるためになされた、人々の努力の営みの多様性である(4)。生命の安全のための人々の努力は随所に見出すことができる。暦のなかに、あるいは手書きの文書のなかに記された性と生殖の民俗は、生きるための労働と、その労働の中断を意味する出産、育児の矛盾をどのように切り抜けるか、また男女の性別など、次世代に対する期待の実現のための知恵の集積という意味を持っていた。これらの民俗が、手書きの文書として残され、暦として市販されたことは、生きるための性と生殖をめぐる知恵に対する人々の需要の高まり、そしてそのための知恵の交流が進んでいったさまをうかがわせる。

近世後期のこの時期、「家」の成員による家族農耕によって「家」の維持、存続をはかる農民家族にあって、女性は重要な労働力であった。妊娠、出産、乳児期の子育ては、何よりも女性労働の中断を意味していた。これら性、生殖と農業労働との矛盾の克服への意思を示すものが性と生殖の民俗や出生の季節変動であったといえる。人々の出産の季節性は、出産と農業労働との兼ね合い、また赤子の生命と季節性を勘案して出産の時期を選ぼうとする、またそのために、性行為をコントロールしようとする性と生殖をめぐる人々の努力の跡をうかがわせる。しかも、こうした努力が女のものとしてのみあったのではなく、男も含めての努力の営為としてあった点に注目したい。

また、出産そして堕胎は、女性と胎児、赤子の生命の危機をもたらす出来事でもあったが、これら生と死の境界領域にあった出産や堕胎の周辺には、医療者、産婆をはじめ様々な人々が存在していた。これら医療者や産婆と人々の関係からも、生命の安全への要求をうかがうことができる。一関藩領内の「洗母」が取り扱った赤子数は、すでに複数の産婆が存在していた都市部にあっては、人々がより安全で腕の良い産婆を求めていたことを示す。また人々の堕胎の要求に応じていた疑いから医療活動を禁じられた高階三瑛、あるいは産婆たちに堕胎の術を伝授していた疑いで村々を廻ることを禁じられた蛭田克明、そして近代初頭の在村の女医、光後玉江は、人々に対する診療活動を通じてその術を高め、また産婦の生命を救う技術の高さから人々の信頼を得た医者たちであった。高階や蛭田の堕胎の術が、女性たちの出産に数多く関わり、難産を救うなかで生み出されたものであったことに注目しておく必要があるだろう。こうした産婆や医者たちの背後にも、人々の生命の安全への要求をみてとることができる。

しかも、こうした女性の身体や生命の安全への要求は、女たちだけのものではなかった。高階三瑛のもとには、女のみならず男も数多く診察を受けにきていた。また光後玉江に宛てた患者たちの手紙からは、女性の身体の安全への要求が、女だけのものではなく男のものでもあり、家長である男は、ときに女に代わってその身体の状況を述べる代弁者でもあったことが明らかとなった。生命や女の身体の安全への要求は、女だけのものではなく、男も含めてのものであったのである。性と生殖の民俗を、記すに値する事柄として「覚書」に書き写したのも男たちであった。その理由を、彼らが家長であったということ、あるいは「家」の存続のために、性と生殖は重要な位置をしめていたということだけで説明してしまうのは、短絡にすぎるだろう。そのより根底には、家族の成員である女や子どもの生命の安全への要求があった。

このように、人々の生きるための努力は、その成員の生命を保障するシステムとしての家族の維持、そして家族の成員である女や子どもの生命の重みを、時には、「家」の継承との矛盾をもたらすものとして浮かび上がらせることとなった。一関藩では、「初子」は堕胎・間引きの対象とはならないとされたが、それは「初子」が、「家」の継承にとって重要な存在とみなされていたからであった。他方、労働と育児の負担を増す双子や、将来の労働力として期待できない早産で弱い子は、堕胎・間引きの対象となった。こうした子どもの生命の選択も、成員の生命を保障するシステムとしての家族の維持と関わってなされたことに注目すべきだろう。

しかし、「家」が自立しはじめたとはいえ、近世後期のこの時期、その小家族は、脆さをはらむ家族であった。そうした家族にとって捨子は、生きる機会を求めての選択であった。農村から都市に流入してきた人々による捨子は、農村よりも都市のほうが、捨子の生存の機会が高いことによるものであったのである。捨子もまた、親の意思としては、自らと子どもの生存の機会を得るための選択として存在していた。他方、そこには、自らが生きるために養育料目当てに捨子を引き取る人々がいた。

人々は、どのように生きてきたか、また生きようとしてきたかという視点で、もう一度「性と生殖の近世」を振り返るとき、そこに立ち上がってきた、性と生殖をめぐる様々な危機を克服し生きるためになされた人々の努力、そのことの重みに圧倒される。こうした生命の安全を願う人々の営みは、性と生殖の問題がジェンダー関係だけに特化されることを拒み、人間の生きる営みの多様性においてとらえることをわれわれに求めるものでもある。

「性と生殖の近代」への展望

近代国家は、こうした人々の生命の安全への要求や、生きるための努力をどのように再編成しようとしたのだろうか。先に、性と生殖の近代への見通しについて、近代国家の性と生殖の管理は「堕胎」禁止から、また子どもの保護は「棄児」の保護から始まると述べた。性、生殖の統制と「家」を拠点に、子どもと女性の身体を管理するという近世末の性、生殖統制の性格は、国家にとっての富としての「人口」に注目する近代国家の産育政策にも引き継がれていくこととなる。他方で村役人層や共同体によって担われていた堕胎・間引きの相互監視や赤子養育、捨子養育の相互扶助は、近代以降編成替えされていく。代わって登場したのは、警察権力や西欧近代医学教育を受けた「新産婆」などの近代的権力、そして養育院といった近代的施設であった。産むこと・産まないことの双方に関わっていた「洗母」と異なり、「新産婆」には、「妊娠の確認」を、「生み育てることの宣言」に格上げ（宮坂［1990：9］）することで性と生殖を結びつけ、妊娠確認以後の堕胎・間引きを監視する役割が課されていく。近代国家は、より直接的な人々の生命の管理に乗り出していったのである。

いち早く「家」と婚姻の規制に乗り出した近代国家は、明治四（一八七一）年四月に戸籍法を制定し、それぞれの「家」の戸主を通じた家族の掌握を図るが、戸籍法の創出は「棄児」の存在を浮かび上がらせることとなった。先にもふれたが太政官布達「棄児養育米給与方」が出されたのは、戸籍法創出と同じ年である。「棄児」には、一五歳になるまで養育料としての米を支給することが定められたが、養育料支給期間は、たとえ養子、養女として貰われたとしても戸籍上には「棄児」と明記された。近世には共同体が養育の責任を負っていた捨子は、国家によって直接掌握されることとなる。

こうした事実は、近世の性、生殖統制と近代の性、生殖統制の質的違い、さらには性、生殖の結果である子どもの社会における位置を明らかにすることを課題として浮かびあがらせる。二〇〇〇年以降、「近代国家が成立する以前の救貧とセーフティネットの多様性」（斎藤［2002：325］）への着目、あるいは明治期の「富国強兵策イコール出生増強の生殖管理策とみなす議論」は誤りであり、「近世の赤子養育仕法にあたる政策は、明治期にはついに現れなかった」（石崎［2000：39］）とする見解も登場するなど、単純な近代化でとらえることへの批判がなされつつある。では、近世の堕胎・間引き禁止から「堕胎罪」への、また近世の「捨子」養育から近代の「棄児」養育への展開が意味するものとは何だったのか。連続か断絶かといった問題に単純化することなく、地域共同体と

「家」の関係、そして藩から近代国家への歴史的変化との関わりのなかで、近世と近代の生命の管理のありようの質的な違い、近世から近代への重層的な展開を明らかにする必要がある。

堕胎罪に始まる近代の性、生殖の規範化は、産む女性と、産まれる子どもに対し何をもたらしたのだろうか。階層によっても多様であったと思われる、その展開の諸相を明らかにする必要がある。日本の近代社会は、女性の身体が産む機能を備えた身体であることを「母性」の語で表し、そのことを根拠に女性のセクシュアリティや性役割、ライフサイクルをも規範化しようとした社会であった。本書がライフサイクルという視点を設定した理由の一つは、こうした近代に規範化されたライフサイクルを問い直すことにあった。実際の女性たちのありようはさまざまであったにもかかわらず、日本の近代国家が、単一のライフサイクル・モデルで女性たちを縛っていたことについては、既にひろたまさきの指摘がある（ひろた［1990］［1992］）。ひろたは、日本の近代国家は、人々のライフサイクル・モデルにまで入り込むことで、人々の生き方を規定しようとしたが、そのモデルは明治維新から敗戦まで、良妻賢母型という単一モデルで一貫していたこと、そこでは、幼児期・青年期・未婚期・育児期・老後期のサイクルが良妻賢母たるべき一生のあり方とされ、規範的な力を発揮して女性を縛っていったとする。また成田龍一は、近代国家のもとでの女性の性は生殖のための性に限定され、ライフサイクルも、初潮、妊娠、出産、閉経と、月経の始まりと終わりを軸に、生殖行為によって区分されていくと指摘している（成田［1990］）。

妊娠、出産はライフサイクルの特定の段階でのみ出現するにもかかわらず、近代国家は、女性のライフサイクルを、産むことを軸に区分し、女性が〈産む〉身体を持つことを根拠に女性の全生涯の生き方を規制しようとしたのであった。そのための規範が「母性」という制度であり、その根拠とされたのが、「母性本能」であった。産む機能を持つ女性であれば本来的に持つとされた「母性本能」は、妊娠、出産、授乳という一連の生殖行為のなかで強まり、母性愛として発現すると説かれる。また産む機能を持つ女性であれば誰でもが持つ本性として、産まない・産めない女性をも抑圧していく。このことからも明らかなように、「母性」は、性と生殖の規範化を実現するための近代の制度であった。

こうした規範が女性たちに浸透していくうえで、その重要な媒介項となったのが子宮や卵巣といった女性特有の器官によって女の身体をしるしづける身体観であった（沢山［2003c］）。しかし規範化される側面だけでとらえたのでは、女性たちの生きられた現実を明らかにしたことにはならないだろう。性と生殖の規範化によって女性の身体が抱え込んだ様々な矛盾・葛藤をとらえ返す必要がある。「母性」の強調とパラレルに増加していく母子心中をめぐる一九三〇年代の研究では、母子心中は、「母性としての育児と愛児の本能」の「発露」（小峰［1937］）とされる。確かに、母子心中は、性と生殖の規範化がもたらした矛盾を象徴的に示すものであった。しかし、注意すべきことは、同じ一九三〇年代、心中以上に「棄児」が多く見られたという事実である。このことは、規範化の側面だけではとらえられない現実、規範化の網の目の外にあった人々の存在を示す（沢山［2005b］）。

またモデルとしてのライフサイクルではなく、個別の身体を持つ、実は多様であったはずの現実に生きた女性たち一人ひとりのライフサイクル、あるいはモデルに忠実であろうとした女性たちが抱えこんだ矛盾についてはあまり明らかではない。とりわけ、価値づけられた「母性」に自己実現の期待を託した「近代家族」以外の女性たち、なかでも戦前の農村女性たちについては、いまだに、性と生殖に翻弄される女性たちとして描かれる傾向がある(5)。しかし第三章でも取り上げた一九三〇年代の熊本県の東南端球磨郡の須恵村の女性たちの記録『須恵村の女たち』に登場する農民の女性たちは、男女のセクシュアリティを差異化し、女性を受動的な存在と見る近代の性、生殖観とはおよそ異なる性、生殖観を見せてくれる。彼女たちは、占いや堕胎によって出生のコントロールを試み、「もし女性たちが最高潮に達しなかったら、子宮は閉じたままなので、その人は子を宿すことはできないと考えて」いる（スミス・ウィスウェル［1987：154］）。

が、他方でこの記録は、須恵村の女たちも、厳しい農業労働に明け暮れ、そのために流産、早産、婦人病も経験している女たちであることを描き出す。おそらく、厳しい農業労働に明け暮れ、その結果、流産、早産、婦人病を経験する女性たちの姿も、他方で出生のコントロールを試み、近代的な性規範から自由な女性たちの姿も、どちらもその現実の姿なのであろう(6)。労働し、男性を「受け入れ」子宮を「開く」、その一方で堕胎し、出生コントロールをする。これらは女性たちに即してみるならば、すべて女性たちの「生きんがため」（塚本学［2001：272］）の努力としてみることができるのではないだろうか。女性たちの生きられた現場に拠点を定め、日常の場面での女たちの言葉をも丹念に写しとろうとしたこの記録は、厳しい農業労働に喘ぎ、性と生殖に翻弄される農村女性というとらえ方は一面的であり、農村女性がどのように生きようとしてきたか、その主体的な努力や経験を内在的にとらえる必要があることを教えてくれる。また一見矛盾したように見える事柄も、女性たちの側からみるならば、生きるという人間の営みが持つ多面性の、それぞれの諸側面であるといえよう。

これら一人ひとりの女性たちの生きた現場に目を向け、階層の違いや生活、労働、そして性と生殖をめぐる意識の違いにも眼を向けるなら、近代西欧医学によってもたらされた解剖学的まなざしによる性、生殖の規範化によって、近代以降女性たちが一方的に抑圧されていったと見るのは、あまりに図式的にすぎるだろう。それだけではない。性と生殖の規範化という側面にだけ焦点をあて、その面からのみ探るだけでは、性と生殖の規範化が女性に対して持った意味を女性に即して内在的にとらえかえすことはできない。

性や生殖の問題は、男性も含めた女性や子どもの生命の存続、そして次世代を生み出す、人間が生きることに深く関わる問題である。とするなら、女性たちの生命や生存をめぐる欲求や、性と生殖をめぐる主体的な努力を明らかにするためには、性や生殖の問題を、生命の存続というより根源的なレベルで、また人間が生きるための営みとして、多様な諸関係のなかで問いなおす必要がある。性と生殖に焦点を当てた本書のなかで圧倒的な力で立ち上がってきた、生きるための、そして生命の安全と存続を求める人々の様々な努力の諸相。それは、性と生殖の問題を、ジェンダーの問題のみに特化することなく、生命の存続という広がりのなかで再考し、ジェンダーと様々な要素が複雑に絡まりあった多様性の層においてとらえなおすことを求めるものであった。そのことは、「歴史学の対象は『生きた人間たち』そのものなのだ」（二宮［1986：3］）という、ごく当たり前の、しかし実は著しく困難な課題を改めて確認するところから出発しなおすことを求めるものでもある。

女性たちは自らの生命と生を確かなものとするために、その生きた現場での自然環境・歴史環境に規定されながらも、それらとどのような関係を結びつつ生きたのか、また生きようとしたのか。「国家」や「男」ではなく、「女」を主語にして、また西欧近代をモデルに日本の近代を測るのではなく、近世から近代への歴史的文脈のなかで、また性と生殖の問題を、生きることの根源に関わる女性たちの営みとして、その多様性、重層性においてとらえることが求められている。

注

（1） 前近代の医書を手がかりに、中世以来の「種々の避妊術」を扱った研究として新村［1996］、「農民に読まれ、彼らの夫婦生活に実際影響力を持ったと考えられる性生活の指南書」を分析し、すでに近世前期から人々の間に避妊への要求があったことを跡付けた研究として太田［1997a］があるが、両者とも、避妊に関する民間伝承は、その「効果」や「合理」性という観点から、検討の対象とはしていない。

（2） 斎藤［2002］は「家族周期（ライフサイクル）上の危機に由来する貧困救済の必要性は近代以前にあっても決して小さくなかった」として、家族周期に起因する問題に絞って論点の整理を行なっているが、そのなかで、捨子を「ライフサイクルの初期局面の問題」としてとらえている。捨子を家族周期上の問題としてとらえる視点は示唆的である。

（3）最近、捨てた当事者や、捨子の実像に焦点を当てた捨子研究が登場してきているが、そこでは、近世後期にも、拾われることを期待した捨子が存在することが、都市、農村ともに確認されつつある。都市部を対象としたものとしては井上隆明［2002］、農村を対象にしたものに三木えり子［2002］がある。

（4）この点については、人類の始まりから、ひとは生きようとする努力を続けてきたという視点で歴史をとらえなおし、近代を相対化しようとする塚本学の仕事［2001］から、大きな示唆を与えられた。

（5）たとえば岩田［2003：118-120］は一九三〇年代の東北地方農村の母親と嬰児・乳児が置かれた実態調査、一九三二年から三七年にかけての岡山県の調査をもとに、「農村女性における荷重な農業労働が死産・流産・早産の最大の原因」と、加重な農業労働にあえぐ農村女性と、その結果としての死産・流産・早産ととらえる。

（6）この点については、大門正克氏との議論から示唆を得た。農村女性の労働と出産については、大門［2005］を参照されたい。

あとがき

本書を書き上げてほどなくしてテオ・アンゲロプロス監督の『エレニの旅』を見た。ギリシャの女性によくある名前で、ギリシャの愛称でもあるというエレニという名を持つ女性の流す様々な涙。そのなかに描かれる一人の女性の生涯という小さな歴史と、その生涯を通して描かれる二〇世紀という大きな歴史。私たちにとっての生とは、歴史とは、そして二〇世紀とは何であったか。その深く重く切実な問いが、エレニの「私は難民です」という言葉とともに、ひたひたと胸にせまる。その言葉は、私のものでもあるような気がする。

この生きにくい社会のなかで、私はどこから来て、どこに行こうとしているのか。歴史のなかに生きた一人ひとりの女性たちの性と生殖というところから考えてみたい。一言で言ってしまえば、本書で考えたかったことは、そのことであった。では本書を書き終えた今、何か、確としたものをつかめたか、というとそうではない。確認できたことはむしろ、人は歴史のなかでどう生きたかという問いは大きすぎて、おそらく永遠に未完の問いだということ。けれども、私は、私が生きている場で、これからもこの問いを考えつづけていくだろうということであった。しかし、そのことを確認できたことが、私にとっては何よりも意味がある。

一九九八年に、初めての本『出産と身体の近世』を出したとき私は、「私の専門は近世ではない、近代の問題をより明らかにするために近世研究に取り組んだので、いつか近代に戻るのだ」、そう思っていた。しかし、それからの歩みのなかで、近世か近代ということではなく、まして自分の専門はということではなく、生きた人間の歴史に即して、長い時間軸のなかで、二〇世紀がもたらしたものは何かということを考えなければならないと思うようになった。それはおそらく、地域をフィールドにしたことと関わっている。人々の生きていた場に足を据えて人々の側から考えていこうとしたとき、近世と近代とで人々の生活が画然と区分されていたわけではないし、現代にあっても、地域の人々のなかには、近世以来の記憶や地域認識が生きている。そのことがわかってきた。もう一つの契機は、人々が生きた痕跡としての史料と向き合う経験を積み重ねるなかで、史料の読み取りとは、現代に生きる私と過去との対話に他ならないことが、実感としてわかってきたことにある。

「二冊目の本を」というお話があってから今まで、本の刊行にむけて計画的に取り組んできたわけではない。ここに収めた論文のほとんどは、その時々の自分自身の関心や執筆依頼への応答から生まれたものである。たとえば前著の刊行後にまず取り組んだ捨子に関する研究は、出産に関する史料を探すなかでしばしば目についた捨子について考えてみようと思ったのが、そのきっかけである。もっとも、そう思って史料をいろいろ集めてみても、史料そのものが、自ら語りはじめるわけではない。しかし、何が見えてくるか、その保障はないまま集めた史料を眺めているうちに、史料が語りはじめる。ただし史料は、わかりやすく整理された形では語ってくれない。むしろ、簡単には整理できない複雑さをつきつけてくる。その複雑さや雑然としたことに耐え、待たなければ見えてこないものを、待つ。それは、しんどいけれども、簡単ではない歴史の現実や、そこに生きた人間の姿が見えてくる面白さがある。そのようにして考え、今回、本にするに当たって今までの論文を構成しなおして初めて、自分がやってきたこと、考えたかったことはこういうことだったのだということが、ようやく見えてきた。各論文の初出掲載誌は、巻末に示した。転載を許してくださった出版社、発行機関にお礼を申し上げたい。掲載にあたっては文章上の形式的統一を図るため多少手直ししたところ、注記の形式を改めたため、注番号が原論文と異なっている場合もあるが、文意に変更は加えていない。

ふりかえってみると、研究をすすめる過程で、さまざまな史料との出会いがあった。それらは人との出会いのなかでもたらされたものが多い。私の研究が多くの人々との出会いや支えのなかでなされてきたことを、あらためて思う。史料と出会う機会を与えてくれたすべての方々に心から感謝申し上げたい。なかでも、光後玉江関係史料を大切に保存し、玉江の遠戚に当たる光後広恭、泉水寿満子両氏と出会うきっかけをくださった興禅寺住職、芝原秀諦師ご夫妻、科学研究費による社会開発人口モデルの共同研究のなかで、一関藩家老、沼田家文書調査への示唆を与えてくれた高木正朗さん、地域に根ざすことの意味を教えてくれた一関市博物館の相馬美貴子、大島晃一さん。そして岡山地方史研究会の安東靖雄さん。安東さんには、たびたび貴重な史料をご教示いただき、その史料を『岡山地方史研究』に紹介することが、論文にまとめる土台となった。

また本書をまとめる過程で、いくつかの研究会で口頭発表の機会をいただいたことは、自分の考えをまとめ、さらに新しい課題を見出す貴重な機会となった。ユーラシア人口・家族史プロジェクト（九月セミナー「岡山藩の捨て子」、一九九九年九月三日）、比較教育社会史研究会（発足大会研究報告「歴史のなかの女の身体―日本における性・生殖・身体の社会史のために」二〇〇二年三月二三日）、社会開発人口モデル研究会（「一関藩家老沼田家文書・育子法関係史料に見る武士の出産」他、二〇〇四年三月二日、九月一八日、二〇〇五年三月一三日）、岡山地方史研究会（「近世後期捨子の実態」一九九九年一〇月一七日、「在村女医の診察記録から見た女性の身体」二〇〇四年一月二五日）、京都橘女子大学女性歴史文化研究所公開研究会（「懐胎・出産取締りにみる〈産む〉身体の位相」二〇〇四年一一月一九日）などである。発表の機会を作ってくださった方々をはじめ、私の発表を聴いて貴重な意見を寄せてくださった方々にお礼を申し上げたい。

勤務先の短大では、幼児教育科に所属し、歴史ではなく、幼児教育に関わる科目を担当している。日々の講義では、教えることの困難さを突きつけられて落ち込むことも多い。しかし、学生たちは、心優しく柔軟であり、ひとたび自分のなかに問いを持ち、学ぶことの面白さに気づくとき、驚くほど大きく成長していく。その姿に励まされ教えられたことは計り知れない。また一九九九年五月には慶応義塾大学で、本書をまとめる最終段階にさしかかった二〇〇四年度には、岡山県立大学の「ジェンダー」という半年間の講義や、香川大学、長崎大学の集中講義で、各論文の内容について講義をする機会に恵まれた。これらの講義に出席し貴重な意見を寄せてくれた学生たちに感謝したい。

私は決して出来のいい大学院生ではなかったし、母校を遠く離れた地方で研究を続けてきた。にもかかわらず、前著からさらに一歩進んで博士号を取得するよう勧めてくれたお茶の水女子大学大学院時代の恩師である大口勇次郎先生、上野浩道先生、そして審査に加わってくださった原ひろ子先生、波平恵美子先生、市古夏生先生にお礼を申し上げたい。少しずつしか進めない私がここまでやってくることができたのは、ひとえに、今まで出会った、これらすべての方たちのお力による。

二冊目の本を書き上げた今、多くの方たちに支えられ、そして少数の、しかし良い友人たちとの結びつきのなかで仕事をしてきたことの幸せをあらためて思う。特に本書に関して、三人の友人にお礼を申し上げたい。日本近世史の倉地克直さんには、本書のすべての論文について、草稿段階で読んでいただいた。地を這う蟻の目線に加えて、飛ぶ鷹の視野を持ちたい。そう思うものの、なかなか広い視野を持てない。そんな私にとって倉地さんの助言は、歴史的にものを考え、現実と向きあうとはどういうことかという、根源的な問いに立ち返り、わからなさに耐えて粘り強く考えつづける意欲をかきたててくれるものだった。日本近現代史の大門正克さんとは、お互いの論文や農村女性の労働と出産の問題について意見の交換を積み重ねてきた。人々の歴史的経験の意味を問い、生きた人間に身を添わせるように、一人ひとりの生にこだわって考えていく大門さんの思考のプロセスにふれることができたことは私にとって大きな糧となった。そして細胞組織学が専門の野村貴子さんとの、異分野交流のわくわくするような面白さは、論文をまとめる上で大きな原動力となった。岡山女性研究者連絡会の仲間であり、お互いに幼い子どもを抱えて研究と子育てで精一杯な時代からのお付き合いである野村さんの、自分に与えられた環境をしっかり抱え込み、経験から学ぶ姿勢にも教えられた。

最後になったが、私を見守り励ましつづけてくださった勁草書房編集部の町田民世子さんへの感謝の言葉を述べたい。この本を準備する七年間、本の話はもちろん、おしゃれの話、女が働くことをめぐるさまざまな困難について、働く先輩でもある町田さんとの会話は楽しかった。そしてまとめの最終盤での、自身マラソンランナーでもある町田さんの助言と励ましは見事だった。はしがき、序章、終章を書き上げる。その本来なら苦しい場面で、まるでマラソンランナーが最後に一気にスピードをあげ、ゴールに駆け込むかのように書き進めることができた。それがなければ「本」という形にはまとまらなかったろう。「定年退職なさるまでには本を出します」という年来の約束を果たせたことが、何より嬉しく、またほっとしている。

前著が思いがけず「女性史青山なを賞」を受賞したとき、真っ先に思い起こしたのは、大学院生のときにお会いした青山なを先生の「あなたのような若い女性たちに、ぜひ、私の仕事をひきついでいってほしい」という言葉である。私の修士論文は青山なを先生の『明治女学校の研究』を出発点とするものだった。歴史のなかに埋もれてしまっていた明治女学校という存在と教育を、そこに生きた人々の喜びや苦悩といった人間の生の側から生き生きと描き出す、その研究に、私はとても励まされ、今は忘れられてしまった歴史のなかの様々な可能性を掘り起こし、そこに生きた人間の側から歴史を描いてみたいと強く願った。次の世代へとバトンを繋いでほしいという青山先生の言葉に少しはお答えできたのだろうか。女性史を志したときの初心を思い起こしながら、今、しきりに、そんなことを想う。

二〇〇五年七月六日　梅雨の晴れ間に

沢山　美果子

初出一覧

序　章　歴史のなかの性と生殖　　書下し

第一章　懐胎・出産取締りからみた〈産む〉身体　　原題「懐胎・出産取締りにみる〈産む〉身体の位相——近世末・陸奥国一関藩の場合」『女性歴史文化研究所紀要』第13号　2005年

第二章　堕胎・間引きをめぐる権力関係　　原題「産むこと／産まないこと——堕胎・間引きをめぐる権力関係」中内敏夫他編『人間形成の全体史——比較発達社会史への道』大月書店　1998年

第三章　性と生殖の民俗　　書下し

第四章　捨子の実像　　原題「近世後期捨子の実態——岡山城下町を中心に」『順正短期大学研究紀要』第28号　2000年

第五章　捨子の運命　　原題「天保飢饉下の捨子——津山藩領内における」『順正短期大学研究紀要』第30号　2002年をもとに改稿

第六章　性と生殖の規範化　　原題「出産と身体の近世・近代」慶応義塾大学経済学部編『〈市民的共生の経済学3〉家族へのまなざし』弘文堂　2001年

第七章　女医の診察記録にみる女の身体　　「在村医の診察記録が語る女の身体——日本における近世から近代への展開」望田幸男・田村栄子編『身体と医療の教育社会史』昭和堂，2003年，2001（平成13）年度～2003（平成15）年度文部科学省科学研究費補助金・基盤研究(C)(2)研究成果報告書『在村医のカルテからみた女性の出産と身体観——近世から近代への展開を中心に』をもとに書き下ろし

終　章　性と生殖の近代へ　　書下し

索　　引

ア行

カ行

サ行

タ行

ナ行

ハ行

マ行

ヤ行

ラ行

ワ行

参考文献

著者名の五十音順

赤坂憲雄他編　2003　『女の領域・男の領域　いくつもの日本Ⅵ』岩波書店

網野善彦　1995　「史料論の課題と展望」岩波講座『日本歴史　別巻3　史料論』岩波書店

荒木勤　2002　『最新産科学　異常編』文光堂

安藤精一　1955　「幕末における岡山城下町の棄子」『日本歴史』80号

石崎昇子　2000　「明治期の生殖をめぐる国家政策」『歴史評論』600号

石月静恵・藪田貫編　1999　『女性史を学ぶ人のために』世界思想社

磯田道史　2003　『近世大名家臣団の社会構造』東京大学出版会

井上隆明　2002　「近世後期福岡藩の捨子――町方を中心に」『福岡大学大学院論集』34－1

――――　2003　「近世後期の出産をめぐる意識――福岡藩郡方を中心に」『七隈史学』4号

岩田重則　2003　「いのちの近代」大門正克・安田常雄・天野正子編『近代社会を生きる』吉川弘文館

岩手県文化財愛護協会編　1992　『一関市の歴史　上』岩手県市町村地域史シリーズ11　熊谷印刷出版部

岩本伸二　1982　「幕末期『在村医』の組織化の動向――美作津山の場合」『岡山県史研究』4号

大門正克　2001　「日本近代史における1990年代」『歴史評論』618号

――――　2005　「1930年代における農村女性の労働と出産――岡山県高月村の労働科学研究所報告をよむ」『エコノミア』（横浜国立大学経済学会）第56巻第1号

大口勇次郎　1995　『女性のいる近世』勁草書房
大柴弘子　1983　「近世後期近江農村の生活構造と月別出生数」『公衆衛生』47巻12号
――――　1985　「19世紀以降近江農村の母性健康障害――過去帳成人女子死因の考察」『公衆衛生』49巻7号
大島晃一　2001　「陸奥国一関藩建部清庵塾の診療記」『一関市博物館研究報告』第4号
――――　2003　「幕末期における陸奥国一関藩の家中と城下」『一関市博物館研究報告』第6号
太田素子　1991　「少子化と近世社会の子育て――マビキの社会史」『シリーズ　変貌する家族1　家族の社会史』岩波書店
――――　1994　『江戸の親子』中公新書
――――　1997a　「近世前期東北農民の性愛と家族関係――『求子』と避妊の社会史」『比較家族史研究』第11号
――――　1998　「近世前期農村における家族生活と子育て――角田藤左衛門日記と伊南郷の人々」(その一)『共栄学園短期大学研究紀要』第14号
――――　1999a　「近世伊南郷における子返しと子育て――角田藤佐衛門『萬事覚書帳』と宗門改帳の比較分析」(承前)『共栄学園短期大学研究紀要』第15号
――――　1999b　「同時代人の見た子返しの習俗――文書史料による近世出生コントロール研究の可能性について」『共栄児童福祉研究』6
――――編　1997b　『近世日本マビキ慣行史料集成』刀水書房
大藤修　2003　『近世村人のライフサイクル　日本史リブレット39』山川出版社
――――　2005　「小経営・家・共同体」歴史学研究会・日本史研究会編［2005］
緒方正清著　石原力解題　1918→1980　『日本産科学史』(復刻版)　科学書院
岡野治子　2004　「命のはじまり」岩波講座『宗教　第7巻　生命』

岩波書店
荻野美穂　1988→2002「性差の歴史学――女性史の再生のために」『思想』768号→『ジェンダー化される身体』勁草書房
――――　2003　「堕胎・間引きから水子供養まで」赤坂憲雄他編［2003］
長田直子　2002　「幕末期在村における医師養成の実態――本田覚庵と三人の弟子を例にして」『論集きんせい』24
落合恵美子　1987→1989「江戸時代の出産革命――日本版『性の歴史』のために」『現代思想』第15巻第3号　青土社→『近代家族とフェミニズム』勁草書房
――――　1994　「近世末における間引きと出産――人間の生産をめぐる体制変動」脇田，S・B・ハンレー編［1994］
恩賜財団母子愛育会編　1975　『日本産育習俗資料集成』第一法規
海原亮　2000　「近世後期在村における病と医療――近江国小脇今宿家の事例から」『史学雑誌』109編7号
金津日出美　2002→2004「18世紀日本の身体図にみる女と男」『歴史学研究』第764号→歴史学研究会編［2004］
――――　2003　「江戸期産術書にみられる生殖論――〈産む身体〉とはだれの身体か」『日本思想史研究会会報』20号
金住典子　1983　「堕胎罪の変遷と今後の展望」『あごら28号』BOC出版
鎌田久子他　1990　『日本人の子産み・子育て――いま・むかし』勁草書房
川口洋　1994　「18世紀初頭の会津南山御蔵入領における『子返し』」『史境』2
――――　2002　「18世紀初頭の奥会津地方における嬰児殺し――嬰児の父親が著した日記を史料として」速水編「2002」
川名禎　2000　「『町方以後留』にみる城下町津山の生活空間」

『国史学』第171号
菊地勇夫　2001　「近世飢饉下の捨子・子殺し――東北地方を事例に」『キリスト教文化研究所研究年報』第34号
鬼頭宏　1995　「前近代日本の授乳と出生力」『上智経済論集』40⑵
――――　2000　『人口から読む日本の歴史』講談社学術文庫
――――　2001　「前近代日本の死亡の季節変動」見市雅俊・斎藤修他編『疾病・開発・帝国医療――アジアにおける病気と医療の歴史学』東京大学出版会
木下太志　2000　「死亡」文部省科学研究費創成的基礎研究『ユーラシア社会の人口・家族構造比較史研究』（平成7～11年度）最終実績報告書（研究代表者：国際日本文化研究センター　速水融）
木村凌二　1993　『薄闇のローマ世界――嬰児遺棄と奴隷制』東京大学出版会
――――・浜野潔編　2003　『人類史のなかの人口と家族』晃洋書房
倉地克直　1982　「延宝、天和期岡山藩の非人について――続・岡山藩の『非人』支配をめぐる二、三の問題」『岡山大学文学部紀要』第3号
――――　1994　「近世後期の農民家族」『岡山地方史研究』76号
――――　1994→1998　「自然と人間　からだとこころ」ひろたまさき編『日本の近世　17巻　民衆のこころ』中央公論社→倉地［1998］
――――　1997　「女性史への初心」『世界思想』24号
――――　1998　『性《せい》と身体《からだ》の近世史』東京大学出版会
黒田日出男　1986　『境界の中世　象徴の中世』東京大学出版会
小峰茂之　1937　「明治大正昭和年間に於ける親子心中の医学的考察」『小峰研究所紀要』5
斎藤修　1987　「明治Mortality研究序説――東京府下国分寺の資料を中心に」『経済研究』338巻4号
――――　1991a　「医療と死亡の記録からみた村民生活」国分寺市史編さん委員会編『国分寺市史　下巻』

――――　1991b　「農業発展と女性労働――日本の歴史的経験」『経済研究』42巻1号
――――　2002　「家族の再生産とセーフティネット」社会経済史学会編『社会経済史学の課題と展望』有斐閣
桜井由幾　1993　「間引きと堕胎」林玲子編［1993］
――――　2000　「近世の妊娠出産言説」『歴史評論』600号
沢山美果子　1987→2003　「近代的母親像の形成についての一考察――1890～1900年代における育児論の展開」『歴史評論』443号　片倉比佐子編『日本家族史論集9　教育と扶養』吉川弘文館
――――　1988　「母子関係史から見た母性」『順正短期大学研究紀要』第16号
――――　1990a　「教育家族の成立」［第1巻］編集委員会編［1990］
――――　1990b　「子育てにおける男と女」女性史総合研究会編［1990b］
――――　1996　「史料紹介　美作の医師仁木家の間引き教諭書」『岡山地方史研究』79号
――――　1997　「史料紹介　続・美作の医師仁木家の間引き教諭書」『岡山地方史研究』83号
――――　1998　『出産と身体の近世』勁草書房
――――　2000　「近世後期捨子の実態――岡山城下町を中心に」『順正短期大学研究紀要』第28号　本書第四章
――――　2001　「出産と身体の近世・近代」慶応義塾大学経済学部編『市民的共生の経済学3　家族へのまなざし』弘文堂　本書第六章
――――　2002　「天保飢饉下の捨子――津山藩領内における」『順正短期大学研究紀要』第30号
――――　2003a　「妊娠・出産・子育て――歴史人口学と社会史の対話」木下・浜野編［2003］
――――　2003b　「在村医の診察記録が語る女の身体――日本における近世から近代への展開」望田・田村編

[2003]
――――　2003c　「〈産む〉身体観の歴史的形成」 橋本紀子・逸見勝亮編『ジェンダーと教育の歴史』川島書店
――――　2004a　「近世後期の出生をめぐる諸問題――堕胎・間引きから捨子まで」『順正短期大学研究紀要』第 32 号
――――　2004b　『在村医のカルテからみた女性の出産と身体観――近世から近代への展開を中心に』2001（平成 13）年度～2003（平成 15）年度科学研究費基盤研究(C)(2)研究成果報告書
――――　2005a　「懐胎・出産取締りから見た〈産む〉身体の位相」『女性歴史文化研究所紀要』13 号　本書第一章
――――　2005b　「『保護される子ども』の近代――『捨子』からみた近代社会の展開」 佐口和郎・中川清編『講座福祉社会第 2 巻　福祉社会の歴史――伝統と変容』ミネルヴァ書房
重久幸子　2000　「江戸後期福岡藩の人口抑制手段に関する一考察――堕胎を中心に」『福岡市総合図書館研究紀要』1 号
下澤瑞世　1926　『新胎教』主婦の友社
女性史総合研究会編　1990a　『日本女性生活史 3　近世』東京大学出版会
――――　1990b　『日本女性生活史 4　近代』東京大学出版会
新村拓　1996　『出産と生殖観の歴史』法政大学出版局
菅原賢二　1985　「近世京都の町と捨子」『歴史評論』422 号
首藤美香子　1990　「江戸時代の出産観・胎児観――賀川流回生術を中心とする分娩技術の推移をめぐって」藤原暹編『続・日本生活思想史研究』生活思想研究会
――――　1991　「『産む』身体の近代――江戸中期における産科術の革新」『現代思想』19 巻 3 号
スミス，ロバート・J.・ウィスウェル，エラ・L.／河村望・斉藤尚文訳 1987『須恵村の女たち――暮らしの民俗学』

御茶の水書房
[第1巻] 編集委員会編　1990『叢書〈産む・育てる・教える――匿名の教育史〉1』藤原書店
大喜直彦　1999「中世の捨子」『日本歴史』615号
高木正朗　1996「19世紀東北日本の『死亡危機』と出生力」『社会経済史学』61巻5号
――――　2004a「前近代の人口調査――仙台藩『人数改帳』の成立と展開」立命館大学人文科学研究所SDDMA研究会（2004年度）
――――　2004b「19世紀初頭・東北日本の‘Social Survey’と出産調査『上』――一関藩の貧民・村備籾・出産調べと救助制度」『立命館産業社会論集』40巻1号
高橋敏　1990『近世村落生活文化史序説――上野国原之郷村の研究』未来社
高橋友子　1981「研究ノート　15世紀フィレンツェにおける捨子・家族・社会――イノチェンティ捨子養育院の記録をもとに」『イタリア学会誌』41
――――　1991「中世末期フィレンツェにおける捨児とその社会的背景――サンガルロ病院の事例を通して」『西洋史学』159
高橋梵仙　1955『日本人口史之研究　第二』日本学術刊行会
高村恵美　2002「水戸藩領における出産と『近代』」『女性史学』12号
立波澄子　1992「加賀藩における捨子」『富山女子短期大学紀要』27輯
――――　1995「近世捨子史考――加賀藩の事例を中心に」福田光子編『女と男の時空――日本女性史再考　Ⅳ爛熟する女と男――近世』藤原書店
田間泰子　2000「中絶・母性・近代」『ソシオロジ』44巻3号
千葉徳爾・大津忠男　1983『間引きと水子――子育てのフォークロア』農山村文化協会

塚本はま子　1900　『家事教本』金港堂
塚本学　1982　「18世紀後半の松本領上野組と医療――組をこえる地域社会」『松本平総合研究中間報告』
――――　1984→1997　「江戸のみかん――明るい近世像」『国立歴史民俗博物館報告』第4集→芳賀登・石川寛子監修『全集　日本の食文化　第4巻』雄山閣出版
――――　1985　「捨子」『平凡社大百科事典　8』平凡社
――――　1993　『生類をめぐる政治』平凡社
――――　1998　「医療をめぐるひとびとの交流――18・9世紀駿遠地方における」『静岡県史研究』第4号
――――　2001　『生きることの近世史――人命環境の歴史から』平凡社
出口顯　1999　『誕生のジェネオロジー――人工生殖と自然らしさ』世界思想社
ドゥーデン，バーバラ　1994　『女の皮膚の下――18世紀のある医師とその患者たち』井上茂子訳　藤原書店
友部健一　1996→2002　「徳川農村における『出生力』とその近接要因――「間引き」説の批判と近世から近代の農村母性をめぐる考察」EAPプロジェクト“conference paper series”no. 1→速水融編［2002］
内藤千珠子　2000　「病う身体――『血』と『精神』をめぐる比喩」金子明雄ほか編『ディスクールの帝国――明治30年代の文化研究』新曜社
長崎大学医学部編　2000　『出島のくすり』九州大学出版会
長野ひろ子　2003　『日本近世ジェンダー論』吉川弘文館
成田龍一　1990　「衛生環境の変化のなかの女性と女性観」女性史総合研究会編［1990b］
成松佐恵子　2004　『名主文書にみる　江戸時代の農村の暮らし』雄山閣
二宮宏之　1981→1995　「7千人の捨児」『月刊百科』221号→『全体を見る眼と歴史家たち』平凡社
――――　2004　「歴史の作法」『歴史を問う4　歴史はいかに語れ

るか』岩波書店
日本史研究会編　1993　『日本史研究』366号「特集〈身体論〉からみた女性」
服部伸　1997　『ドイツ「素人医師」団』講談社（講談社選書メチエ）
林玲子編　1993　『日本の近世15　女性の近世』中央公論社
速水融　2001　「歴史人口学と家族史の交差」速水他編［2001］
速水融・鬼頭宏・友部謙一編　2001　『歴史人口学のフロンティア』東洋経済新報社
速水融編　2002　『近代移行期の人口と歴史』ミネルヴァ書房
バーンズ，スーザン，L.　1991　「権力・知・再生する身体――近世日本の産科書をめぐって」『みすず』368号
長谷川博子　1984　「女・男・子供の関係史にむけて――女性史研究の発展的解消」『思想』719号
Hara Hiroko/Minagawa Mieko　1996　"From Productive Dependents to Precious Guests : Historical Changes in Japan Children" The Guilford Press
姫岡とし子　2002　「女性・ジェンダーの近代」歴史学研究会編［2002］
ひろたまさき　1990　「ライフサイクルの諸類型」女性史総合研究会編［1990b］
――――　1992　「明治期における『女のつくられる過程』に関するノート」大阪大学文学部日本史研究室『日本学報』第11号
福沢諭吉　1899→1977　『女大学評論　新女大学』石川松太郎編『女大学集』平凡社　東洋文庫
藤沢純子　1992　「近世の地域医療と医師――美作の医師仁木家を例として」『岡山地方史研究』69号
藤田苑子　1994　『フランソワとマルグリット――18世紀フランスの未婚の母と子どもたち』同文舘出版
藤目ゆき　1997　『性の歴史学――公娼制度・堕胎罪体制から売春防止法・優性保護体制へ』不二出版

細野健太郎　2000　「近世後期の地域医療と蘭学――在村小室家の医業を中心に」『埼玉地方史』43号

本田和子　1993　「情報としての『母子』の発見」『国立歴史民俗博物館報告』第54集

マクファーレン，アラン　2001　『イギリスと日本――マルサスの罠から近代への跳躍』新曜社

三木えり子　2002　「近世後期小野藩における捨子と地域社会」『歴史と神戸』41巻3号

水田宗子　1999　「近代化と女性表現の軌跡」『女性学』6号

三成美保　2004　「書評『身体と医療の教育社会史』」『日本史研究』508号

宮坂靖子　1990　「『お産』の社会史」［第1巻］編集委員会編［1990］

妻鹿淳子　1995　『犯科帳のなかの女たち――岡山藩の記録から』平凡社

望田幸男・田村栄子編　2003　『身体と医療の教育社会史』昭和堂

森康彦　1984　「幕末期村落女性のライフ・コースの研究(1)――江戸周辺，武州荏原郡太子堂村の事例」『史料館研究紀要』16

森下みさ子　1985　「論前論後“混気散”」本田和子・皆川美恵子・森下みさ子『わたしたちの「江戸」』新曜社

守屋成　1958　『岡山県下における慈善救済史の研究』岡山社会事業刊行会

安丸良夫　1986　「『近代化』の思想と民俗」『日本民俗文化体系1　風土と文化』小学館

柳田國男　1920→1963　「赤子塚の話」『定本柳田國男集　第12巻』新装版　筑摩書房

藪田貫　1990　「近世女性のライフサイクル」女性史総合研究会編［1990a］

山住正巳・中江和恵編　1976　『子育ての書1』平凡社　東洋文庫

山本起世子　1995　「近代『女医』をめぐる言説戦略」『園田学園女子大学論文集』30-I

湯川嘉津美　2001　「江戸時代における『幼院』情報の受容」『日本幼稚園成立史の研究』風間書房
横田武子　1996　「福岡藩における産子養育制度」『福岡県地域史研究』14号
横田冬彦　1997　「近世村落社会における〈知〉の問題」『ヒストリア』159号
吉岡信　1994　『江戸の生薬屋』青蛙書房
吉田久一　1960　『日本の救貧制度』勁草書房
吉村昭　1978　『ふぉん・しいほるとの娘』毎日新聞社
歴史科学協議会編　2000　『歴史評論』600号「特集　生殖と女性史」
歴史学研究会編　2002　『歴史学における方法的転回　現代歴史学の成果と課題　1980−2000年　I』
———　2004　『シリーズ歴史学の現在9　性と権力関係の歴史』青木書店
———・日本史研究会編　2005　『日本史講座6　近世社会論』東京大学出版会
脇田晴子，S・B・ハンレー編　1994　『ジェンダーの日本史』　東京大学出版会
脇田晴子・長志珠絵　2002　「ジェンダー史と女性史」歴史学研究会編［2002］
和気医療史研究会編纂委員会編　2003　『和気の医療史　通史編』吉備人出版
渡部武　1981　『津山町奉行』広陽本社

史料（本文中は（　）内の表記とした）
一関市史編集委員会編（一関市）1977『一関市史　第3巻　各説Ⅱ』一関市
井原市史編纂委員会編（井原市）2003『井原市史　Ⅲ　古代・中世・近世史料編』井原市
岡山県医師会編（岡山県医師会）1959『備作医人傳』岡山県医師会
岡山県史編纂委員会編纂（岡山県）1981『岡山県史　第25巻　津山藩文書』山陽新聞社

――――1986『岡山県史　第21巻　備前家わけ史料』
岡山県歴史人物事典編集委員会編（歴史）1994『岡山県歴史人物事典』山陽新聞社
岡山市編集委員会編（岡山市）1968『岡山市史』
岡山大学池田家文庫刊行委員会編（岡山大学）1979『市政提要』下　福武書店
久米郡教育会編纂（久米郡）1923『久米郡誌』久米郡教育会
国分寺市編さん委員会編　1984『国分寺市資料集（Ⅳ）　本多雖軒関係文書』国分寺市
山陽新聞社編 1997『岡山県大百科事典』山陽新聞社
関元龍 1995『関藩列臣録　第三巻』耕風社
竹内利美ほか編 1996『日本庶民生活史料集成　第9巻　風俗』三一書房
津山市史編さん委員会編（津山市）1995『津山市史　第4巻　近世Ⅱ―松平藩時代』
東北大学法学部法政資料調査室研究資料 26（東北大学）1996『天保11年ヨリ　赤子方御用留　全―仙台藩法制史料第四』
永山卯三郎 1962『岡山縣史』下巻　岡山県通史刊行会
日本医史学会編 1987『図録　日本医事文化史料集成　第1巻』三一書房
藩法研究会編 1959『藩法集　1　岡山藩　下』創文社
藤井駿・水野恭一郎・谷口澄夫編 1983『池田光政日記』国書刊行会
平凡社地方資料センター編（地名）1988『日本歴史地名体系 34巻　岡山県の地名』平凡社
柵原町史編纂委員会編（柵原町）1978「郷土の文化資料　第五集　災害　鶴田藩等』柵原町
――――1987『柵原町史』柵原町
津山温知会編 1909『津山温知会誌　第2編』
――――1912『津山温知会誌　第5編』
渡辺信夫編 1983『宮城の研究』第5巻近世篇Ⅲ，第7巻民俗　方言　建築史編，清文堂出版

一関藩家老沼田家文書　一関市博物館寄託資料
国富家文書「捨子書上」岡山市立図書館所蔵
「国元日記」「町方諸事以後留」「町奉行日記」「郡代日記」　津山郷土博物館所蔵
光後玉江関係文書　興禅寺所蔵
仁木家（津山）文書　岡山県総務部学事課文書整備班（現・岡山県立記録資料館）架蔵―写真帳
蛭田克明「堕胎之術」年未詳　京都大学医学部富士川文庫所蔵

著者略歴

1951 年　福島県に生まれる
1979 年　お茶の水女子大学大学院博士課程人間文化研究科人間発達学専攻修了，学術博士（お茶の水女子大学）
現　在　順正短期大学幼児教育科教授　日本教育思想史，女性史
主　著　『日本女性生活史 4　近代』（共著，東京大学出版会，1990 年）
『出産と身体の近世』（勁草書房，1998 年　第 14 回女性史青山なを賞受賞）
『男と女の過去と未来』（共編著，世界思想社，2000 年）
『近代社会を生きる』（共著，吉川弘文館，2003 年）ほか

性と生殖の近世

2005 年 9 月 20 日　第 1 版第 1 刷発行

著　者　沢《さわ》山《やま》　美《み》果《か》子《こ》

発行者　井　村　寿　人

発行所　株式会社　勁《けい》　草《そう》　書　房

112-0005 東京都文京区水道 2-1-1　振替　00150-2-175253
（編集）電話　03-3815-5277／FAX　03-3814-6968
（営業）電話　03-3814-6861／FAX　03-3814-6854
大日本法令印刷・青木製本

ISBN 4-326-65307-8　　Printed in Japan

沢山美果子　出産と身体の近世　四六判　三〇四五円
大口勇次郎　女性のいる近世　四六判　二九四〇円
山田昌弘　家族というリスク　四六判　二五二〇円
瀬地山角　お笑いジェンダー論　四六判　一八九〇円
江原由美子　ジェンダー秩序　四六判　三六七五円
吉澤夏子　女であることの希望　四六判　二三一〇円
落合恵美子　近代家族とフェミニズム　四六判　三三六〇円
田間泰子　母性愛という制度　四六判　三〇四五円
山根純佳　産む産まないは女の権利か　四六判　二五二〇円
瀬地山角　東アジアの家父長制　ジェンダーの比較社会学　四六判　三三六〇円
江原由美子編　生殖技術とジェンダー　フェミニズムの主張3　四六判　三七八〇円
野崎綾子　正義・家族・法の構造変換　四六判　四二〇〇円
赤松良子　均等法をつくる　四六判　二五二〇円

＊表示価格は二〇〇五年九月現在のもの。消費税は含まれています。